hommes et montagnes

Hommes des montagnes du Hoggar

Odette Bernezat

Hommes
des montagnes
du Hoggar

Glénat

© Editions Glénat - BP 285, 38009 Grenoble Cedex
ISBN 2-7234-0537-0

A JEAN-LOUIS,

parce qu'il n'y a rien qu'il aime de la vie qu'il ne sache me faire partager.

Le Hoggar
et les Touareg

Le Hoggar ? Il est en Algérie. C'est une vaste terre dont le centre se situe environ à 2 000 km au Sud d'Alger et dont la superficie est légèrement inférieure à celle de la France (480 000 km^2 pour 551 000 km^2). Au cœur du Sahara, entouré de tous côtés par d'immenses déserts, ses hautes montagnes (presque 3 000 m) donnèrent au Hoggar une réputation de mystère, une légende de bastion inviolable. Les montagnes impressionnantes du Hoggar n'ont-elles pas repoussé les voyageurs vers les plaines environnantes moins hostiles ?

Explorateurs, militaires, archéologues, préhistoriens, géologues, botanistes, se sont passionnés pour cette immense terre vierge à découvrir et se passionnent encore aujourd'hui. Ils sont nombreux ceux qui nous ouvrirent lentement les portes de la connaissance, de Duveyrier au Père de Foucauld, sans oublier entre eux toute une génération de chercheurs comme Conrad Kilian, Henri Lhote et Théodore Monod et tout un âge de conquérants, de Flatters à Laperrine. Par eux, le Hoggar nous devint une terre presque familière ; ce pays inconnu et tragique nous devint moins hostile et secret.

Mais nous avons nous-même bâti de son peuple une image grandiose. Des Hommes Bleus mystérieusement voilés parcouraient des terres montagneuses inaccessibles ; les Seigneurs du Désert razziaient, pillaient les voyageurs, tuaient explorateurs et conquérants ; ils vivaient en marge de nos lois. Comment aurions-nous pu les imaginer autrement ? Leur propre pays était un obstacle, une épreuve à notre approche, leur langue une énigme et leur origine un énorme point d'interrogation. Nous avons eu des Touareg l'image d'un peuple voilé, le regard perdu sur le sommet de montagnes inaccessibles ou sur l'horizon illimité...

Mais après la terre, ce furent les habitants qui devinrent l'objet d'une immense curiosité scientifique. Linguistes, ethnologues, anthropologues s'inquiétèrent de découvrir qui sont les Touareg. On ne laissa rien de côté ; beaucoup de choses ont été étudiées : du Père de Foucauld qui étudia la langue tamahaq à Marceau Gast qui se pencha récemment sur leur alimentation.

Grâce à eux, nous nous sommes lentement initiés. Des études comme celles de Henri Lhote (*Les Touareg du Hoggar*) et de Claude Blanguernon (*Le Hoggar*) nous expliquèrent, entre autre, un peuple voilé ayant un roi, des nobles, des vassaux et des esclaves ; une économie fermée et des échanges commerciaux ; un matriarcat prêtant à confusion... Une littérature abondante nous familiarisa avec les Touareg, de « L'Atlantide » de Pierre Benoit aux romans de Frison-Roche.

En 1975, y aurait-il encore quelque chose à découvrir ? Nous avons envie de dire que l'image que nous nous sommes faite et qui reste figée depuis un demi-siècle ne correspond plus à la réalité actuelle. Nous l'avions construite à partir de la vérité, mais en la déformant parfois ; elle fait partie des erreurs inévitables sans lesquelles la connaissance n'avance pas. Bien sûr, il reste encore des questions à élucider, d'autant plus que nous ne pouvons arrêter le cours de l'histoire et que chaque jour de notre histoire contemporaine emmêle les fils du passé.

Je ne sais pas jusqu'où va la vérité, où s'arrête l'erreur. Je ne suis ni savante ni érudite, mais j'ai découvert dans le Hoggar, plus qu'une terre mystérieuse ; j'aime en lui un pays de montagnes violentes et de douces plaines paisibles, un pays sur lequel passent des saisons, l'automne tiède, l'hiver glacial et l'été torride ; un pays couvert par un ciel qui n'est pas toujours d'un bleu légendaire, J'ai découvert en ses habitants, non pas des nomades en éternelle transhumance mais des bergers pacifiques accrochés à leurs territoires, entre des frontières bien précises. J'ai découvert que ce peuple voilé dont on ne voyait que les yeux avait un visage, comme le mien, avec les expressions qui sont les miennes, sourire, inquiétude, amusement, souci, tristesse ou bonheur.

O. B.

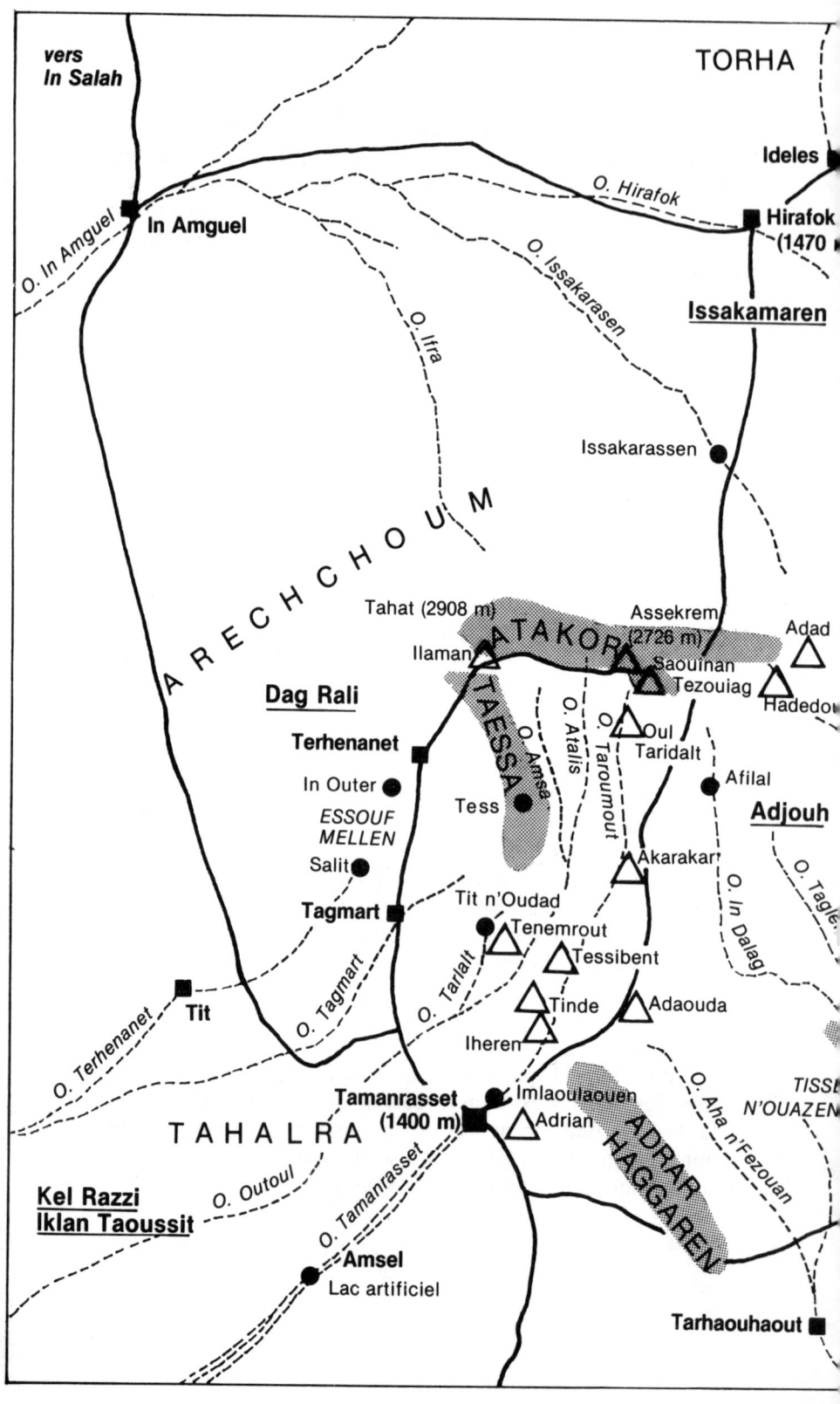

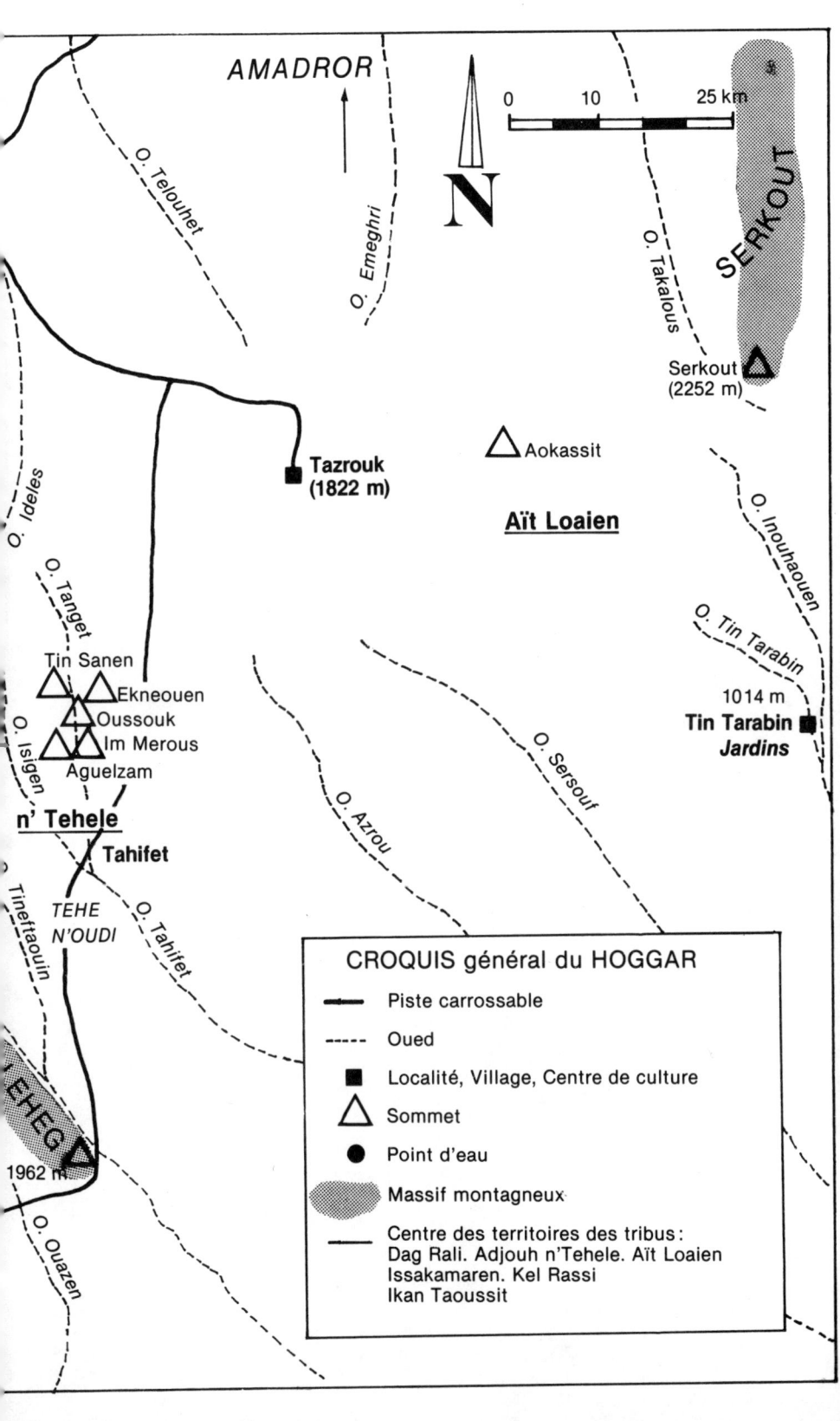

AMADROR

N

0   10   25 km

O. Telouhet

O. Emeghri

O. Takalous

SERKOUT

Serkout
(2252 m)

O. Ideles

O. Inouhaouen

△ Aokassit

**Tazrouk
(1822 m)**

Aït Loaien

O. Tanget

O. Tin Tarabin

Tin Sanen

1014 m

Ekneouen

Tin Tarabin
Jardins

O. Isigen

Oussouk

Im Merous

Aguelzam

O. Azrou

O. Sersouf

n' Tehele

Tahifet

*TEHE
N'OUDI*

O. Tineftaouin

O. Tahifet

EHEG

CROQUIS général du HOGGAR

1962 m

Piste carrossable

O. Ouazen

-------- Oued

■ Localité, Village, Centre de culture

△ Sommet

● Point d'eau

Massif montagneux

Centre des territoires des tribus :
Dag Rali. Adjouh n'Tehele. Aït Loaien
Issakamaren. Kel Rassi
Ikan Taoussit

Préface

« *Mon cœur possède une mémoire infaillible* ». Cette phrase d'Odette Bernezat éclaire bien le sens de son livre.

Ce n'est pas une œuvre d'imagination, mais de mémoire : les hommes et les paysages qu'elle décrit, avec beaucoup de verve et une pointe d'humour, sont bien réels.

C'est aussi une œuvre de cœur : tout au long du récit on devine l'amour délicat de « Toudet » pour ses amis et leur pays.

En suivant ses longues méharées, le lecteur est amené peu à peu à découvrir les mœurs et les coutumes des Touareg. A travers les personnages décrits, il pressent les problèmes d'adaptation de ce peuple nomade, qui doit passer de la vie patriarcale à la vie moderne de l'Algérie d'aujourd'hui.

Ceux qui connaissent déjà le Hoggar, auront l'impression, en lisant ce livre, de revenir au pays et de retrouver de vieux amis.

Ceux qui désirent y venir trouveront là de précieux renseignements pour leur voyage et surtout seront préparés, par cette lecture, à rencontrer les Touareg avec respect et sympathie.

Frère Jean-Marie CORTADE
Assekrem — Juillet 1975

CHAPITRE 1

Retrouvailles

Pendant que Tamanrasset reste muette sous l'accablante chaleur, noyée sous la poussière grise de ses tamaris aux aiguilles blanches de sécheresse, désertée par toute âme vivante, comme morte mais seulement endormie, nous, nous vivons secrètement nos premiers instants de retrouvailles.

Fidèle au rendez-vous fixé, Abdallah nous a guettés, assis à l'ombre ocre de la rue, à quelques mètres de notre porte au seuil de laquelle nulle trace n'est encore visible. Dans l'étouffement brûlant de ce midi de juin, nous n'avons rien d'autre à désirer ensemble que nous asseoir dans la pénombre de la maison et laisser passer le temps. Nous retrouvons nos ombres laissées là ; nous savons reprendre instinctivement les gestes de notre vie de sable : nonchalance et quiétude.

Désinvolte et confiant dans le secret de nos murs, Abdallah envoie bouler son *chèche* dans un coin et rit. Nous retrouvons à leurs places habituelles thé, théières et brasero de terre pour un rituel sans lequel ne peut commencer la procession des nouvelles et faits divers. Dans le bourdonnement intense des mouches en nuage instable autour du pain de sucre et des gestes calmes d'Abdallah, maître de cérémonie au thé, à même le sol, nous apprenons peu à peu les choses de notre absence.

Nous savons avant tout, par des mots de tous les jours, exactement comme s'il s'agissait d'un fait anodin ou quotidien et naturel sous le ciel du Hoggar, nous apprenons avant tout les trop brèves pluies du mois de mai. L'impatience contrainte d'Abdallah à nous dire les richesses pourtant pauvres de ces pluies éclate au premier thé amer et nous n'avons plus ensuite qu'à nous taire. Nous l'écoutons, l'oreille ivre, absents d'ici même, transportés à travers plaines et monts, ballotés d'un fait nouveau à l'autre, étonnés sans ménagement de nouvelle en nouvelle. Les oueds ont coulé et les *foggaras* d'Outoul sont comblées par le sable, il faut les recreuser. Les *gueltas* regorgent d'une eau claire et propre ; celles d'Imlaoulaouen, à sec depuis des mois, reflètent la fleur rose des lauriers... On suit l'écoulement des eaux à la trace verte dans le lit des *oueds*... Abdallah parle de pâturages gras et nous comprenons que les chèvres ont enfin les mamelles un peu lourdes et les chameaux un peu de bosse, mais je ne suis pas sûre qu'Abdallah nous dise les joues rondes des enfants, les chants des femmes heureuses du matin au soir et le sucre dans les bagages des hommes à leur retour de Tamanrasset... Oublie-t-il de nous le dire ou le sens que nous avons de ce pays nous instruit-il malgré nous ?

Abdallah parle, parle, et nous partons sur ses traces. Alors, les gens, regroupés cet hiver par l'aride sécheresse et le froid, aux pluies de mai s'éparpillent de nouveau, poussant devant eux leurs troupeaux de chèvres naines, batifolantes et enivrées de cette rare verdure. Et les voici repartis pour d'autres horizons et d'autres solitudes, nomades insouciants, délaissant encore une fois, mais pour combien de temps, les choses mauvaises de leur terre... Abdallah nous parle de ce qu'ils oublient déjà : les froids à pierre fendre de la nuit qui laissèrent au printemps les enfants fiévreux et toussotants ; les marmites familiales tant disputées par les avides petits doigts de la marmaille ; les bêlements de famine et les cadavres des chevrettes aux matins blancs de gel. Abdallah nous parle de ses tristesses pour sans doute expliquer inconsciemment le mince bonheur de cette pluie. Fécondité et semblant d'abondance, un peu d'insouciance pour la vie de chaque jour.

Abdallah veut raconter les mariages, beaucoup de mariages, mais ses mots ne savent pas venir pour expliquer tant de fêtes. Il rit et il nous semble entendre le bourdonnement sourd des *tindé* et voir briller les triangles des bijoux sur le front et la poitrine des femmes. Il nous dit aussi, un peu gêné, qu'il a divorcé d'avec Koda. Abdallah parle encore, parle, parle, et nous apprenons que la sœur de Kader est morte au début du printemps ; que Raïcha, femme d'Adéna, habite maintenant sous le toit d'Adéna ; que celle de Mohamed attend un enfant, que Ronchi est venue à Tam pour soigner chez des cousins une mauvaise grippe ; que sa fille Raguida marche à quatre pattes maintenant comme les chiens... Mon Dieu ! Que cette terre désertique est donc intensément peuplée ! Des souvenirs, des ombres, des fantômes nous tiennent compagnie avec les senteurs mélangées du thé, du sucre et de la feuille de menthe, dans le charivari des mouches, des phrases et des rires, dans la chaleur brûlante d'un après-midi que nous avons fini par oublier.

Cette multitude de silhouettes et de visages prend vie à l'arrivée des amis qui frappent maintenant à notre porte. Je sais par quel miracle le Hoggar apprend peu à peu que nous sommes de retour et nous ouvrons sans arrêt la porte donnant sur la poussière ensoleillée de la rue. Une foule d'amis voilés aux regards ironiques (car ils savent que je ne peux les reconnaître avant qu'ils n'aient au moins dit le premier mot) frappent tout l'après-midi à notre porte. Arrivent ainsi Kader Chellali, son immense rire et ses grandes mains amicales ; Bohra Ag Kourbi, cérémonieux, accompagné de deux de ses frères, Akacem et Ramrane ; Akroud et un autre Bohra ; Adéna Grand-Riche ; Mohamed Ag Dankouchi que nous surnommons Aménokal n'Taguella ; Bourari, frère d'Abdallah. Et puis, alors que nous finissons la cérémonie d'un deuxième ou troisième thé, arrive Rabti, père d'Abdallah et de Bourari. L'assemblée se réjouit de ce prétexte nouveau pour renouveler la litanie des potins...

Allors que finissent les dernières ondes de chaleur et que se calme l'affolement des mouches, nous écoutons encore. A l'arrivée de Grand-Père Rabti tous ont remis leur *chèche* et redressé un peu le dos ; on ne rit plus trop fort et on parle calmement, et les minuscules théières sont des proies dociles dans les grandes mains de Kader, à son tour officiant imperturbable. Parfois, un *chèche* trop vite élaboré défait ses spirales et le fautif s'empresse de remédier au désordre. En dehors du cercle, une colonie de *temba-temba* et *d'iratimen* usés par le caillou des pistes attend d'autres voyages, et dans la cour à l'abri du treillis, un désordre de bagages prouve que les hommes ont fait un bout de route. Et toujours, quelqu'un frappe à la porte ; un de nous se lève, enjambe les pieds, les sandales, les bagages, ouvre au dernier arrivant qui laisse ses affaires dans la cour, ses *iratimen* hors du cercle, et accepte volontiers de s'asseoir. Les théières emplissent indifféremment, sans léser personne, trois petits verres comme quinze.

Rabti nous apprend l'excellent état de santé de nos chameaux dont il a la garde. Il paraît qu'ils ont le poil doux et brillant, qu'ils sont plus forts que jamais. Le chameau de Kader, mis au pâturage et au repos quelque part dans l'Atakor, s'en est allé, conduit par la verdure des *oueds* vers des territoires sans doute plus féconds et nul ne l'a rencontré ni même aperçu. Mais Kader saurait bien le retrouver et dans un éclat de son grand rire, il prétend que son chameau lui reviendra quand il se sera fait une bosse magistrale ! Mohamed se souvient pour nous de ce que lui avait raconté les amis d'amis récemment revenus du Tamesna, précédant la caravane chargée de sacs de grain. Nous l'écoutons car nous savons qu'il a lui aussi ce même souvenir de la peur des nuits du Niger, lorsqu'il faut veiller près du feu contre le maraudeur et surveiller ses biens, et cette vigilance, tous les jours d'un long voyage qui durait presque six mois. Quelles fêtes au retour des caravanes !

Tous, Bohra et Mohamed, Moussa Ag Sori, Adéna le Grand-Riche, Akroud et Akacem, tous reparlent des pluies de mai... Les pluies, l'herbe, le pâturage, l'eau, la *guelta* d'eau claire, les enfants sans misère, les femmes insouciantes, les pluies, enfin... Les chameaux plus forts, les troupeaux, les jardins de Tazrouk où nous arriverons peut-être à la maturité des pêches, l'eau vive de Tin Tarabin, les pluies, les pluies, les pluies... Les pluies, hélas, qui n'ont pas été assez fortes ni longues pour qu'il ne reste plus de souci sur la langue des hommes.

Sur nous le ciel demeure d'un bleu noir mais le premier souffle du soir balance dans l'air la craie pâle des tamaris et, sur l'horizon, un soleil incandescent se noie lentement dans un brouillard de chaleur. Le soleil se couche comme sur la brume d'un marais en plein mois de novembre. A l'heure où tous les jardins respirent l'eau que les moteurs ronronnants remontent des puits, quand les odeurs de jasmin et d'orangers se libèrent, nous fermons notre porte pour aller, par les rues maintenant animées, à la rencontre de ceux qui n'ont pas osé venir y frapper. A notre tour nous franchissons des portes en laissant nos sandales au seuil, nous goûtons aux thés dans la douceur des jardins arrosés ou des maisons tièdes sentant déjà les repas du soir. Et chaque fois, nous évoquons, visages, silhouettes et paysages. Des noms fleurissent. Nous donnons mille amitiés et recevons mille bonjours pour les amis de la part de pères, frères et amis... Retrouvailles de tant de mains amicales et tant de nouvelles des pluies de mai.

Egaux à celui-ci s'écoulent quelques jours à Tamanrasset, dans la nonchalance des retrouvailles, quelques jours qui nous suffisent pour tout apprendre des choses inconnues de notre absence, car les langues vont bon train. Nous ne connaissons point de solitude. Nous laissons passer le temps, entrecoupé de petits verres de thé, d'assoupissements sous la taquinerie des mouches, de murmures ou même d'un petit air fredonné... et de nouveaux coups frappés à la porte.

Ces allées et venues sur la terre de notre seuil tracent un incompréhensible va-et-vient de pieds nus et *d'iratimen*... Aux dernières heures de nos préparatifs, nous instaurons un code afin d'avoir un peu de répit et de temps pour boucler nos bagages. Repus de mille « *salam erleïkum* » et « *alrer ras* », nous condamnons ainsi notre porte à ceux qui ne sont pas de nos tout proches ou bien de l'aventure. Après ces retrouvailles bavardes, nous partons enfin vers Tin Tarabin.

Tin Tarabin, point sur une carte entre les mots « jardins » et « eau bonne »... Nous savons que nous marcherons de longs jours face à l'Est mais, pour moi tout au moins, peu importent les coordonnées exactes de ce point et nous partons vers Tin Tarabin dans un grand désir de vivre librement une vie nomade sans contrainte.

Nous nous mettons en route par un de ces matins de lumière légère que ne dérange encore aucun friselis de chaleur, avec dans la tête ces promesses racontées de verdures au long des pistes et d'eau claire aux haltes des *gueltas.* Il nous a été dit que nous aurons chaud sur les pistes de l'Est mais nos premiers pas dans le désert nous le font oublier. Nous marchons en effet dans un semblant de jardin, maigre il est vrai, mais dont chaque végétal a la tendresse de la pousse nouvelle, et lorsque nous faisons halte en plein midi près des *gueltas* d'Imlaoulaouen, nous frissonnons au sortir d'un bain dans l'eau immobile des vasques profondes.

Après trois mois de longue absence, nous nous retrouvons au désert tout naturellement pour une vie qui nous paraît être la seule possible, l'universelle vie. Nous quittons Tamanrasset à pied pour ne point fatiguer nos montures, nous réservant d'en user aux heures chaudes. Nous marchons tous quatre de front, suivis chacun par notre monture, mais à la sienne, Abdallah a attaché nos deux chameaux de bât. Kader fume déjà sa première cigarette.

Je prends conscience très vite d'une anomalie sur le sable de la grande plaine de Tamanrasset : aucune trace alors qu'aux approches de la ville, le sol se couvre habituellement d'un véritable fourmillement. Aujourd'hui, si peu de traces, sauf quelques-unes bien visibles, sans bavure ni gommage... Les pluies de mai ont effacé un an de va-et-vient tracé au sol de pas d'hommes et de chameaux, de chèvres et d'ânes, de chiens et de chacals, d'insectes et d'oiseaux ; toute l'agitation d'un peuple et d'une faune en perpétuel mouvement ; la preuve irréfutable que cette immense plaine n'est pas infiniment déserte...

Après les pluies de mai, il ne reste au fond des *oueds* lessivés que quelques traces neuves, propres et sans bavures, décidées et tendues vers un but qui les font simplement se côtoyer, se croiser parfois, s'entrecouper pour filer vers des points opposés. C'est ainsi qu'un pied nu court auprès des sabots d'un âne, qu'un pas feutré de chacal couvre un fleuve de petites traces de chèvres et que nous coupons celles d'un couple de chameaux se dirigeant vers les jardins d'Adriane.

Nous écrivons nous aussi dans le sable tout neuf quatre foulées d'hommes côte à côte que recouvre le pas ample de notre cheptel ; nous écrivons notre route sur une page neuve avec cette détermination que nous donne une amitié à chacun de nos pas grandissante.

CHAPITRE 2

Abdallah et Kader

Le soleil se couche au travers de l'*oued* sans que nous ayons rencontré âme qui vive sur les pistes. Pourtant, nous avons écrasé très longtemps la trace large d'un pied d'adulte couvrant lui-même les auréoles finement ourlées de pas de chameaux le précédant, mais aucun de nous n'a su où elles s'arrêtèrent brusquement pour fouler sans doute une autre route. Nous voici ce soir aux frontières Est des terres Adjouh n'Téhélé et ce soir commence l'inconnu d'Abdallah. Dans le grand *oued* qui nous accueille pour la nuit, nous espérions trouver Moussa Ag Bargali qui nous aurait conseillé un guide pour les pistes Aït Loen, mais il n'y a pas l'ombre d'une tente, pas la moindre silhouette noire de chevrette, ni le fleuve habituel des traces de petits sabots autour des herbes, sous les arbres et au bord de l'*abankor*. Tout le jour, dans l'espérance de cette rencontre, Abdallah ne s'était pas démuni de son chèche et avait gardé à portée de main son *érassouey* bleu pâle des grands jours et, à l'approche de l'*oued*, il nous avait devancés. Ce soir, il ne cache pas sa déception et son inquiétude. Il se penche avec Kader et Bernouze sur notre carte qu'il ne comprend pas. Il voudrait subitement tout savoir et posséder la science qui permet de lire, là un point d'eau, ici un *oued* ou une crête et ici quelques arbres. Nous sommes là. *Mani-dé?* Ah, bon !... Nous rions aux éclats, et parce que le vent s'est levé et chasse vers nous la fumée de notre feu, nous nous allongeons sur le sable et regardons naître les premières étoiles. Le vent joue tout seul avec la carte et nous ne pensons plus au demain de demain.

Nous avons eu chaud, très chaud à midi, touchant à

peine à la *taguella* fumante pour préférer dormir serrés dans l'étroitesse d'une ombre de rocher se rétrécissant lentement. Aussi, ce soir sommes-nous affamés et, tout en parlant de choses et d'autres, nous écoutons le bouillonnement régulier de la marmite. Parfois, l'un de nous glisse un morceau de bois dans les flammes, soulève le couvercle, allume une cigarette, chasse une étincelle que le vent pousse sur lui. Pendant que Kader fume silencieusement par petites lampées, Bernouze compte les étoiles et seul de nous quatre, Abdallah, visiblement n'est pas en paix. La crainte et l'inquiétude remplacent son insouciance habituelle : à partir de demain, il quitte ses territoires, il ne sera plus chez lui...

Si nous avions décidé de partir en la seule compagnie d'Abdallah Ag Rabti, Dag Rali, il nous eut fallu abandonner notre projet ou bien limiter notre voyage aux terres Dag Rali et Adjouh n'Téhélé. J'ai lu et entendu que les Touareg ne se perdent jamais et connaissent toutes les pistes. C'est vrai. Ils ne se perdent jamais puisqu'ils restent uniquement sur les pistes de leurs propres territoires ! Chez moi, dit Abdallah, je ne peux pas me perdre...

Nous n'avons jamais surpris Abdallah à hésiter sur les chemins Dag Rali ou Adjouh n'Téhélé ; moi-même, je ne m'y perdrais pas si j'avais comme lui toute mon enfance poussé les troupeaux de chèvres noires sur les pistes de ces deux territoires, sans parler du déplacement des campements, des visites aux cousins, des poursuites à la gazelle, du petit nomadisme, de points d'eau en points d'eau et de pâturages en pâturages fluctuants, qui font toute une vie. Mais alors, les grandes caravanes vers l'Amadror et le Tamesna ? Seuls quelques vieux pisteurs possèdent ce savoir des grandes routes et le transmettent aux plus jeunes, mais jamais on ne s'éloigne des grands axes. Abdallah nous a étonnés souvent par la grande connaissance qu'il a des terres Dag Rali. Un jour, il nous promena une demi-heure dans les boules de granit rose de Taessa pour nous montrer un signe qu'il avait gravé du temps où le jour lui paraissait long à garder les chevreaux. Bien avant de parvenir comme promis à la pierre portant la signature enfantine, je ne savais vraiment plus me reconnaitre dans le dédale de blocs, après maintes escalades de roche en roche, contours et détours, et Abdallah riait sous cape de me voir presser le pas pour ne pas me laisser distancer de seulement dix mètres ! Il nous sidère tous les jours en nous dévoilant avec parcimonie un bout de raccourci, un point d'eau inédit, un plan de *takamezout* qu'il est sûr de trouver au pied d'un talus rocailleux. Mais aux limites extrêmes des territoires Dag Rali et Adjouh n'Téhélé, Abdallah ne sait plus rien et le dit bien haut, refusant ainsi toute responsabilité. Ce soir, qui est un soir de grande confidence, il nous avoue avoir eu très peur sur la piste du Tamesna et depuis, il voue à Oukcem une admiration et une reconnaissance sans réserve pour l'y avoir guidé sans hésitation malgré deux jours de brume opaque et infernale. Lorsqu'il partit pour la première fois au Tassili par la piste directe, il fut bien aise de s'en remettre entièrement à Atankaoues, pisteur infaillible qui le guida jusqu'à Djanet.

Il soliloque ce soir, mi-penaud, mi-furieux. Moi aussi, ronchonne-t-il, je serais capable d'aller à Tin Tarabin s'il y avait une piste bien balisée ! Tout comme pour aller à l'Assekrem si je n'étais pas Dag Rali ou Adjouh n'Téhélé : au lieu d'emprunter l'*abarekka* de Taessa ou de Taroumout, il me suffirait de suivre la piste carrossable, tranquillement, en lisant une pancarte au bord de la route indiquant « Assekrem 80 km » ou « *Guelta* Afilale » (flèche dirigée vers le Sud)...

— Pourquoi n'es-tu jamais allé à Tin Tarabin ?

Ma question aurait dû le faire sortir de ses gonds mais son inquiétude m'évite sans doute d'essuyer un accès de colère et, gentiment, il m'explique que, ma foi, il n'avait jamais pensé à y aller... Pourquoi aurait-il poussé ses chèvres ou ses chameaux en dehors des pâturages tribaux ? Qui pourrait-il aller saluer en terre étrangère pour prendre le prétexte d'un voyage lointain ? Pourquoi irait-il sur des pistes inconnues puisque demander sa route est une véritable affaire d'état ? Pourquoi courir le risque de rencontrer un étranger alors que les échanges de salutations sont déjà en temps normal d'une grande longueur ? Demander des nouvelles requiert de la diplomatie, et des renseignements bien précis, beaucoup de tact et d'honneur, de patience et de temps. Au cours d'une halte de midi, nous fûmes rejoints un jour par Akroud, seul, à une bonne journée de chez lui. Pendant le repas que nous partagions avec lui, il nous demanda sans paraître y attacher grande importance si nous n'avions pas croisé par hasard la trace de son chameau, à la recherche duquel il partait. On le renseigna comme on put mais je jurerais que chacun pensa à part soi (et Akroud en tête) : « comment ? Akroud n'a-t-il plus d'yeux, plus de jambes et plus d'intelligence pour retrouver tout seul son chameau ? » Est-il pensable de demander sa route à un étranger dont on ne voit que les yeux, drapé dans un *érassouey* anonyme, avare de paroles autres que celles, rituelles et immuables des « *issalân* » et autres « *ma-d-youlâ* » ? Peut-on interroger sur un point d'eau lorsqu'il est quasi déshonorant d'avoir soif ? Peut-on s'inquiéter des pâturages à venir, alors que les formules de salutations prétendent trop souvent pour la gloriole que tout va bien, y compris le bon état de l'*assikel* et la bosse qu'on aimerait énorme sur le dos des chameaux ?

A bout d'arguments, Abdallah se tait. Le vent agite la carte étendue entre nous et qui grince comme un gros criquet. Abdallah la replie soigneusement et la range dans son propre sac.

Au réveil, Abdallah affirme qu'il n'a pas fermé l'œil de la nuit, rongé d'inquiétude pour les pistes futures et nous rions de lui, refusant de savoir jusqu'où va sa vérité. Désormais, les terres inconnues s'étendent devant nous, vers l'Est, et Abdallah, un peu ragaillardi par nos rires, passe la main à Kader, « à toi de jouer maintenant ! ».

C'est simple, l'aventure inquiète si peu Kader qu'il commence sa journée par chanter tout en pliant bagages. Abdelkader Ben Ahmed Chellali est toujours content, et le sentiment de son bonheur de vivre reste terriblement visible.

La première fois que nous sommes partis avec lui dans le désert, quelle chance ! nous avons reçu la pluie toute la nuit jusqu'au petit matin où l'*oued* coulait, avec les roulements sourds des pierres sur son fond caillouteux. Aux premières gouttes nocturnes, il se leva et remit les théières sur les braises. Aux autres gouttes qui suivirent, plus serrées et lourdes, il rythma quelques battements sur notre plat en cuivre et partit d'un énorme rire qui ne semblait jamais devoir finir. Il trouvait la situation drôle et nous comprîmes tout de suite qui était Kader... Il resta toute la nuit assis, recroquevillé auprès de ses théières à veiller sur nous avec des étouffements de rire pour les ruisselets qui parcouraient le sable et qui nous chassaient de nos bivouacs avec des grognements de mécontentement.

Kader a le sang arabe par son père originaire d'In Salah, mais aussi targui, par sa mère. Méhariste militaire, il partit pour l'Indochine, fut fait prisonnier et ramena de sérieuses cicatrices en souvenir de Dien-BienPhu.

Quand les soirées sont tièdes autour du feu ou les pistes longues sous le soleil, nous lui demandons de raconter ce qu'il fut avant d'être père tranquille. Si l'on peut appeler père tranquille cet homme de 55 ans qui court encore les pistes ; qui nourrit, outre sa femme Raïcha et leurs 5 enfants, les enfants de son père mort l'année dernière, la mère de sa femme revenue du Niger à cause de la sécheresse avec une colonie de beaux-frères, belles-sœurs et enfants, et puis quelques amis indigents ou impotents. Père tranquille qui allait encore récemment au Niger pour y faire quelques achats avec femme et enfants, tout ce monde familial perché sur le chargement poussiéreux des camions ou juché plus traditionnellement sur le dos des chameaux lorsqu'il partait avant les grosses chaleurs.

Dans Tamanrasset dont il habite le quartier de Tahaggart, il est plus connu que la reine Tin Hinan. Lorsque nous avons à faire quelques courses avec lui, nous n'en finissons pas de serrer des mains et d'écouter les grands éclats de rire que déclenche sa seule arrivée, de franchir les seuils des portes pour accepter un thé, un déjeuner de pain et de miel, un goûter de crêpes... Une porte est close, Kader sait nous l'ouvrir ; il sait où trouver la personne dont nous avons grand besoin, le thé ou les oignons qui nous manquent. Kader se promène dans les rues : il caresse une voiture poussiéreuse en déclarant tout haut que ce gros chameau là en a « plein le dos » parce que les touristes ne marchent pas assez (et de rire au nez et à la barbe hirsute des touristes ahuris) ; il aborde une jeune touriste (sur la défense) en faisant mine de la reconnaître pour l'avoir croisée l'autre jour sur les Champs-Elysées (car il connaît effectivement les Champs-Elysées pour y avoir défilé le 14 juillet 1958 !). Son rire énorme et la malice de son regard ont bien trop de force pour que personne se fâche jamais malgré ses farces, ses finauderies et ses ruses.

25

Ce qu'il fut « avant », nous l'apprenons au gré des pistes mais ce trait de son caractère reflète bien ce qu'il est profondément : il n'aime se souvenir que des bons moments et ne ressasse pas les mauvais souvenirs. Il nous raconte rapidement et à regret Dien-Bien-Phu mais devient intarissable sur l'image d'un temps qui l'a vu jeune et agile sur son chameau, et meilleur méhariste de tout le Sahara ! J'aime l'entendre parler de chameaux, de courses et de pistes, et je ne sais plus quel subterfuge employer pour l'obliger à mimer le galop des chameaux tant me plaît l'agilité de ses doigts qui se réunissent et s'ouvrent pour manger l'air, imitant ainsi les foulées rapides des bêtes avalant les distances. Dans les instants de grande intimité, nous parlons du Sahara qu'il connut avec de l'eau, des pâturages, de bons troupeaux et de bons Touareg qui connaissaient bien les herbes et les bêtes. Lorsque cela l'arrange, Kader est arabe ou targui. Au début de notre amitié, il était plus arabe que targui, nous donnant le nom de l'acacia en arabe « talha » et non point en tamahaq « abser », nous morigénant pour ce désir que nous avions de nous arrêter dans les campements parce que, « mon vieux, il n'y a rien ! », comme s'il était honteux que nous découvrions une vie si simple et démunie de tout. Et, quand nous parlons grands sentiments, fierté et noblesse touareg, générosité, gaieté, désinvolture, Kader se met du côté targui et nous nomme l'oiseau ou la fleur en tamahaq puisque nous n'apprenons pas encore l'arabe.

Donc, à l'aube de ce qu'Abdallah appelle l'inconnu, nous n'éprouvons aucune crainte car, pour Kader, il n'y a pas de frontière entre Dag Rali et Adjouh n'Téhélé, entre Adjouh n'Téhélé et Aït Loen... Il possède l'âge, l'humour et le sang qui lui permettent toujours, dans toutes les conditions, d'être à l'aise et de faire face à n'importe quelle difficulté de n'importe quelle piste en Ahaggar ou aux Ajjer.

Aujourd'hui, il nous faudra demander non pas notre route, puisque Kader et Abdallah font confiance à la carte, mais au moins l'emplacement exact d'un point d'eau ou bien simplement le nom d'un *oued.*

— A toi de jouer, Kader ! répète Abdallah qui souhaite passer le plus possible inaperçu sur ce territoire étranger et qui ne veut tenir que le plus petit rôle de figurant le plus modeste.

— Ah ! dit Kader pour certainement l'agacer, si nous apercevons un campement, on se fait inviter...

— Moi, répond l'intéressé, je m'occuperai des chameaux.

Ce qui sous-entend qu'il n'approchera pas des tentes, restera éloigné de toute silhouette humaine et se chèchera de façon à être parfaitement méconnaissable, comme s'il était l'auteur de nombreux crimes abominables et recherché par toutes les polices de la terre. Kader étouffe évidemment son rire en échangeant malgré tout avec Bernouze un regard narquois qui en dit long sur sa moquerie contenue. Abdallah ne nous a pas plus tôt tourné le dos que nous concluons un pacte : nous décidons de n'éviter aucune rencontre, voire d'en créer l'occasion. Cette résolution me réjouit car j'ai trop souvent été déçue par la décision d'Abdallah qui change de berge quand une femme approche parce qu'il juge que sa *gandoura* n'est pas de toute propreté ou que son *chèche* est trop modeste pour lui permettre de dévoiler son identité.

— Nous, conclut Kader en s'esclaffant, on est des touristes et on n'a peur de personne.

CHAPITRE 3

Le temps qu'il fait...

Durant deux jours nous avons marché sous le soleil. Aujourd'hui, le ciel voilé permet l'apaisement de nos brûlures et le repos de nos yeux hallucinés. Nous avons fait halte à 10 h dans cette plaine blanche que nul courant de vent ne traverse, dans un silence absolu. Une ambiance laiteuse nous enserre. L'acacia sous lequel nous nous reposons ne parvient pas à dessiner la moindre ombre sur le sol. Tout (hommes, chameaux et végétation) demeure immobile et silencieux, attendant avec certitude sous un ciel d'orage et de torpeur l'événement d'au moins une goutte de pluie. Nous somnolons.

Avant de connaître le Sahara, je croyais qu'il y faisait immuablement chaud sous un ciel inlassablement pur. En novembre 1967, un ciel uniformément gris sur le Tassili me fit perdre cette illusion. Depuis, les images tenaces que j'ai de ce climat intransigeant et dur se sont multipliées, se superposent et se confrontent. Je me suis souvent réveillée sous un ciel glacé, les membres engourdis, et redoutant l'instant où il me faudrait quitter le creux douillet de mes couvertures. Au bivouac, tous les objets touchés donnaient l'onglée, les *ibiar* couverts de givre devaient être approchés des flammes avec précaution afin que fonde la fine carapace de glace qui les recouvrait. Je grelottais, le plus près possible du feu, tapais du pied, me frottais les mains ; je soufflais une buée évocatrice tout en surveillant de l'œil l'horizon où tardait d'arriver le premier rayon du soleil. Je me souviens avoir lu au thermomètre — 11° et — 14°, en février, et m'être ainsi étonnée : je reconnaissais qu'il faisait très froid puisque j'avais eu un lever laborieux et pénible, mais je n'imaginais pas qu'il ait pu faire « aussi bas ». En France, par le même froid, le corps transi d'humidité glaciale, je n'aurais fermé l'œil de la nuit... J'ai eu à cheminer face au vent, le visage cinglé par la grêle qui éclatait comme des billes sur les cailloux. Je fermais les yeux à l'approche d'un tourbillon de poussière ; je calfeutrais les arrivées d'air de ma *djellaba* de laine, tirais sur mes chaussettes et ne pouvais empêcher une goutte de se former au bout de mon nez... Et voici qu'à l'instant, je reste allongée sans bouger, guettant seulement le moindre souffle d'air qui passerait sur ma peau comme un semblant de fraîcheur. J'ai déjà vécu ce qui peut se passer cet après-midi : je me pencherai sur l'*aguelmam* sans attendre que l'on me tende une cuvette pleine et je boirai goulûment puis, avec la *tamenast* enfin offerte, je m'arroserai copieusement la tête et le cou (et l'eau glissera sur ma peau comme une brûlure de froid). Evaporation, fraîcheur trop éphémère, et tout recommencera à brûler. Alors, comme souvent, je répéterai la « douche », au grand amusement des Touareg qui ne comprennent pas mon obstination à prendre un plaisir si court et indubitablement voué au recommencement constant. Car, pour le Targui, ces finesses ne servent à rien : on attend patiemment que le soleil se lève pour cesser de grelotter, ne cherchant point à profiter mieux des plis d'une couverture ou des flammes d'un feu ; d'ailleurs, à quoi bon lutter puisque le vent cessera bien avant le coucher du soleil, et tant pis si le froid entre sur le corps par les poches et les manches larges-ouvertes ; on croit si peu aux pluies qu'avant de prendre la décision de s'en protéger, on se laisse tremper jusqu'aux os. Tout juste d'ailleurs si le Targui prend soin parfois de s'endormir à l'ombre durant les haltes chaudes du printemps ou de tourner le dos au vent glacial, les soirs d'hiver... Mais qui le connait un peu mieux se rend compte que cette désinvol-ture n'est parfois qu'une simple façade et j'ai assisté à des luttes amicales pour gagner la meilleure place à l'ombre, à des ruses de Sioux pour obtenir la couverture la plus chaude, à des prétextes de maladie ou de fatigue pour s'approcher le mieux des flammes !

Muette, immobile, étendue sur le sol face au ciel, les yeux clos, je me laisse envahir par la torpeur qui précède l'orage. Caprice de l'esprit, inconstance des sens, je regrette à l'instant la neige froide de Noël 1972 au pied de l'Assekrem, la pluie rafraîchissante de novembre 1969 qui fit couler l'*oued* Tamanrasset, la grêle de Pâques 1972 sur le massif de Taessa, les gelées blanches des matins de cet hiver... Et l'hiver prochain, en ces mêmes matins grelottants, je songerai à la torpeur des siestes de juillet, aux 40° à l'ombre des dépressions au Sud de Silet et de Tin Tarabin... Ce soir, je suis prête à frissonner, et je l'espère même, car j'ai appris aussi à grelotter n'importe quel mois, à transpirer n'importe quel jour et à bénir les pluies à tout moment de l'année en espérant comme les Touareg qu'elles continuent le plus longtemps possible !

La pluie d'aujourd'hui dure l'éclair de dix minutes. Le vol de trois canards nous a sortis de notre torpeur peu avant que n'éclate le seul coup de tonnerre, lent, profond, assourdi. De larges gouttes s'aplatissent sur la terre où les premières sèchent instantanément et, très vite, l'ondée cesse, me laissant inassouvie de fraîcheur. Je regrette que toute parcelle d'eau n'ait pas été uniquement pour nous car j'ai eu l'impression que la plaine blanche, les arbres et les herbes, l'air lui-même aspiraient la plupart des gouttes ; après tant de jours de déshydratation, la pluie se laissait boire, épongée comme par un buvard avant de parvenir sur nous.

Lorsque j'appelle pluie ces quatre miraculeuses gouttes venues d'un ciel épais, mais n'allant nulle part, évaporées avant même d'avoir atteint leur but, Kader et Abdallah ne daignent point soulever leurs paupières, désireux de prolonger leur sieste jusqu'au bout du repos quotidien. Je ne m'étonne pas : un jour, le ciel s'était couvert très, très vite et un vent violent s'était dressé à notre rencontre.

— Abdallah ! Il va pleuvoir ?

— Tu parles ! avait répondu Abdallah sans lever le nez vers le ciel gris, ouatiné, qui nous couvrit ainsi plusieurs jours sans que ne tombe une seule goutte.

Un soir de décembre 1972, nous nous couchâmes sous un ciel d'encre après avoir bâclé un repas que le feu ne parvenait pas à chauffer tant le vent faisait basculer les flammes en tout sens. Aucun Targui n'avait cru aux prémices de la pluie ou, par superstition, avait refusé d'y croire. Nous nous retrouvâmes au petit matin, mouillés et transis. La neige couvrait le sommet de la Tahat ; le poil des chameaux se rebiffait et frisait ; il nous fallut marcher à pied, les selles étant humides malgré le soin que nous avions pris à les protéger de notre mieux.

— Pfff ! fit Mahmoud dédaigneux.

Pourtant, toute la nuit, les chameliers se relayèrent pour surveiller les bêtes, tendre une toile sur un bagage, arrêter une gouttière et nous terminâmes la nuit serrés les uns contre les autres dans ce qu'il nous restait d'à peu près sec sous une bâche.

— Pfff ! dirent aussi Akoulan et Bohra.

En effet, à 9 h le lendemain, le ciel était de nouveau clair. Un vent glacial chassa les nuages et sécha même l'humidité de la terre. Le surlendemain j'aurais cru avoir rêvé si le sol n'avait gardé quelques traces de petits ruissellements. Nous apprîmes qu'il était tombé trois gouttes à Tamanrasset et qu'apparemment aucun *oued* n'avait coulé. D'ailleurs, la végétation resta identique à elle-même, c'est-à-dire sèche.

En novembre 1969, une pluie fine nous surprit autour du feu. Puisque les Touareg ne s'affolaient pas, nous nous couchâmes ainsi, sans y prendre garde et, au milieu de la nuit, nous dûmes nous mettre sous nos matelas-mousse qui pesèrent bientôt sur nous comme d'énormes éponges gorgées d'eau. La pluie tomba toute la nuit, fine-fine, sans un souffle de vent pour la tordre. Vers 2 h du matin tout de même, nous perçûmes les chuintements, les bruissements des filets d'eau entre les herbes, vers l'*oued* en contrebas. Une heure après, l'*oued* grondait avec les roulements sourds de nos torrents de montagne. Au jour, à peu près secs sous nos matelas-mousse, nous pûmes voir le flot boueux rouler en grosses vagues brunâtres. La veille j'aurais eu de la peine à situer l'*oued*, à imaginer un aval et un amont. Le sol sur lequel je m'étais confortablement endormie hier soir avait une pente... Les Touareg allumèrent le feu, plus laborieusement que d'habitude il est vrai, mais avant d'agir, ils dégustèrent le premier thé. Après, ils considérèrent l'*oued*. Grand-Père Rabti voulut le traverser pour rejoindre ses chameaux, de l'autre côté. Une première tentative faillit le déséquilibrer, à seulement un mètre de la rive. Bernouze l'encorda mais il dut rebrousser chemin ; le flot trop violent l'eut emporté comme une paille. Nous dûmes attendre deux heures que l'eau baisse un peu ; depuis l'aube, la pluie avait cessé. Grand-Père traversa encordé, l'*akerbey* retroussé jusqu'à mi-cuisse, l'*érassouey* sur les épaules mais, au milieu de l'*oued*, tant pis pour le pantalon, il eut de l'eau jusqu'à la taille et beaucoup de mal à rester debout contre le flot. A midi, nous traversions le gué de la piste carrossable pourtant surélevé dans l'oued, de l'eau au-dessus des genoux. Deux jours plus tard au même endroit, elle nous arrivait encore à la cheville. Un flot impétueux et sombre noyait les *gueltas* d'Imlaoulaouen et sautait de l'une dans l'autre avec un formidable grondement. Au Sud, la plaine de Tamanrasset si vaste et large était entièrement inondée : « la mer », disions-nous à Grand-Père Rabti. Cette pluie là fut tout de même une pluie, tout au moins à nos yeux.

— Ouais..., dit simplement Kader.

Elle ne suffisait pas. Pourtant l'*oued* coula, rapidement. Un mois après, nous vîmes poindre un peu de verdure claire et tendre, et nous n'eûmes aucun souci de tout l'hiver pour les points d'eau et les pâturages, mais :

— Pfff ! ça ne sert à rien ! avait remarqué Kader.

Douze ans, disaient les Touareg, douze ans qu'ils n'avaient pas eu de vraies pluies, des pluies qui coulent longtemps dans les *oueds*, ayant le temps de pénétrer le sol, à une époque où les pâturages n'attendent qu'un peu d'humidité pour renaitre. Pas une pluie d'hiver qui arrive trop tard quand tout est déjà mort. Pas une pluie qui vient trop tôt lorsque la sève dort encore. Pas une pluie qui fait germer la graine juste assez pour qu'une grosse chaleur la sèche tout de suite. Non, ils attendent une pluie longue, douce, qui germe le grain, l'arrose encore, ne laisse point mourir le germe, l'engraisse... Une vraie pluie. Mais n'est pas vraie pluie la moindre pluie et, bien que les pluies ne viennent pas, Abdallah ou Moussa oublient régulièrement de fermer le robinet d'arrivée d'eau, dans la cour intérieure de notre maison.

— Pfff ! (dans le sens : je m'en fiche !), rétorque Abdallah lorsque je le lui fais remarquer.

— *Eref oua-tillê...* Je n'ai pas de tête..., s'excuse Moussa, navré, mais qui ne va pas pour autant le fermer.

L'ondée d'aujourd'hui ne s'appelle même pas pluie, *aguenna*, et d'ailleurs personne à part moi n'en a parlé.

Une des rues du centre de Tamanrasset.
Les ruelles aux murs ocres,
ombragées de tamaris,
donnent beaucoup de charme à la vieille ville.

Le Bordj du Père de Foucauld :
la cour intérieure des remparts.

Ci-dessus,
l'oued Takecherouat en crue,
après une nuit
de pluie fine
et régulière ;
A droite :
au passage des *gueltas*
Imlaoulaouen.

L'aguelmam
(*guelta* en arabe)
est une retenue d'eau
naturelle.

Ci-dessus : *L'abayor* (*guerba* en arabe) est une peau de chèvre dans laquelle l'eau se maintient toujours fraîche, grâce à un phénomène d'évaporation. Pour dépecer la bête, on fait seulement une ouverture entre les pattes postérieures. Ensuite, on recoud et on ligature l'extrémité des quatre pattes. Le cou sert d'orifice. Pour éviter la déperdition d'eau par contact de l'outre avec le sol, on la suspend toujours à des piquets ou aux branches d'un arbre. Ci-dessous : remplissage d'un *abayor* à un *abankor*. A droite : pâturage au pied de Tesselit Lehet, dans les plaines d'Essouf Mellen : quelques *absers* (acacias) et quelques touffes de *tataït* (fenouil).

Les courses sont un grand sujet de plaisir. Bien que les Touareg répugnent à fatiguer inutilement leurs bêtes, il arrive fréquemment qu'ils poussent un petit galop pour confronter entre amis leurs talents et ceux de leurs montures. Le galop n'est pas chose aisée : la bête fait de grands sauts et l'homme a un équilibre très instable (aucun appui latéral, puisque pas d'étriers). Les courses sont un sujet de conversation toujours très animé.

Ci-dessus : chèches indigotés...

Ci-dessous : en voyages, les chameaux sont mis en liberté durant la nuit (ils sont néanmoins entravés) afin qu'ils puissent aller pâturer. Le matin, il faut donc les rassembler et les ramener au bivouac.

Ces chèches indigotés
sont des *ilechan*
(singulier: *alechou*).
On ne met *l'alechou* que les jours de fête
car il coûte très cher
et est très fragile.

gauche : voici une
açon très décontractée
e mettre le chèche.
n voyage, au travail,
ais surtout en dehors
e la présence de
ersonne que l'on craint
u que l'on doit
especter...

Moussa Ag Bargali et
sa fille Raïcha. Le
chèche ordinaire est
une cotonnade noire
ou blanche. D'autres
couleurs peuvent
apparaître, suivant le
courant de la mode :
kaki, bleu clair...

Ci-dessous :
séance de thé
sous une tente.

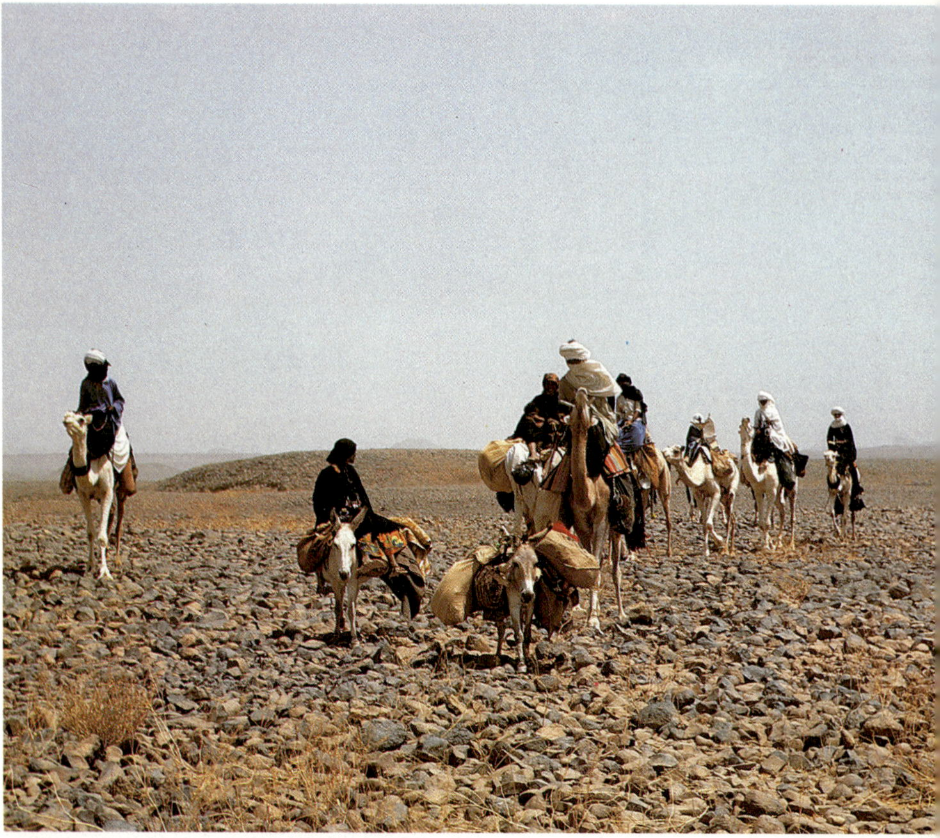

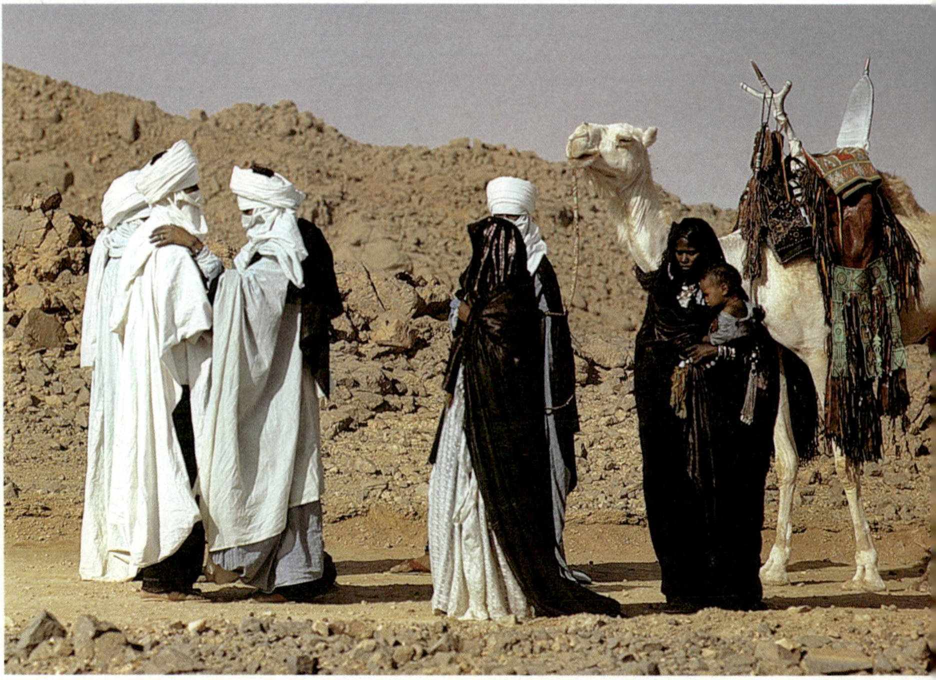

En haut à gauche :
les femmes
se déplacent
de préférence
avec des ânes ou
bien elles montent
en croupe sur
les chameaux.

Ci-contre :
l'ilougan est la
manifestation la
plus appréciée du
mariage. Les
hommes paradent
devant les
femmes qui
chantent. C'est un
concours
d'élégance et de
savoir faire pour
tout le monde.

En bas à gauche :
départ d'un
campement.
C'est *"tassounfet"*.

Ci-dessous : le *tindé* est un tambour improvisé. C'est un
mortier (*tindé*) sur lequel est tendue une peau de chèvre.
Deux femmes s'assoient sur les pilons pour maintenir la
peau tendue et battent ensemble le tambour. Le *tindé* est
l'instrument indispensable à toute fête.

CHAPITRE 4

Nos chameaux, Tafsit et Bourari

Nous restons immobiles à l'embranchement de l'*oued* pour laisser le temps à Bernouze et Kader de compulser la carte. Mon chameau s'est arrêté devant une touffe d'*aramas* qu'il renifle longuement. Je libère la longe pour lui permettre d'étirer le cou vers les tiges un peu sèches.

— Non ! intervient Abdallah, empêche-le !

C'est un comble ! Ce matin, Abdallah a avoué que le pâturage de cette nuit avait laissé les chameaux affamés et impatients d'avancer au creux de l'*oued*...

— Mais enfin, Abdallah, Tafsit a faim !

— Bien sûr, mais ce soir, il n'y a pas d'eau pour lui.

— Et alors ?

— Alors ! Tu ne comprends jamais rien... ! Il y a du sel dans l'*aramas*, beaucoup ! Tu veux qu'il ait soif ?

Ce n'est point la première fois que l'on me sermonne à propos de Tafsit et il y a quelques jours déjà que j'ai appris qu'en été, les chameaux ne mangent pas la *tatait* qui leur chauffe l'estomac alors qu'ils apprécient énormément ce fenouil sauvage en hiver. Abdallah et Kader montrent à l'instant sur leur visage cet air de reproche moqueur que je connais bien, en général accompagné d'un « pfff ! » sussuré, comme je marmonnerai un « quel honte ! ». Pour eux, il est certain que je ne mérite pas un aussi bon chameau que Tafsit, et pourtant, Tafsit et moi vivons en bonne entente.

Je puis presque affirmer qu'il connaît mes heures d'impatience ou mes habitudes de somnolence. Par exemple lorsque nous approchons d'un point d'eau, Tanhart ou Tin Ghéran, il devine mon impatience et allonge le pas. Il sait que j'aime marcher aux heures fraîches du matin et du soir, préférant me reposer sur lui dans le milieu du jour. Tafsit connaît aussi les emplacements de halte et de bivouac que j'affectionne, à l'abri du vent et si possible avec du sable fin. Alors que nous arrivions plus tôt que prévu à la *guelta* N'Tazaït où nous bivouaquons souvent, Tafsit baraqua brusquement. Il me fallut le convaincre en tirant fort sur la *tarant* pour parvenir jusqu'au bivouac inhabituel que nous avions choisi. Tout au long du trajet, Tafsit frottait son nez à mon épaule et se tordait le cou sans cesse pour jeter un regard en arrière, comme s'il eût voulu me dire que nous avions dépassé le bivouac. Mais oui, je sais... Allez viens, Tafsit...

Tafsit connaît les pistes mieux que moi et lorsque se présente un embranchement imprécis, je le laisse choisir. Il se trompe rarement, ou dans ce cas, à cause du mauvais vouloir d'un guide ou d'un chamelier qui cherche à nous ridiculiser et qui se venge de ce que nous le laissons en arrière. Car Tafsit aime être en avant de la caravane et il n'a de cesse d'allonger le pas qu'il n'ait enfin dépassé tous les autres pour se trouver en tête.

— Laisse-le faire, me disent les Touareg, Tafsit a été le chameau d'un bon chamelier. Si tu le tiens toujours derrière, il finira par devenir un chameau de rien... C'est vrai que Rama, l'ex-propriétaire de Tafsit, possède la réputation d'un homme qui s'y entend avec les chameaux. Nous lui achetâmes Tafsit à un de ses retours du Tamesna.

Ce chameau brun au poil doux, qui aurait dû s'appeler *Atlar* comme tous les chameaux bruns de sa condition, ce chameau s'appelait Rama, Rama l'ayant monté plus d'une fois sur les pistes entre Térhénanet et le Niger. Je fis connaissance de Rama, chameau de Rama, aux derniers jours de l'hiver et décidai de l'appeler Printemps, Tafsit. Tafsit ? s'étonnent les Touareg qui demandent confirmation et rient. Au début, les Touareg s'obstinaient à l'appeler Rama ; je concédai Rama-Tafsit ou Tafsit-Rama et, peu à peu, ce fut Tafsit tout court. Maintenant, on montre Tafsit du doigt, on va chercher Tafsit, on selle Tafsit, on monte Tafsit, on soigne Tafsit le soir avec de l'orge... Mais tout de même, Tafsit n'est pas un nom pour un chameau.

— Tu es bête, m'avait dit Abdallah, Tafsit, c'est une femme !

Printemps, en tamahaq est un nom féminin ; de plus, une

saison pour nommer un chameau... Ma première initiative
de propriétaire avait donc été de le ridiculiser, d'en faire une
sorte de chameau travesti appartenant à une femme menant
une vie d'homme mais n'y connaissant absolument rien !

D'ailleurs, ma mésaventure d'aujourd'hui est infime,
vraiment, par rapport aux déboires de mon apprentissage de
propriétaire. Tafsit est avant tout un chameau comme les
autres, pas trop gros, moins gros que celui de Bernouze qui
est vraiment imposant ; pas trop grand, mais encore assez,
plutôt robuste que fin, avec cette couleur malheureusement
si commune qui ne le distingue en rien du troupeau. Si bien
qu'au début, je n'arrivais pas à le reconnaître et, après la
halte du premier jour, quelle ne fut pas la joie des Touareg
de me voir sangler ma selle sur un autre chameau que
Tafsit ! Par la suite, je pris grand soin de m'assurer que
Tafsit possédait bien sur le nez ces deux verrues, touffes de
poils artificielles et résultat d'une opération aisée que les
Touareg pratiquent parfois en véritables esthètes. Au courant de ma ruse, les Touareg me proposèrent un petit bout
de ficelle bleue ou rouge ou verte... C'est ainsi qu'un jour
un farceur tressa le poil de sa bosse et termina la natte d'un
vieux bout de lacet. Actuellement, le problème ne se pose
plus lorsque je cherche Tafsit des yeux au pâturage car je
ne pars point de Tamanrasset sans lui passer autour du cou
un beau collier en poils de chèvre que m'a offert Mohamed
Ag Dankouchi. Même de très loin, celui-ci est bien pratique
pour mettre le cap sur Tafsit... Toutefois, Moussa Ag
Bargali me fit cette dernière farce de mettre le collier à un
autre chameau brun pas trop grand ni trop gros, et je
recommençai ma bévue du premier jour, au grand plaisir de
l'assemblée au courant de l'affaire...

Puisque Tafsit ne peut manger maintenant de l'*aramas*, et que cette nuit le pâturage était tout maigrichon, je présume que ce soir, Tafsit ira au restaurant. Lorsque les pâturages jaunissent et se raréfient, et que Tafsit renifle sur le moignon des herbes déjà broutées, nous avons pris l'habitude d'emporter pour nos bêtes un peu d'orge dans de grands sacs en peau. Ce soir donc, quand la nuit tombera, Tafsit s'approchera, sûr de son fait et guidé par la gourmandise. Il baraquera près de la couverture sur laquelle Abdallah lui aura servi une pyramide de grains, et pendant que nous nous installerons autour du feu, nous entendrons la mastication lente de Tafsit qu'aucune hâte ne presse jamais. De temps à autre l'un d'entre nous secouera les bords de la couverture pour rassembler les grains épars et Tafsit ne se lèvera que lorsque la couverture sera vide. Les soirs où il n'y a pas de grains pour lui et que Tafsit s'approche tout de même, nous le chassons vers le pâturage avec de grands gestes des bras pour l'effrayer.

Dans le silence de notre petite troupe qui a repris la marche après avoir décidé de prendre l'*oued* de droite, je rumine avec difficulté le « tu ne comprends jamais rien » qu'Abdallah m'a asséné comme une gifle. Bon ! Il faut que je me tienne sur mes gardes, que je réfléchisse bien avant de faire çi ou ça, que je regarde bien avant de faire... Mes bonnes intentions, mes initiatives que je crois fabuleuses, tombent mal à propos, choient dans le vide ou sont accueillies à l'inverse de ce que j'imaginais. A Térhénanet où je retourne souvent accompagnée de Tafsit, croyant faire plaisir aux parents et amis de Rama, je flattais volontiers les qualités de mon chameau. Devant le silence et l'air absent de chacun lorsque je débitais ces compliments, j'avais même fait preuve de beaucoup de constance. Tafsit est bon, et fort, et gentil... ! Je sus plus tard qu'aucun de mes interlocuteurs ne voulait prêter une oreille attentive à mes boniments qui les plongeaient dans la crainte : je pouvais porter malheur à Tafsit... Mais les gens de Térhénanet, mis au courant de nos propres coutumes m'accueillent eux-mêmes désormais avec des félicitations et des compliments à son sujet.

C'est un fait évident que Tafsit prend de la bosse et des cuisses. Lorsque nous laissons Tafsit au repos plusieurs mois, Abdallah le prend en charge avec les siens. Il revient des pâturages de Tagmart, un peu capricieux, l'oreille nerveuse, mais le poil dru sur une bosse robuste. Je connais les fonds des *oueds* aux environs du village de Tagmart et je sais l'imaginer libre, le nez au vent, musardant avec nonchalance d'herbe en herbe, les poils s'ébouriffant à sa bosse laineuse. Pour quelques jours d'arrêt seulement, nous le confions à Ahmed Ag Ameley, jardinier à Télet n'Echouar, qui le bichonne à la luzerne fraîche. Ahmed nous le ramène quand nous le désirons. Nous regardons apparaître le jardinier au fond de l'allée ombragée de tamaris et nous le reconnaissons à son pas déhanché et dansant. Il rit de nous voir le guetter de si loin. Il tient souvent précieusement dans le fond d'un panier le cadeau de quelques œufs frais, deux ou trois laitues ou des carottes nouvelles... En repartant, Ahmed tape affectueusement les croupes de nos chameaux mais Abdallah maintient tout de même que rien ne vaut mieux pour Tafsit et Bourari que le vent du grand large...

Trêve de rêves. Je m'aperçois que Kader ralentit, dans l'intention évidente de se laiser dépasser. N'étaient son œil brillant et le sourire que je devine sous son *chèche*, je m'y serais laissée prendre... Je pousse donc Tafsit un peu vers la gauche, raccourcis la longe, empoigne la cravache, prête à parer n'importe quel coup bas. Finalement, voyant qu'il a été deviné dans ses intentions, Kader cravache sa propre monture qui redresse le cou brusquement et file au galop. Sa *gandoura* qui flotte donne le signal à Bernouze et Abdallah qui s'envolent à leur tour derrière lui, laissant sur moi un nuage de poussière. Abdallah a juste le temps de laisser tomber la longe des chameaux de bât qui s'immobilisent aussitôt, privés de toute initiative. Si je n'avais craint et redouté le galop de Tafsit, j'aurais accepté que Kader vienne subrepticement cravacher mon chameau et je serais en cet instant avec eux, au-delà du nuage de poussière, le derrière retombant lourdement sur ma selle à chaque enjambée prodigieuse de Tafsit, me cramponnant tant bien que mal à la longe mais laissant aller Tafsit où il voudrait... Au lieu de cette envolée élégante de *gandoura*, de *chèche* déployé et de poussière qui se termine invariablement en rire et fou-rire, me voilà condamnée à me saisir de la longe des chameaux de bât laissés pour compte et à continuer lentement ma route vers le fond de la plaine. Quand j'arriverai à l'arbre qui est notre halte, Bernouze, Kader et Abdallah seront déjà allongés à l'ombre tandis que leurs chameaux partiront précautionneusement vers le pâturage. Peut-être le feu sera-t-il déjà allumé... J'ai au cœur un peu de honte pour avoir refusé à Tafsit la course folle d'un galop. Je me jure que la prochaine fois, il sera libre de s'envoler. A moi de me cramponner et de serrer les dents !

Sous l'arbre, les commentaires filent bon train. Bernouze a gagné la course. Abdallah laisse libre cours à sa fureur ; Kader rit aux éclats, très content au fond que son élève fasse aussi bon cas de ses leçons.

— Ouais, dit Abdallah, tu es parti avec un peu d'avance !

— Tu n'y connais rien, se défend Bernouze ; tu n'es qu'un bouffon !

— Je n'avais pas vu que vous partiez...

— Tu as la détente longue !

— D'ailleurs, ment Kader, je t'ai vu, tu as failli tomber !

— Comment le sais-tu ? Tu étais devant moi !

— Ah ! tu vois, je ne te le fais pas dire !

— C'est Bourari qui a gagné, pas toi, tu parles ! finit par se venger Abdallah.

Bourari, c'est le chameau de Bernouze, blanc, tout blanc, *ébeïdeg*. Grand, haut, énorme, puissant. Une tête fine, intelligente. Un chameau ! Un chameau bien dressé et qui, au début ne proférait rien, ni blatèrement ni grognement, ni ne manifestait d'impatience lorsqu'on lui passait la *tarant*, lorsqu'on le sanglait ou l'entravait, lorsque Bernouze le lançait au trot puis au galop d'un claquement sec de sa cravache. A cause de ce silence, Bernouze appela *ébeïdeg* Bourari, car Bourari, frère d'Abdallah, ne dit jamais un mot, n'émet pas un son, se tient éternellement coi, ce, en présence de son aîné (hors de sa tutelle, Bourari se déchaîne tant qu'il parvint à parler le français en deux mois à peine).

Bourari, l'*ébeïdeg* de Bernouze, perdit son mutisme à l'occasion d'une maladie qui mit en émoi nos amis du Hoggar, du Tassili et de France. Une poussée de furonculose lui infecta la tête et la pauvre bête souffrit longtemps sans se plaindre jusqu'au jour où les Touareg se réunirent à six pour le tenir fermement afin de lui ouvrir un à un tous ses furoncles, lui taillant de larges plaies sur les joues, le front et le nez. Nous le laissâmes deux mois au repos chez Ahmed qui se désespérait de le voir sans appétit et sans force, triste et perdant sa bosse. Un ami vétérinaire nous fit parvenir antibiotiques et tonifiants grâce auxquels, en prime de la sollicitude dévouée d'Ahmed, Bourari retrouva des forces et le jardinier son grand rire. Mais que de soucis a-t-on eus pour Bourari ! On prenait des mines de circonstance pour glaner craintivement quelques nouvelles tout en redoutant le pire, on n'osait pas prononcer son nom trop haut de peur d'attirer sur lui les mauvais esprits, on faisait mille souhaits, vœux et recommandations, on consolait Bernouze de tout son cœur... Bourari retrouva au printemps les pistes de l'Atakor mais il garde de sa maladie des stigmates ineffaçables qui le défigurent. Il se souvient aussi... Lorsque trop d'hommes l'entourent, Bourari s'effraie ; devenu inquiet et nerveux, il proteste et blatère.

Je voudrais retrouver les bonnes grâces d'Abdallah perdues ce matin pour l'affaire de l'*aramas*, et j'opte pour son parti.

— Bernouze, dis-je, il faut reconnaître que Bourari est deux fois plus haut que les autres, donc, va plus vite...

— Toi, m'interrompt Abdallah, tu exagères toujours ! D'ailleurs, tu n'y connais rien, encore moins que Bernouze...

Vlan ! j'ai perdu l'occasion de me taire encore. Kader éclate d'un rire qui le secoue entièrement jusqu'à son *chèche* qui se déroule ; dans sa main la théière est agitée de soubresauts comiques. Il conclut que le chameau ne fait pas tout et que Bernouze est en passe de devenir un bon coureur.

— D'ailleurs, ajoute-t-il sournoisement à mon intention, Tafsit, il a beau vouloir galoper, il ne peut jamais parce que Toudet n'ose pas !

C'est ma fête aujourd'hui !

Bernouze sourit, parfaitement heureux, conscient d'une puissance importante que lui confère la propriété de Bourari. Grâce à lui, n'est-il pas adopté par la tribu des Dag Rali ? Bernouze et moi aurions aimé que Tafsit et Bourari soient totalement notre propriété en portant notre sigle personnel de propriétaire. Mais quel sigle ? Quel signe de quelle tribu ? Quoique flattés de l'intérêt que nous marquions à nos bêtes, les Touareg se moquèrent de nous :

— Même si tu t'inventes un signe, qui le reconnaîtra ?

— Si tu perds ton chameau, qui saura reconnaître le signe ?

— Ton signe n'existant pas, tout le monde peut dire que ton chameau est le sien !

— Et moi, si on m'accuse d'avoir volé vos deux chameaux ? conclut Abdallah.

Très juste. On laissa gravé sur le cou de Tafsit et de Bourari le sigle des Dag Rali, et comme nous le fit comprendre Abdallah, il est moins facile de décaster un chameau qu'un touriste :

— Toi, maintenant tu as tout, ta selle, ta cravache, ta rêne, tes sacs, tes tapis de selle, ton chameau marqué Dag Rali... Maintenant, tu es Dag Rali de Tagmart.

CHAPITRE 5

Rencontre
en territoire étranger

Nous marchons sur les mêmes traces qu'hier, à l'exception près qu'un deuxième pas d'homme, plus fin, vient parfois à la droite de la piste. Nous les avons retrouvées à l'emplacement d'un bivouac où les cendres étaient encore chaudes et les crottes des bêtes toutes fraîches. Abdallah et Kader se sont penchés vers le sol pour y lire deux hommes et trois chameaux ; nous les suivons de très près et Abdallah déclare, mécontent, qu'à ce train, nous les aurons bientôt doublés. Car Abdallah ne veut pas les rattraper, il ne veut pas les voir et il nous propose sans cesse d'emprunter une piste à droite, une piste qui part à gauche, mais vers où ? Et le fameux point d'eau de midi ? Moi, je ne suis pas d'accord car l'eau de nos *ibiar* remplis ce matin est légèrement magnésienne et j'aime autant l'échanger contre « l'eau bonne » promise par notre carte.

Nous sommes habitués à ces simagrées. Plus d'une fois, nous avons dû pactiser avec le hasard des pistes, ralentir l'allure, prendre subitement à droite, franchir intempestivement un col, que ce soit avec Abdallah à maintes occasions, ou avec Mahmoud, ou Bohra, ou Entayent. Mahmoud Ag Ahmadou, Kel Razzi en promenade sur une piste Dag Rali, nous obligea à bivouaquer là sans aller plus loin puisqu'il avait deviné le cantonnement en amont de femmes et de leurs chèvres... Bohra Ag Kourbi, Adjouh n'Téhélé, refusa obstinément de passer au village Dag Rali de Tagmart parce qu'il ne possédait pas *chèche* et *érassouey* assez corrects pour pouvoir se présenter devant sa future belle-mère... Quant à Entayent Ag Mana, fier Adjouh n'Téhélé en pays Dag Rali, je jurerais que la peste ou la

41

gale devait le ronger tant il prenait soin de n'accoster personne !

Voilà maintenant qu'Abdallah grimace, il a faim et il voudrait que nous fassions halte sur le champ ; le voilà presque défaillant.

— Patience, lui répond-on.

D'ailleurs l'*oued* Fisfas s'étrangle entre deux falaises qui se ferment comme un verrou, comme un piège. Les deux inconnus sont là, affairés auprès des trois chameaux qu'ils font boire à même l'*abankor*. Du côté Aït Loen (car, en territoire Aït Loen, Abdallah a décrété qu'ils ne pouvaient être qu'Aït Loen !), gestes empressés pour rectifier le *chèche* sur le bas du front et le haut du nez ; du côté Dag Rali, c'est déjà fait depuis longtemps. Rituel presque inaudible des phrases douces. Mais la vie garde la primauté : on défait les chargements, on enlève les selles, on tape sur les croupes des chameaux entravés pour les chasser vers les acacias faméliques. Pendant que Kader recreuse un *abankor* tout neuf où refiltre une eau vite limpide, j'entends les Aït Loen s'étonner que les deux Français sachent un peu de tamahaq. Ils nous parlent de l'eau, du soleil et de la chaleur qu'il fait, et je guette les pans de *chèche* qu'on ne contrôle plus et qu'on laisse glisser, tant pis, à la naissance du nez.

Le soleil à l'aplomb de la gorge ne laisse pas beaucoup de répit à notre halte et nous partageons l'ombre étroite de la falaise, Aït Loen, Dag Rali et Français en vrac. Nous invitons Sliman et son compagnon (pourquoi n'arrive-t-on pas à savoir le nom de ce dernier ?) à partager avec nous une copieuse *taguella* arrosée de beurre liquide et agrémentée de quelques pâtes cuites dans le bouillon d'un vieil os que nous traînons avec nous depuis trois jours. Viens manger, Abdallah ! Abdallah ne semble plus avoir très faim et deux cuillerées rapides (mais bien pleines) ferment son appétit. On ne s'attarde pas « à table » lorsqu'on considère avoir terminé son repas et Abdallah, abandonnant sa cuillère près de la cuvette, se lève sans un mot et vaque à ses occupations. Clin d'œil ironique de Kader, sourire muet de Bernouze et gestes lents de nos invités qui font honneur au repas, mais pas trop, le *chèche* maintenant baissé jusqu'au menton puisqu'Abdallah n'est plus là...

Pour ces Aït Loen qui ne me connaissent pas, suis-je quantité négligeable, classée dans la catégorie des étrangers sans importance ? Les Touareg ne mangent jamais devant une femme si ce n'est une de leurs proches parentes ; devant un étranger, ils mangent sous leurs *chèches* afin que nul n'aperçoive leur bouche ; devant une femme ou un étranger qu'ils honorent et craignent, ils se passent même de manger ! Abdallah dit qu'avant, un Targui ne montrait pas sa bouche à sa propre femme, de toute sa vie... Je repense à Chouchou qui ne me présenta jamais que son dos pendant tous nos repas si bien que je dus attendre longtemps avant de voir comment était faite sa figure. Je repense à cette histoire de Kader qui raconte qu'un Targui, en mangeant sous son *chèche*, égara sa cuillère dans le tissu et dut mâcher longtemps avant de pouvoir avaler... ! Suis-je pour ces Aït Loen seulement une femme ? Je dois l'être tout de même puisque Sliman m'offre ses couvertures pour la sieste, dans le coin d'ombre le plus large, et qu'il m'apporte une cuvette pleine d'eau fraîche et un petit éclat de quartz taillé, « cadeau toi ».

Tout de même, notre Dag Rali, lui, doit avoir faim... Il va lentement d'ombre en ombre, seule silhouette verticale sous le soleil ; les chameaux eux-mêmes sont baraqués dans les herbes ; il les réveille du pied pour les obliger à brouter et il chasse de temps à autre un corbeau noir sur une bosse laineuse que l'oiseau fouaille de son bec énorme sans que le chameau assommé de torpeur ne fasse un mouvement pour se défendre.

« Abdallah ! viens dormir aussi ! Ces Aït Loen sont de bons Aït Loen, ils ne prendront pas nos chameaux ni nos bagages, ils n'empoisonneront pas le puits, ils... » Abdallah s'allonge dans l'autre rive d'ombre et s'endort.

Ayant laissé passer les heures de pleine chaleur, nous repartons après avoir bu encore une dernière fois l'eau si claire de l'*abankor* surnommé désormais « Ouan-Essin-Midden », Celui des Deux Hommes. Ouvrent la marche, Sliman et son copain sur leurs chameaux superbes (Kader les a estimés du plat de la main) ; Sliman sur la piste, son copain un peu en retrait à droite ; Abdallah les rejoint, un peu en retrait sur la gauche. Sliman monte un chameau *ébeïdeg*, puissant, énorme, portant sacs de cuir aux flancs tendus par le secret de leurs richesses. Une *takouba* pend d'un côté de sa selle et d'un sac dépasse un objet long, fin, recourbé, qui m'intrigue. Je ne parviens pas à retenir Tafsit qui allonge la foulée et s'élance sur les pas de l'*ébeïdeg* de Sliman. Celui-ci se retourne sans cesse, ce qui me gêne beaucoup car je voudrais pouvoir me laisser aller un peu sur ma monture et profiter des restes de ma sieste. Mais voilà que Sliman tire de son sac l'objet qui m'intriguait : c'est un parapluie noir, gros, vaste, ventru, imposant, royal... A l'abri de son parapluie qui me cache l'horizon, sûr de son élégance et certain de son succès, fier comme un empereur, Sliman ouvre la marche et enfin ne se retourne plus. Je croise le regard très brillant d'Abdallah, et dans mon dos, j'entends les ricanements et les fous-rires difficilement étouffés de la valetaille...

— Il n'y a plus de bons Touareg, dira ce soir Kader.

— *Tidet !* C'est vrai ! Il leur faut des... des... des trucs ! s'empresse d'ajouter Abdallah.

— ... Des ombrelles, rectifie Bernouze.

CHAPITRE 6

Ateï. Le thé

Kader est malade. Mal au cœur, mal au ventre, mal à l'estomac, mal partout. Depuis midi, il se laisse véhiculer sur son chameau sans mot dire, l'œil vague et sans le geste accoutumé de chercher ses cigarettes au fond d'une poche. Il ne rit pas mais acquiesce lorsque je lui dis qu'il est vieux, ou donne raison à Bernouze qui affirme qu'on ne l'y reprendra plus à partir avec des vieux jetons... Tout juste s'il a dessellé son chameau avant de s'allonger en gémissant et en se plaignant outrageusement dans l'intention manifeste de nous faire comprendre qu'il veut avoir la paix.

— Kader, comment vas-tu ?

— ...

— Kader, ça ne va pas mieux ?

— ...

— Il est mort, conclut Bernouze.

— Tu vas voir comme il est mort, dit Abdallah qui s'empare de nos deux théières qu'il secoue violemment pour en faire tinter les couvercles, ce qui a pour effet de faire bondir Kader. Plutôt que de devoir ingurgiter le thé à moitié réussi d'Abdallah, il ment, disant qu'il est guéri, et se met à l'ouvrage.

Le thé. S'il est une chose dans les bagages que l'on n'oublie jamais, je certifie que c'est le thé et le matériel à thé. Quelques verres minuscules, deux théières émaillées, thé et sucre. Kader s'en occupe pour nous ; il ne fait aucune confiance à nos préparatifs à ce sujet et veille lui-même à protéger les verres avec du papier ; il part acheter ce qu'il nous faut en thé, le meilleur, du 71, et du sucre, tant de pains. Il veille aussi à l'emplacement du matériel sur les bâts ; il ne faudrait surtout pas que nous perdions quoi que ce soit ou que nous brisions un des verres, *ouksad !* attention ! Kader pousse la maniaquerie jusqu'à posséder un verre à thé personnel qu'il ne mélange pas aux autres. Nous rencontrâmes un homme qui ne possédait en tout et pour tout qu'une théière un peu ébréchée et un verre. Ça suffit, dit Kader.

A chaque occasion les théières prennent place près des braises où chante la bouilloire noire, et les verres s'alignent devant l'officiant. La première chose que fait Kader le matin, ou Bohra, Moussa, Mahmoud, Rassi, Akoulan, Abdallah, Oukcem et n'importe qui d'autre, est d'allumer le feu, emplir la bouilloire et la poser sur les braises. En attendant que l'eau bouille, il vaque à d'autres occupations. Le ciel pâlit à peine que le Targui est déjà devant ses théières et il ne reprendra tout à fait ses esprits que lorsque le premier verre de thé sera bu. A la halte de midi comme à celle du soir, même opération. Après avoir débâté les chameaux, on se préoccupe du feu et on s'enquiert des théières, on se prépare soigneusement à goûter dans la paix un des meilleurs moments du jour, et pour ce faire, pas de précipitation, point de hâte nuisible, chaque geste en son temps. Ainsi commence le rite.

Malgré les nombreuses occasions que j'ai eues d'observer Kader à sa « cuisine du thé », j'ai encore du mal à coordonner tous ses gestes car cette opération est véritablement toute une affaire. De plus, je perds souvent le fil de l'action puisque Kader entrecoupe sa cuisine de petits soins pour la *taguella*, le bouillon dans la marmite ou le paquet de cigarette qui dépasse de sa poche... Je sais avec certitude que les feuilles de thé (l'équivalent d'un petit verre plus ou moins rempli) sont ébouillantées dans une des théières et qu'il jette cette eau de rinçage ; qu'il la remplace et pose la théière sur les braises. Les feuilles gonflent et mijotent. Dans la deuxième théière prend place un morceau de sucre, et la décoction, versée de très haut de la première théière dans celle-ci, doit tomber sur le sucre pour le fondre. Après avoir remplacé l'eau de décoction et remis la théière sur les braises, il s'emploie longuement à faire fondre complètement le sucre en transvasant le thé de la théière dans un verre, du verre dans la théière, encore une fois, encore... Le jet doré tombant de très haut fait mousser le liquide en surface.

Kader goûte pour apprécier le dosage, rajoute un peu de sucre s'il le faut. Cette longue opération ayant quelque peu refroidi la boisson, il remet la théière sur les braises... Nous patientons encore quelques instants ; pour ma part, je suis persuadée qu'il le fait exprès : son œil brille trop pour n'être qu'innocent, à moins que ce ne soit de gourmandise ?

Enfin, le fil de thé emplit impartialement chaque verre ourlé de mousse sucrée et notre cercle d'assistance n'a plus qu'à attendre encore un peu : de droite à gauche, un verre est attribué à chacun. Délice, nous aspirons avec bruit le premier thé brûlant. Ce lent rituel immuable va se répéter deux fois encore pour nous donner droit au total de trois petits verres de couleur de plus en plus claire. Les mêmes feuilles de thé servant aux trois décoctions, la force du breuvage diminue d'autant qu'augmente le dosage de sucre. Le premier, de couleur vert ambré est très fort et amer ; le second, jaune or est moins corsé déjà ; le troisième, pâle, est une liqueur douçâtre.

Tout facteur dans ce rite prend une importance capitale. Tout d'abord, le thé évidemment. Les commerçants de Tamanrasset en vendent de nombreuses sortes sous des appellations diverses transcrites en numéros. Le plus apprécié, le meilleur, le seul valable étant le n° 71 dont on reconnaît la feuille : plus grosse que les autres, roulée sur elle-même mais intacte, vert-argenté. Si les provisions de ce thé disparaissent sur le marché ou si le Targui ne veut pas faire grosse dépense, on le remplace par un autre, n° 70, 69 ou 68, mais avec quelque tristesse, quelque vague à l'âme. Ce pis-aller ne satisfait point certains qui préfèrent ne pas en boire ou qui, avant de s'y décider remuent ciel et terre à Tamanrasset pour trouver tout de même dans la ville un marchand qui leur vendra encore 50 g de thé de sa provision personnelle ou qui fera crédit. Kader regarda en silence les feuilles du thé que Bohra et moi avions rapportées, du 69 faute de mieux. La feuille en est terne, gris sombre et petite... Il fit la moue, et toujours sans un mot, s'empara de mon porte-monnaie, se dirigea vers la porte et sortit. Un long moment s'écoula avant qu'il tambourine joyeusement à la porte ; Bohra et moi échangeâmes un sourire. Kader se mit tout de suite en devoir de nous faire un thé, du vrai.

— Ahhh ! fit-il en goûtant le premier verre.

La qualité de l'eau intervient aussi dans la réussite d'un

thé, ayant sans doute beaucoup plus d'importance qu'on ne pourrait l'imaginer, la force des thés ne parvenant pas à couvrir son goût de vase ou de terre, sa teneur en sels minéraux. Ces derniers modifient parfois totalement le goût même du breuvage. Kader, en France, avec les mêmes ustensiles qu'à Tamanrasset, les mêmes thé et sucre, prétendit ne pas pouvoir obtenir avec l'eau de Seyssins (Isère) la même qualité qu'avec l'eau de Tahaggart (commune de Tamanrasset). Il lui manquait un goût de pays...

Essouker, le sucre, conditionne la saveur d'un thé. Nécessité impérative de n'utiliser que du sucre en pain (comme un obus). Enroulés dans du papier bleu-marine, les pains de sucre tiennent la meilleure place sur les rayons de la moindre boutique. Un pain de sucre pèse 2 kg et nous en emportons plusieurs, soigneusement empaquetés dans nos bagages et si, par malheur, notre générosité en cadeau ou notre insouciance en prévision nous laisse à cours avant la fin d'un voyage, cet incident frise la catastrophe si nous ne trouvons pas l'occasion d'un prêt chez un ami. Notre sucre en morceaux ne s'utilise qu'en dernière urgence.

— Ce n'est pas pareil, certifie Kader.

Il ne possède pas le même goût, fond très vite et mousse moins.

— *Ichchad !* Mauvais ! s'attriste Moussa.

Et puis, c'est tellement triste de ne point entendre les chocs répétés d'un culot de verre ou d'un caillou sur un pain de sucre pour le briser adroitement en écailles tranchantes ou en petits morceaux que l'on dépose dans le fond de la théière avec le souci d'un dosage méticuleux. Ce bruit si connu de petits chocs sur le pain de sucre nous réveille le matin, nous sort de notre somnolence à midi et nous rassemble le soir autour du feu pour le meilleur instant du jour.

Ateï, aman, essouker ; le thé, l'eau, le sucre ne suffisent néanmoins pas... Un thé, un vrai thé nécessite une main experte. Celle de Kader l'est par excellence. Je n'ose établir un ordre de préférence et je ne citerai donc que les meilleurs : Rabidine Ag Mohamed, Oukcem Ag Midi, Moussa Ag Bargali lorsqu'il s'en donne la peine.

Kader le réussit invariablement malgré fatigue, feu maigre, fumée, froid ou vent, temps compté ou interruption malencontreuse et momentanée de la cérémonie. Mais, dit-il, il vaut mieux avoir tout son temps car prendre son temps est déjà la moitié du plaisir. Kader choisit de se lever plus tôt que tous pour tenir le matin son plaisir en entier ; Kader se débarrasse des corvées des haltes avant de se mettre en « cuisine de thé » pour s'assurer un plaisir durable ; Kader prolonge le soir son plaisir indéfiniment tandis que nous dormons parfois déjà.

J'éprouve beaucoup de satisfaction à voir officier Rabidine Ag Mohamed. La lenteur de ses gestes, la précision du filet de thé versé dans les verres, la patience de ses mains envers les théières brûlantes, le calme de son regard pour les couvercles qui pulsent sous la pression de l'infusion qui bout ; cette ambiance magique me fascine. Par contre, je m'amuse follement quand Mahmoud ou Akoulan officient, Le premier parle et rit tant à la fois qu'il mélange les théières, remet sur les braises la théière sans feuilles ou sans eau, oublie le sucre, remet son chèche en place (ensuite, moment de silence parce qu'il ne sait plus où il en est), goûte un verre plein alors qu'un fond suffirait et s'aperçoit enfin que tout le monde rit de son sans-gêne, et rit finalement plus fort que tout le monde... Il arrive à Mahmoud d'oublier carrément un second thé ou de sucrer un premier comme s'il s'agissait d'un troisième. Il est quelquefois obligé de demander à quel stade il en est, à Kader par exemple qui le surveille d'un air à la fois narquois et résigné. Akoulan, ce rêveur invétéré, oublie parfois qu'il officie et le grésillement sur les braises de l'eau qui s'échappe de la théière ne le sort pas toujours de ses songes. Un soir, au grand étonnement de tous, il fit la vaisselle des verres après le deuxième thé et Oukcem s'empara de la théière juste avant qu'il en jette les feuilles. Oukcem termina la séance tandis qu'Akoulan, méprisant les rires de l'assemblée, se replongea dans la contemplation des étoiles.

— Il est gentil, dit Oukcem de notre homme, mais il pense...

C'est un travers dûment accepté.

Actuellement, le manque de thé serait la plus grande privation qu'on infligerait à tous les Touareg que nous connaissons, qui supporteraient n'importe quelle autre carence pourvu qu'ils aient sur la langue l'âpreté et la douceur d'un thé. En période de Ramadan l'abstinence la plus dure à accepter est celle de ce breuvage tonifiant et énergétique.

Pour demander à Kader de nous trouver le thé dans nos bagages, nous lui parlons de « sa drogue »... Lorsque l'étape devient pénible ou longue et qu'une poignée de dattes ne suffit plus à nous rendre courage, nous attendons impatiemment l'heure du thé. Autour de celui-ci, les langues silencieuses se délient, les corps fatigués se redressent... Si quelqu'un se plaint de maladie quelconque et refuse de manger, il retrouve néanmoins toujours assez de force pour quémander un thé et le sommeil s'envole au premier bris de sucre ou au seul claquement d'un couvercle.

Faire un thé pour un nombre défini de convives est classique ; en nombre défini et peu important, chose aisée ; défini et important, un acte d'héroïsme... Mais l'affaire se corse pour un nombre indéfini et tourne au prodige, voire au miracle. Personne ne refuse l'honneur de faire un thé pour 4 ou 5 personnes réunies autour des théières ; on tente d'esquiver l'offre lorsque le nombre approche de 8, de 10 ou de 15 personnes. Nous fimes halte une fois près d'un campement Iklan Taousit dont les hommes vinrent nous rendre visite évidemment à l'heure du thé et, en attendant que l'eau bouille dans la bouilloire, Kader ne cessait de rajouter des verres près des théières qui, elles, demeuraient toujours de la même grosseur ! Lorsque nous fûmes une douzaine en cercle autour des flammes, Kader prétendit souffrir d'un mal de tête épouvantable et se retira dans l'ombre en disant à Mahmoud : *kay*, toi... Le bon Mahmoud prit la chose en ricanant et se défendit sans vergogne par de tonitruants *kala-kala*, non-non-non. L'assemblée immobile et silencieuse qui attendait sans impatience accueillit néanmoins avec soulagement un jeune Targui sorti de l'ombre, *chéché* mieux que personne par déférence pour les vieux ici en cercle. Mahmoud bondit sur lui, le prit par les épaules et l'assit de force devant les théières. Pauvre homme ! J'entendis Kader derrière moi qui gloussait de rire et Mahmoud reprit le fil de ses histoires mêlées de rires, tandis que le jeune homme avait fort à faire pour que chacun ait une ration équitable. Miracle ! Notre minuscule théière, qui nous servait tous les jours cinq thés parvint à en multiplier presque quinze.

Le pire pour un officiant au thé se résume à la catastrophique arrivée d'un visiteur lorsque la séance est déjà entamée. Il doit se débrouiller à rattraper un premier thé en reversant tous les verres dans la théière et en refaisant un nouveau partage, ou alors rattraper la force du premier thé avec l'infusion du second qui doit néanmoins avoir la saveur d'un deuxième pour ceux qui ont déjà goûté au premier... Lorsque la chose s'avère irréalisable, on termine la série des trois thés, on fait la vaisselle et on recommence un thé pour le nouveau venu. Mais à ce stade de l'opération, il est de bon ton que le visiteur avertisse qu'il n'en désire point, si toutefois il a suffisamment d'éducation ou peu de gourmandise.

Les connaisseurs préfèrent entre tous le premier thé dont l'âpreté révèle la qualité de la feuille. Boire uniquement ce verre sur les trois ne se fait pas ; c'est un choix indélicat, une impolitesse flagrante : si l'on ne doit pas boire les deux verres suivants, il faut refuser aussi le premier. Par contre, on peut ne pas accepter le premier pour des raisons de santé (parce qu'il peut donner des palpitations ou empêcher de dormir) et boire ensuite les deux autres. Moi, tant pis, je ne bois que le premier car je trouve les deux derniers trop doux et pour ne point abuser de ce tonique, je choisis de me « droguer » une bonne fois pour toutes mais plus rarement...

— Toi, alors ! s'indignèrent les Touareg.

— Tant pis, je n'en boirai aucun...

Chantage ? Flattés que j'apprécie leur premier thé, le meilleur pour les connaisseurs, ils acceptèrent de faire une exception à la règle, mais chez un hôte que je ne connais pas, je refuse ou j'accepte le tout. Ma peine s'amoindrit lorsqu'une feuille de menthe, un brin de *takamezout* ou un grain de poivre vient agrémenter un des deux verres trop sucrés à mon goût.

Le gentil Bohra ou le paternel Moussa continue un quatrième thé pâle et doux pour ses cousines ou pour son fils Mélouye, mais d'aucuns ne se gênent pas pour rallonger l'infusion en quatrième, cinquième ou sixième thé s'ils ont très soif. Sidi Ahmed, neveu de Rabidine Ag Mohamed, ne se contente point de cette pâle boisson ; il s'empare des feuilles de thé gorgées d'eau et les enfourne dans sa bouche pour en pressurer avec ses joues et sa langue le maximum de jus et offre parfois magnanimement à une chèvre les feuilles ainsi essorées s'il ne les avale lui-même...

Si les Touareg, fins connaisseurs, se montrent indulgents quant au nombre de verres que l'on peut tirer d'une même poignée de thé, ils ne pardonnent pas une faute de goût, un non-sens. Pour apprécier un thé à sa juste valeur, on ne doit rien manger avant qui gâterait le palais, sans doute juste un peu de *taguella* pour couper la faim, surtout pas un bout de sucre ou une datte. L'âpreté du premier thé passerait inaperçue. Quelle honte d'avaler le thé au petit déjeuner avec une tartine de confiture ! Mohamed Bouhadda, commerçant à Tamanrasset, nous offre des cacahuètes avec le thé comme nous proposons des biscuits salés avec nos apéritifs sans que nous vienne l'idée d'un gâteau au chocolat ou d'une crème anglaise.

— Tu ne connais rien, me dit Kader en s'apercevant que je grignote une datte en buvant mon thé.

— Elle ne sent rien, elle est comme *Azelraf*, rectifie Akoulan (*Azelraf*, est le chameau de ce dernier).

Chaque visite représente à coup sûr l'aubaine d'un thé, que ce soit dans un campement ami ou inconnu, ou au contraire l'apparition de quelqu'un qui s'approche de nos feux pour nous saluer. Ces aubaines, dans un sens comme dans l'autre, servent de prétexte à tous. Rien n'est plus agréable que de pénétrer sous l'ombre d'une tente, s'accouder sur un coussin et regarder fleurir la première bulle au bec de la bouilloire, comme est agréable de devoir écourter une sieste pour se rassembler autour du feu vite rallumé en l'honneur d'un visiteur. De passage dans des campements éloignés de Tamanrasset et démunis de beaucoup de ce qui fait le minimum vital, quelle déception que celle de goûter un thé fade et pauvre, mais quelle gloire que celle de laisser en partant un demi-pain de sucre et une poignée de « vrai » thé n° 71. Quel honneur d'inviter à son feu un Targui de rencontre et de lui offrir la meilleure des décoctions ! Mais, à certains que nous n'aimons pas, si nous ne leur faisons pas l'affront de ne point entamer une séance, du moins sortons-nous de nos sacs un thé tout à fait médiocre, n° 69 ou 68. De celui-ci Kader n'en boit pas... D'ailleurs, Kader prit vite la sage habitude d'emporter du n° 68 en prévision des quémandeurs récidivistes ou des non-connaisseurs comme ce touriste-qui-mange-des-dattes-en-buvant-son-thé...

En parenthèse autour de nos étapes, ce seul cri de *ateï*!
le thé! nous donne le courage pour partir et enlève nos
fatigues lorsque nous arrivons. Nous avons appris à le
pousser très fort : *ateï! ateï,! ateï!* Et nous accourons
comme des mouches pour nous agglutiner autour du feu.

Kader, assis en tailleur devant les braises finit de rincer
les verres. Il tire une dernière bouffée sur sa cigarette, se
laisse basculer en arrière et s'allonge avec une ostentation
sournoise.

— Ouille... que je suis malade, gémit-il. Mal au cœur,
mal au ventre, mal à l'estomac, mal partout...

Notre silence collectif prouve que nous ne sommes pas
dupes : il exige maintenant que nous le laissions reposer en
paix ; il a fait l'essentiel.

— Ateï, soupire-t-il béatement avant de s'endormir pour
de bon.

CHAPITRE 7

Les points d'eau

Le point d'eau que nous a indiqué le dernier Targui rencontré est à sec... Kader flatte les flancs mous de notre ultime *abayor*. Bernouze compulse la carte. Abdallah traite de tous les noms le dernier Targui rencontré. Nous décidons de tirer un peu plus à l'Est puisqu'il y a, paraît-il, de nombreux campements, donc un point d'eau aux environs. Il fait chaud, et dans la vaste plaine que nous traversons, les chèvres ne se lèvent même plus à notre approche et les petits bergers nous regardent passer sans un mot, accroupis contre l'ombre rare des arbres. Un campement : Abdallah refuse d'y aller, et Kader se dévoue donc. Nous le laissons s'approcher seul, au pas tranquille de son chameau ; les nôtres goûtant une touffe de *toulloult*.

Harcelé par les mouches, Tafsit frotte ses naseaux aux flancs encore humides de *l'abayor* suspendu en prime au chargement de Ronki, un de nos chameaux de bât. Je le laisse faire. La peau de l'outre est flasque, agitée mollement par le peu d'eau qu'il y reste. Hier, nous nous sommes arrêtés dans une plaine large et découverte, au sol dur et caillouteux, une croûte stérile.

— Allez, on y va ! avait dit Abdallah tout en chargeant *l'abayor* vide sur ses épaules.

Il se dirigea vers le flanc de la montagne et suivit bientôt la trace presque verticale d'un torrent. Il escalada quelques blocs, sautant de rocher en rocher, et disparut.

— *Aman illan-t !* Il y a de l'eau ! cria-t-il.

Sa tête reparut, comiquement. Dans l'ombre froide d'un rocher en arche sur deux blocs frémissait !a surface noire d'un *aguelmam*. Là, à l'abri du soleil, dans un creux de rocher, l'eau de ruissellement d'une dernière pluie se maintenait, fraîche et propre. Abdallah emplit *l'abayor*, serra très fort le lien puis, chargé comme un âne, se remit en route pour le campement, à dix minutes, dans la plaine stérile.

— Ici, dit-il, Sliman m'a dit qu'il y en avait toujours...

C'était hier et nous avons bu depuis comme des trous. Kader revient, accompagné d'un Targui, jeune, avec des yeux immenses, qui va nous accompagner jusqu'au point d'eau. Il a aussi besoin de s'y rendre ; son chameau déjà prêt l'attend en broutant derrière un acacia et il ne lui reste qu'à suspendre ses outres à sa selle. Nous marchons en sa compagnie, et pour meubler le silence, le jeune Targui psalmodie régulièrement une phrase douce :

— *Chaoucha oul yet* ? Il n'y a rien de mal ?

— *Chaoucha oul yet...* Il n'y a rien de mal...

— *Chaoucha oul yet* ?

— *Chaou...*

C'est une chanson très douce qui me laisse le temps de rêver. La route a été longue ce matin et sans trêve ; midi approche. Depuis de longs jours que nous sommes en route, j'aspire à une halte fraîche. Que nous réserve aujourd'hui cette promesse de point d'eau ? Yeux-Immenses nous rassurait tantôt, mais je ne veux pas croire au bonheur qui serait de parvenir à un *aguelmam* comme celui d'In Outer...

Nous étions en visite chez les gens de Térhénanet. A propos de quoi avions-nous parlé de cette *guelta* d'In Outer que nous ne connaissions pas... ? Sans doute justement à propos d'un bain...

— Si vous vous baignez dans In Outer, nous avaient dit les Kel Térhénanet, chacun de nous vous donne un chameau !

Bigre ! Quel beau troupeau nous aurions ! Un chameau de Moussa, un chameau de Rama, un chameau d'Elouafil, et non des moindres... Nous fîmes parler les hommes, puis les femmes, et Kader, et Abdallah. Nous avions ri de ce que nous appelions un « *bahou ras* », un mensonge seulement.

— Bernouze, je t'assure... Abdallah ne savait pas bien s'il devait certifier sérieusement ou prendre la chose à la rigolade.

— Bernouze, je t'assure, ils disent tous qu'il y a un crocodile dans In Outer !

55

— Tu l'as vu, toi ?

— Non... mais tout le monde le dit.

Abdallah aurait-il osé dire qu'il n'y croyait pas ? Et si nous ne remontions pas de notre plongeon dans l'eau fraîche ? Kader, lui, se contentait de remettre en mémoire les crocodiles d'Essendilène et d'Edarène, au Tassili, et de nous décrire celui qu'il a de ses yeux vu, de ses yeux ! à Rhat en 1945...

— Bon ! eh bien, nous irons à In Outer ! Préparez vos chameaux...

Avaient suivi quelques détails encore : un cadavre d'âne dans les roseaux au bord de l'eau, une chèvre portée disparue alors qu'elle était allée boire. J'avais appris empiriquement qu'au Sahara les mouches sont en nombre incalculable, les araignées pas toutes dangereuses, les fourmis industrieuses comme partout, les bousiers beaux comme des bijoux sombres, les lézards vifs même au soleil de midi ; j'avais appris que les lièvres n'ont pas tous le derrière blanc et des oreilles d'ânes, et que le désert, bref ! est infiniment peuplé ; jusqu'à ce jour, je n'avais pas encore été inquiétée par les crocodiles.

Nous avions suivi une belle coulée de basalte ; de grandes dalles pavaient agréablement le fond de l'*oued*. La coulée serpentait entre les lauriers-roses et les roseaux, et nous pouvions choisir de marcher pieds nus sur le grain lisse des dalles ou sur le sable doux qui s'installait dans les trous. Brusquement devant nous, la vallée se resserra entre deux montagnes ; l'horizon s'échappa pour fuir bien plus loin, bien plus bas. Nous étions au sommet d'une cascade d'environ huit mètres, en demi-cercle. Au fond, tout près du bord, il y avait le joyau enchâssé d'une véritable piscine d'eau verte, immobile et opaque. En aval un mur épais de roseaux fermait la *guelta* et l'*oued* repartait doucement dans une faille où l'on devinait une longue traînée de lauriers-roses entremêlés. C'était là...

— Allez, on y va !

— Attends ! attends ! nous avait crié Kader qui voulait prendre de l'eau avant que nous plongions, de l'eau propre avait-il rajouté perfidement. Il ne peut pas plonger et la solution de passer par les roseaux lui paraît incommode ; il s'embourberait. Voilà ! Kader résolut le problème avec une corde d'escalade et un couscoussier. Mais pendant qu'Abdallah préparait les outres, Bernouze et moi, n'y tenant plus, plongeâmes d'un commun accord dans l'immense gueule si tentante. Petite démonstration devant les autres qui n'avaient pas vu autant d'éclaboussures à la fois ! Quel plaisir que cette eau froide qui courait sur nos brûlures avec la légèreté du vent ! Tout de même, la remontée par les rochers n'étant pas très facile, Abdallah s'empressa de nous installer une corde à laquelle nous nous hissâmes, comme Tarzan, avions-nous expliqué à Abdallah. Il nous dit plus tard qu'il était fort aise que nous l'ayons réclamée et qu'elle fût solide car, au cas où nous serions tirés par les pieds au fond de l'eau...

Là-haut, au bord des rochers, avec son couscoussier et sa ficelle, Kader s'applique à remplir ses outres avant que nous ne polluions trop cette eau miraculeuse. Soudain, coup de théâtre, Kader remonte la corde sans le couscoussier... Des bulles crèvent à la surface, lentement. Un petit silence tout de même après un « *imzad !* » crié par Abdallah, quelques éclaboussures précipitées de ma part vers la corde de sauvetage... et puis, un grand éclat de rire.

— Ton crocodile, il ne mange que les marmites !

Bernouze plaisantait mais regrettait bien un peu le chameau de Moussa, celui de Rama, celui d'Elouafil, tout ce grand et beau troupeau.

Nous y voilà. Ce n'est pas une *guelta*, tant pis... Les *abankor* se suivent en chapelet dans de longues gorges étroites et fraîches et il y a un monde fou autour de chaque trou dans le sable : des ânes entravés, des chèvres noires en corolle autour d'une flaque, des petites bergères qui s'éparpillent comme des hirondelles ; quelques chameaux et un vieux serviteur presque aveugle, des femmes de tous les âges qui m'offrent à boire dans une *tamenast* bosselée, encore des chameaux et des hommes qui emplissent des outres. Rendu craintif par tant d'étrangers à la fois, Abdallah reste sur le qui-vive, chéché à l'extrême, tendu. Je lui demande s'il ne se sent pas bien, s'il est malade peut-être... Il me foudroie du regard. Je m'occupe donc de mes affaires, très à l'aise, heureuse de cette halte inespérée, aussi mouvementée et joyeuse. Je vais d'un *abankor* à l'autre, essayant de choisir le plus propre, le mieux ensoleillé, mais aucun ne me convient parfaitement. L'eau du premier a été remuée par les babines des chameaux, le suivant possède un fond de crottes, dans celui qui est à l'ombre gigotent des larves de moustiques.

Pour éviter un choix médiocre, je mets instinctivement en pratique la leçon apprise de Moussa Ag Bargali, ce jour où nous longions un *oued* aux infimes méandres. Devant nous, une touffe de roseaux verdissait le sable, un pigeon s'envola et me fit sursauter ; Tafsit hésita et je m'aperçus que ses pas laissaient des traces profondes dans le sable humide. L'eau affleurait ; nous étions arrivés. Deux *abankor* creusés au pied des roseaux bourdonnaient du vol des guêpes. Ma déception fut grande à la vue de cette eau pourtant claire mais dans laquelle grouillaient toutes sortes de larves. Je tentai de puiser délicatement avec ma *tamenast* à la surface mais j'en recueillis quelques-unes.

— Bousse-toi (pousse-toi !), me bouscula Moussa.

Avec la *tamenast* en guise de pelle, il fit un nouveau trou à quelques centimètres des précédents et une eau limpide y filtra immédiatement, sans une larve.

— *kem, taïte oua-tillê !* Toi, tu n'as pas d'expérience ! remarqua-t-il en me tendant une écuelle pleine d'eau claire. Ses yeux riaient.

Je viens de creuser mon *abankor* personnel mais il m'est interdit maintenant d'en profiter comme j'en avais fait le projet... Les chameaux viennent boire autour de mon trou et s'ébrouent sur mon linge ; ensuite, affolées par les cris des enfants, les chèvres le piétinent... Alors que je veux faire ma toilette (oh ! juste un brin !), d'autres hommes viennent avec des outres vides à remplir ; je leur cède mon *abankor* propre et lorsque je crois qu'ils vont enfin partir, ils s'installent commodément en rang le long de l'ombre pour deviser tranquillement... Leurs outres pleines gisent au soleil comme des noyées, moignons de pattes en l'air. Il me faut supporter vingt paires d'yeux inquisiteurs... Les hommes font semblant de ne pas me voir ; les femmes viennent regarder et fouiller les richesses de ma trousse de toilette, les enfants veulent m'aider à me rincer les cheveux ! Je n'aurai pas la paix aujourd'hui... !

J'aime l'eau et les points d'eau quels qu'ils soient, parce qu'ils sont le repos, la halte obligatoire, la fraîcheur et le bien-être mérité, l'occasion de rires et de rencontres pas toujours aussi envahissantes que celles d'aujourd'hui. Une halte à proximité de l'eau est toujours une fête. On fait boire les chameaux ; on rince les outres avant de les remplir, on s'asperge gaiement cou et visage, on frotte énergiquement bras et jambes ; on lave les *chèches* que le vent a vite fait de sécher. Parfois, on s'isole derrière quelque buisson ou quelque rocher, avec un récipient et un brin de savon extirpé du fond d'un sac. Je n'oublierai jamais les « ah ! » de jouissance de Mahmoud à la « douche » derrière une haie de tamaris. Quand le seau était vide, il appelait Abdallah qui le lui remplissait à nouveau et le lui passait entre les branches, chacun s'étouffant de rire. Je ne peux oublier cette bagarre de l'*abankor* de Tanhart, bagarre dont les projectiles étaient de grandes giclées d'eau qui nous laissèrent frais et dispos comme après un bain ; nous avions séché nos vêtements en marchant contre le vent.

J'aime les points d'eau... Je vais souvent au puits de Tagmart où les femmes se retrouvent entre elles, sans la surveillance d'une grande sœur ou d'une belle-mère ; elles laissent tomber leurs voiles de tête et papotent librement tandis qu'elles remontent vigoureusement le seau. Nous fîmes ainsi connaissance de Hessa Oult Amerlouk abreuvant ses chèvres à la source de Tin Sérin ; je liai amitié avec Kanna, femme de Moussa Ag Sori ; il y a trois jours, nous nous faisions une nouvelle connaissance en la personne de cet Aït Loen, Sliman-au-parapluie... En juillet 1973, nous traversâmes une partie du territoire Iklan Taoussit où les *oueds* sont larges, les puits rares et très profonds. Presque tous les soirs, nous faisions halte à proximité d'un de ces puits et je m'empressais d'accompagner Mahmoud pour goûter l'agitation fébrile autour de l'eau. Après les heures chaudes de la journée, chacun était heureux de se trouver sur ce point de fraîcheur, riant et plaisantant, oubliant les moments durs, retardant le plus possible l'heure de rentrer au campement. Mahmoud empoignait la corde, hissait le seau, le vidait dans un bidon, laissait retomber le seau au fond du puits (plouff ! chueee...) et recommençait l'opération tout en riant et parlant à la fois. Les animaux, chameaux, chèvres et ânes buvaient à leur tour dans le bidon ; les chameaux par grandes lampées, les chèvres un tantinet précieusement, et les ânes quand les autres leur laissaient un peu de place.

Hommes et femmes, ceux qui pourtant n'avaient plus rien à faire ici, qui auraient dû se mettre en route vers leur campement et dont les bêtes s'éloignaient déjà, ceux-là s'asseyaient autour du puits et leurs plaisanteries encourageaient le puiseur d'eau. Ainsi s'écoulaient nos crépuscules, récompenses bien gagnées de nos journées chaudes.

Ce soir, ma colère éclate.

— Mon *chèche* n'est pas bien propre... me reproche Bernouze.

— Eh ! le mien non plus ! renchérit Abdallah.

Comment ! Ils ont passé l'après-midi à discutailler tandis que moi, malgré un va-et-vient continu de curieux, tandis que moi je lavais gentiment leur linge... !

— Pas propres vos *chèches. ! ?*

A la vue de ma colère, Abdallah se roule de rire par terre ; il en reste essoufflé, haletant, les larmes aux yeux. En hoquetant, il me fait remarquer que j'ai enfin compris pourquoi on ne pose jamais les tentes trop près des points d'eau..

— *Aman*, dit-il, c'est à tout le monde !

CHAPITRE 8

Les ânes

Pleine lune. Nous nous sommes mis en route fort tard dans l'après-midi, aussi sommes-nous couchés en plein mitan de l'*oued*, là où le crépuscule nous a surpris, épuisés et sans assez de force pour nous déplacer vers le talus planté de roseaux, brûlés de soleil et fiévreux, impatients de retrouver avec soulagement le vent pourtant tiède de la nuit. Je reste éveillée sous les étoiles, rendue insomniaque par l'immense clarté d'une lune obèse et sans doute aussi par les restes d'une colère tenace... La silhouette nonchalante d'un chameau qui s'ennuie se découpe au-dessus de mon horizon. Un moustique m'agace opiniâtrement.

Soudain, un bruit me parvient qui n'est ni un ronflement, ni le gargouillement d'un chameau ruminant un peu de pâturage. C'est un trottinement régulier, multiple, doux et feutré. Dressée sur un coude, l'oreille tendue et l'œil écarquillé, je regarde passer à deux mètres de moi une file indienne d'ânes qui traverse impassiblement notre campement jonché de bagages. Ils vont, à la queue-leu-leu, silencieusement ; seuls leurs sabots feutrent-feutrent. J'en conclus que nous nous sommes endormis sur leur route habituelle, entre les pâturages épars et l'*abankor* où nous avons fait halte à midi. Il y en a sept.

— Quand tu vois la trace des ânes, m'a déjà dit Kader, tu peux la suivre et tu vas jusqu'à l'eau...

D'accord. Le tout étant de partir du bon côté si l'on ne veut courir le risque de se perdre dans la montagne ou sur le plateau.

Les ânes ont disparu, modestement et bien, à la Francis James. Abdallah en fera une tête, en voyant les traces, lui qui ne peut voir un âne, sauvage ou pas, sans lui courir sus aux fesses ! Combien de fois avons-nous aperçu des ânes gris ou zébrés de noir parcourant *oueds* et plateaux rocailleux, laissant au sol d'étroits chemins allant vers les points d'eau ? Abdallah et Bernouze, lorsqu'ils ne s'assoupissent pas trop sur leurs montures, ne manquent pas de courir après eux au galop. Il est de règle de crier et hurler pour augmenter l'affolement des ânes. C'est le jeu. Lorsqu'on est à pied, quoi de plus normal que de s'élancer au pas de course derrière eux ? A deux ou trois, on parvient parfois à cerner la bête, à l'attraper par la queue et, après une lutte où l'on discerne mal cris et halètements mêlés, malgré ruades et coups bas, on parvient à maitriser l'âne sauvage. Alors, on le tient entravé grâce à un *chèche* providentiel, on lui coupe la pointe d'une oreille pour prouver qu'il appartient à quelqu'un... Et puis, après avoir bien ri, on le libère et l'âne file sans demander son reste. Si par hasard on avait un jour besoin de lui, on pourrait toujours essayer de le retrouver et de le capturer à nouveau ! Il faudrait ensuite le dresser et le domestiquer pour les besoins du campement, chargements d'eau et corvées de bois, déménagements et promenades des femmes en visite. Les courses folles d'Abdallah trouvent en ces raisons un très mauvais prétexte à mes yeux.

— Abdallah, lui dirai-je demain, tu as manqué le capital de sept ânes ! Sept, me répondra-t-il, il s'en fiche, mais un au moins il regrette de n'avoir pu le courser, occasion supplémentaire de bien s'amuser.

Le même trottinement de petits pas menus m'annonce le retour des ânes sauvages dont j'aperçois tout d'abord les oreilles en V claudiquant avec entêtement sous le ciel étoilé. Ils passent encore tout près de moi, acquiescent gentiment oui-oui-oui. Ils semblent si doux, piétinant comme des automates l'immobilité absolue du bivouac, que j'imagine mal le réveil martial d'Abdallah au sein de tant de pacifisme. Une fois seulement Abdallah avait eu pitié d'un ânon qui avait glissé sur les bords instables d'un *aban-kor* dans l'*oued* Atalisse. Il restait là, immobilisé par l'arrière-train dans le trou, incapable de se hisser et installé pour un bain de siège qui aurait pu durer, si nous ne l'avions pas aidé à s'en sortir.

Un jour où je m'accusais d'être bête comme un âne pour ne pas reconnaître une piste sur laquelle j'étais maintes fois passée, Kader avait remarqué que je n'avais rien à voir avec l'âne, celui-ci étant doué d'intelligence, de mémoire et de maintes autres qualités que je ne possède bien sûr pas... Les ânes connaissent instinctivement l'emplacement des points d'eau, chose que j'ignore par exemple. Une fois dressés, ils trottinent fort gentiment sans que l'on ait à les pousser ; ils portent sans rechigner charge d'eau ou de bois ; ils savent parader aux fêtes avec les femmes en cavalières, et leurs inlassables hochements de tête scandent bravement le rythme rapide des chansons.

Kader a toujours raison. De plus, lorsqu'on m'agace un peu trop, je ne sais point faire comme l'âne, qui rue du sabot et frappe juste... Je le regrette, car c'est bien souvent que j'en aurais l'occasion, journellement malmenée par le sarcasme de trois hommes en mal d'ironie. Trêve ! Que cette nuit de paix m'apporte l'oubli de la rancune.

Ci-contre, en haut :
Tamanrasset.
Sous les arcades du souk,
en attendant l'ouverture des boutiques.
En bas :
les murs sont recouverts d'argile striée.
Les portes, vertes ou bleues,
donnent accès à des cours intérieures
sur lesquelles s'ouvrent les différentes
pièces de la maison.

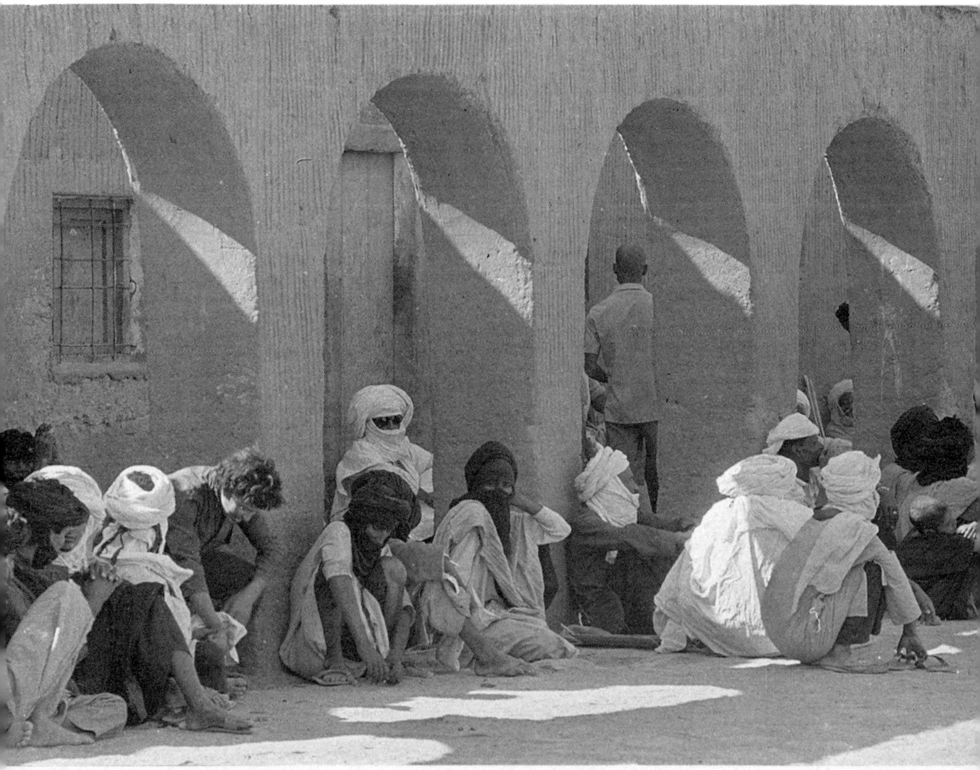

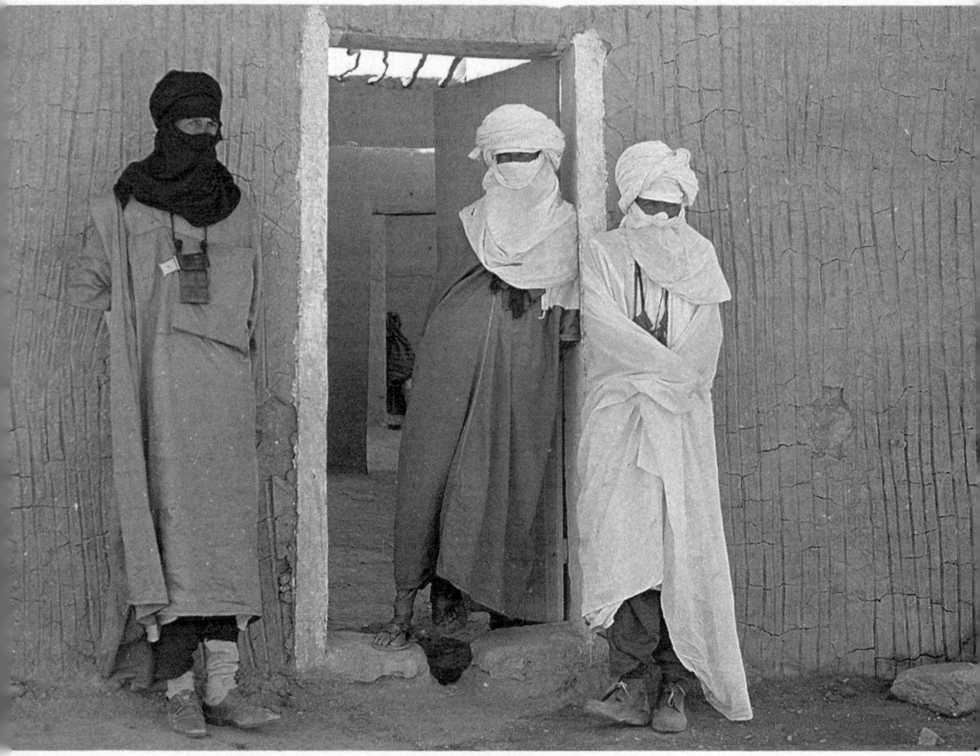

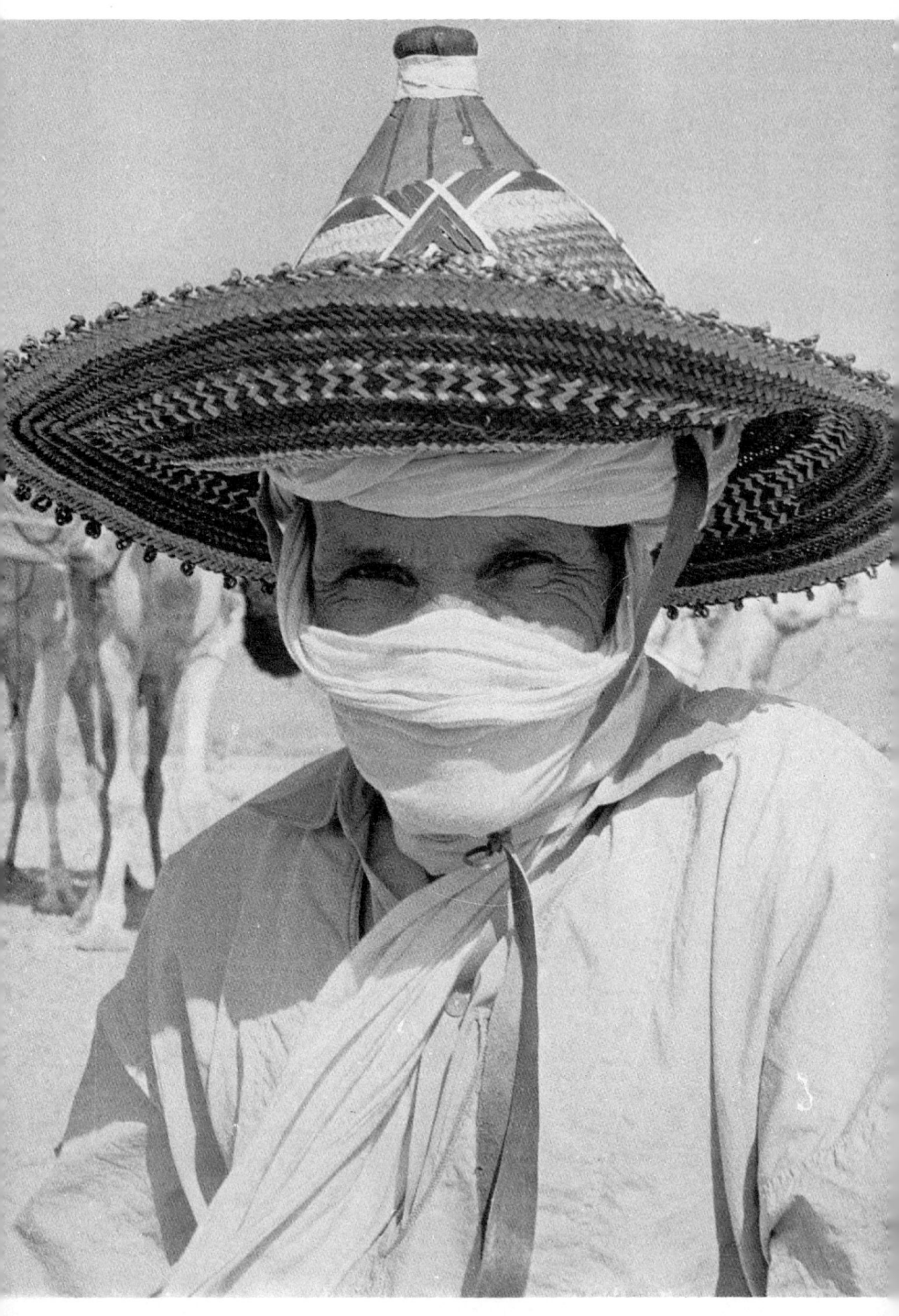

Abdelkader Ben Ahmed Chellali.
L'été, il ne se sépare pas de son grand chapeau de paille.

Abdoullahi Ag Rabti.
Targui de la tribu Dag Rali.
Habituellement appelé Abdallah.

À gauche : traces de soles de chameau. Cette petite graminée blanche qui pousse après la pluie s'appelle *alemmoz*. Ci-dessus : Kader et Abdallah font boire les chameaux dans un *aguelmam* (guelta, en arabe) d'Afilal, dans l'oued In Dalag. L'*aguelmam* est une retenue d'eau naturelle. Ci-dessous : *Abankor* dans l'oued Terkemtine. C'est un trou creusé dans le sable d'un oued jusqu'à la nappe souterraine.

Ci-dessus : un puits aux environs de Tahifet, avec pompe manuelle. Ci-dessous : Kader remplit un *abayor* à l'aide d'une tamenast. La *tamenast* (*manassa*, en arabe) est une cuvette en cuivre étamé importée de Rhat et de Tripoli. On en trouve actuellement très peu sur le marché de Tamanrasset. Elle possède un petit anneau qui permet de l'accrocher à la selle. Elle sert à tout : boire et manger, creuser un *abankor* dans le sable, puiser l'eau, faire boire les chameaux... Elle pourrait être l'emblème du voyageur saharien. A droite : *Efeli*, dans l'oued In Dalag. C'est un canal d'irrigation drainant l'eau de la nappe souterraine. Les ouvertures permettent de creuser sous les parties couvertes, ces dernières évitant une trop grande évaporation. Cette photographie a été prise en juillet 74. En septembre de la même année, la crue de l'oued ayant comblé l'*Efeli*, le travail était à recommencer.

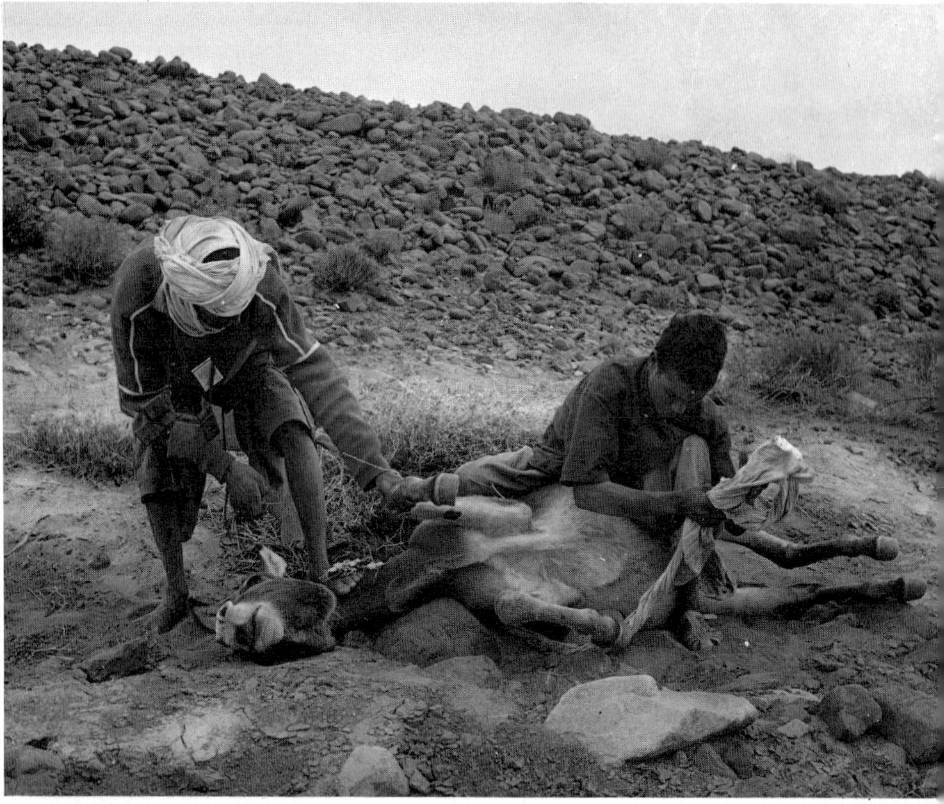

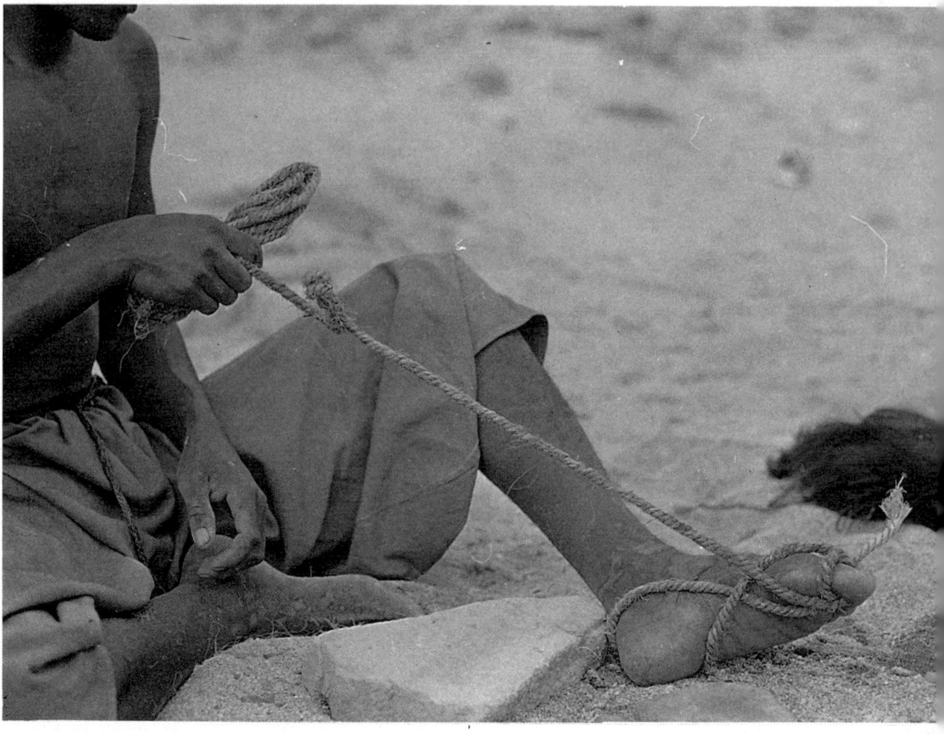

Melouye Ag Moussa entrave son âne.
Le système d'entrave des ânes
est identique à celui des chameaux.

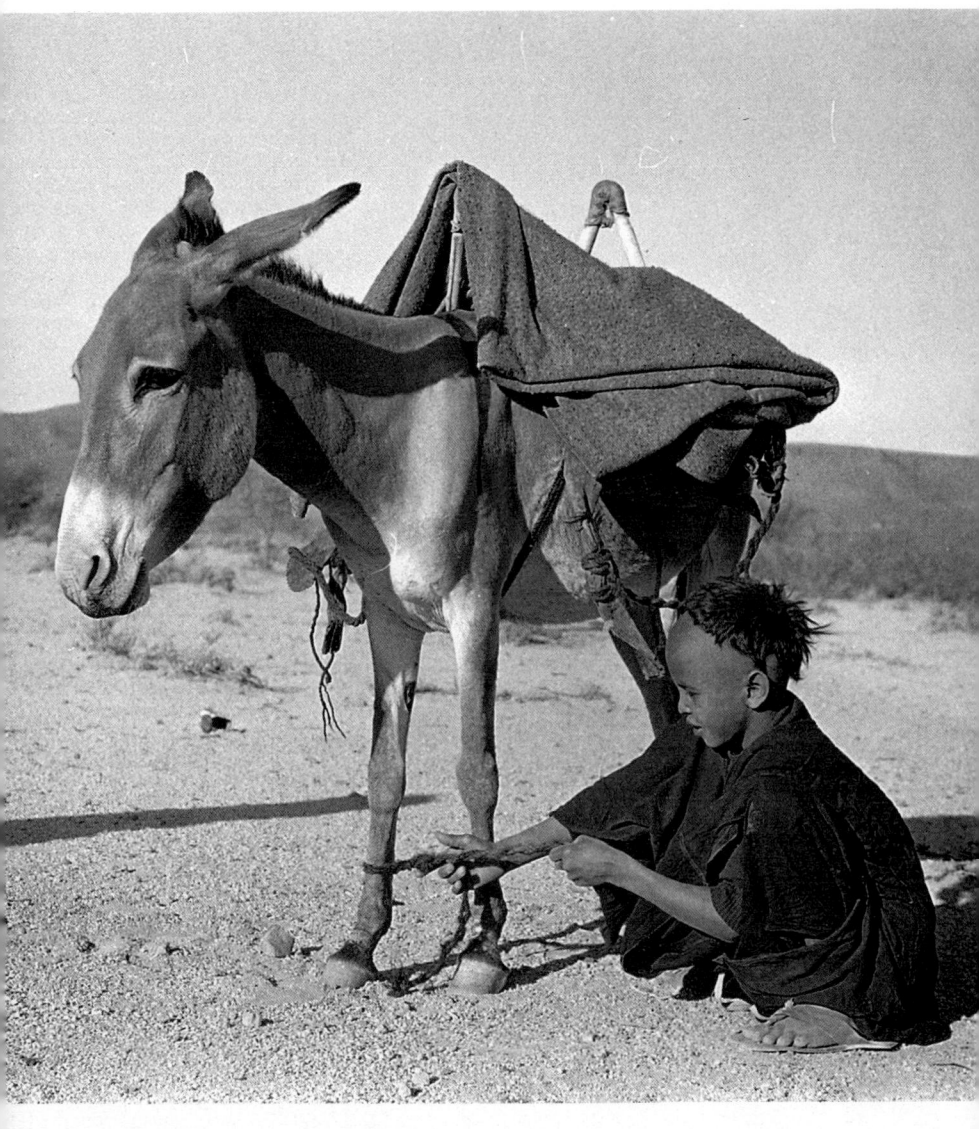

Pages précédentes : halte sous un *abser* (acacia raddiana).
A gauche : capture d'un âne sauvage (ou ayant repris des habitudes de liberté). Chaque
famille a besoin d'un ou deux ânes, rarement plus, pour les déménagements et les corvées
d'eau et de bois.
Ce sont surtout les femmes qui les utilisent. Les ânes restent autour des campements,
entravés ou en liberté. En bas : confection d'une entrave *(tefart)* avec de la bourre d'écorce
de palmier dont on tire les fibres pour faire une corde très grossière.

A gauche : *Tahiast*, la selle du Hogga[r]. Moins chère que la selle d'importatio[n] nigérienne, elle s'emploie couram[m]ent pour le dressage des chameaux[.]

Page de droite : Tafsit, mon cha[meau. Ma cravache est pendue [à] la croix de la selle, ainsi que m[a] *tamenast* (écuelle) à l'aide d'un[e] *tametrak* (lanières de cuir tres[sées). La sangle de la selle pass[e] sous le ventre, en arrière de l[a] *tanouk*, cette proéminence que l[e] chameau possède au niveau d[u] sternum. Cette selle est de fabri[cation nigérienne (elle est don[c] importée) et coûte très cher (plu[s] de 1 000 DA pour une bonne selle)[.] Un chamelier soigneux ne pos[e] jamais la selle directement sur l[e] sol. Il prend soin de la mettre su[r] un tapis de selle, *asetfar*. L'ase[t]far est habituellement placé entr[e] le dos du chameau et la selle pou[r] éviter que celle-ci le blesse. Pou[r] protéger les décorations de l[a] selle, on la recouvre d'un tiss[u] blanc, lequel peut être enlevé le[s] jours de grande fête.

Ci-contre : un chameau bicolore
est appelé *azelraf*. Il a généralement les yeux clairs, blancs et
bleus.

À gauche : Bourari, le chameau
de Bernouze. La longe est
accrochée à un anneau passé
dans la narine droite de
l'animal. Les sacs sont
suspendus de part et d'autre de
la selle.

Ci-dessus : ce chameau est au restaurant. On lui a cueilli du chou en fleur le long de la piste, et à la halte, on le lui offre.

A gauche : à l'*efeli* d'In Dalag, Kader douche son chameau pour lui enlever les traces brunes de transpiration et le débarasser des tiques.

En bas à droite : une fois par an, Entayent Ag Mana saigne son chameau (si on pratique cette opération une première fois, il vaut mieux par la suite la renouveler tous les ans). L'animal étant baraqué, on incise une veine de la joue à l'aide d'une lame de rasoir. Ensuite, après avoir fait lever le chameau, on lui maintient la tête en bas pour laisser le sang s'écouler quelques minutes.

Page suivante : un pâturage dans le bassin de l'oued Tanget Au fond, les deux sommets des Ekneouen, Les Jumeaux

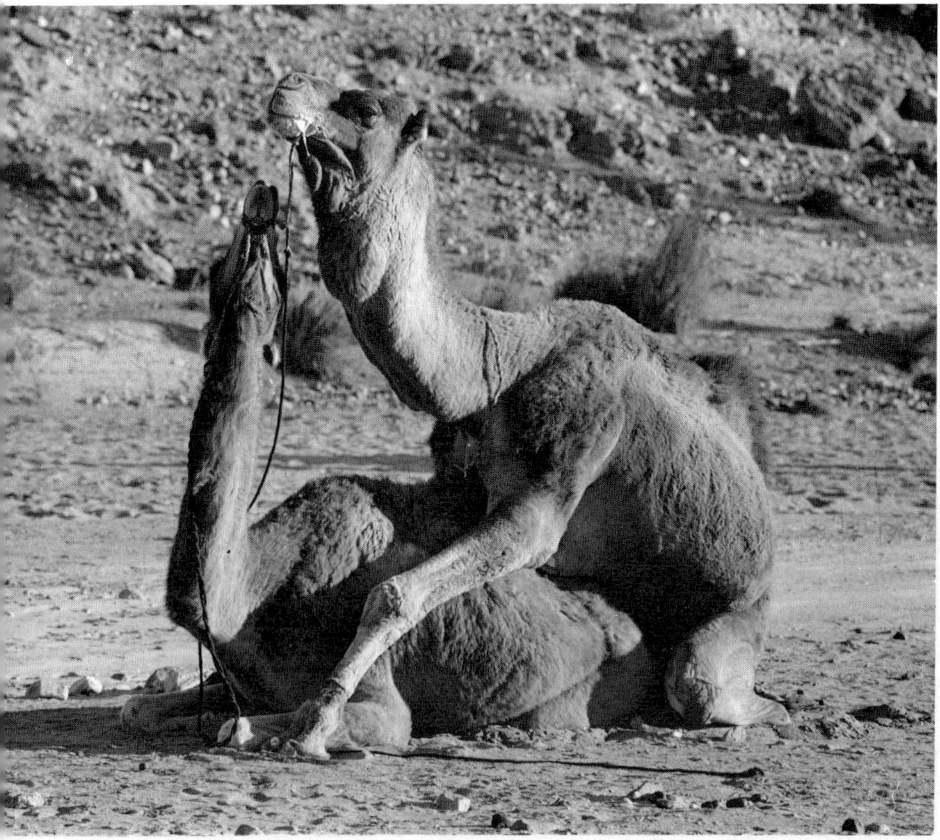

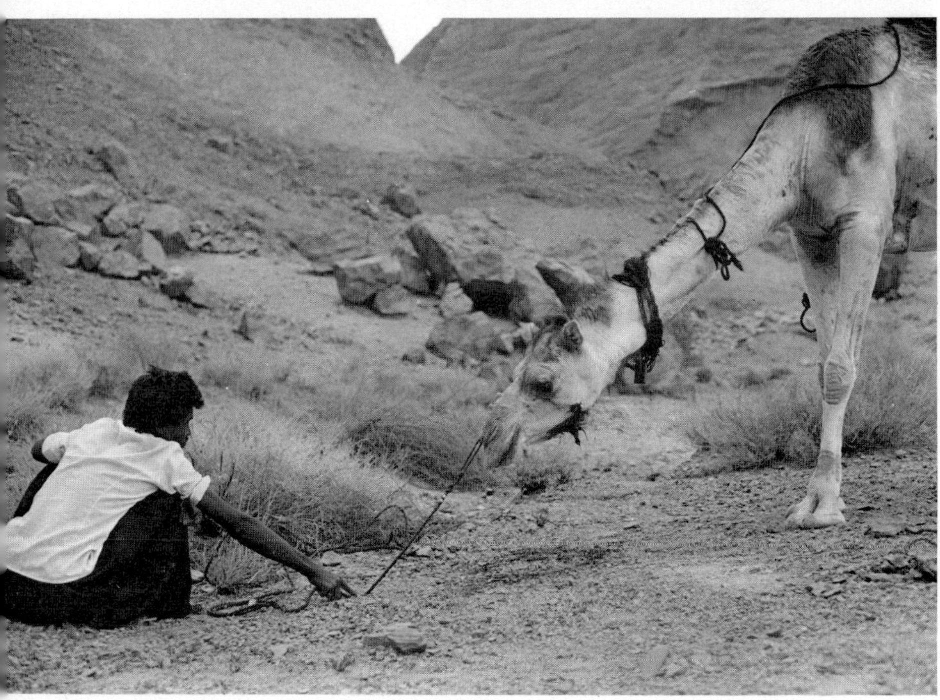

CHAPITRE 9

Caravanes et courses

L'*oued* large nous permet une marche de front et à cette occasion, nous ne pouvons pas ne pas remarquer que Bourari dépasse les autres chameaux d'une demi-tête. Nous en profitons donc pour reprendre la dispute au sujet de la course d'il y a quatre jours. Abdallah n'en démord pas : c'est Bourari qui a gagné et non Bernouze, le chameau et non le chamelier. Mais alors, pourrait-on judicieusement remarquer, Abdallah, ce n'est pas toi qui faillit gagner la course de Tit mais Bourari ! Oui, en effet, Abdallah montait Bourari à la grande course de Tit mais, peu avant l'arrivée, le train d'enfer qu'il menait lui enleva son *chèche* et le temps qu'il perdit à le remettre l'empêcha de pousser à fond Bourari pour le galop d'arrivée. L'équipage eut la deuxième place, mais leurs meilleurs amis considèrent que Bourari et Abdallah s'étaient classés premiers. Cas de force majeure et légitime défense évitent le déshonneur sur notre ami...

La monotonie de l'*oued* nous laisse tout loisir d'écouter Kader raconter sur ce sujet des histoires intarissables. Kader ouvre la conférence en expliquant que lui-même, du temps où rhumatismes et arthrose le laissaient tranquille, était un des meilleurs. Abdallah émet régulièrement des « huuue ! » de connaisseur et Bernouze harcelle Kader de questions nouvelles. Nous écoutons les chevauchées fantastiques racontées déjà si souvent mais si souvent réentendues avec plaisir, comme celle de ce goumier qui fit cinq cents kilomètres sans halte en trois jours pour prévenir le poste voisin de la mort de son lieutenant. Kader se tourne vers moi pour me faire remarquer que cette aventure-là est autre chose que la mienne faite en sa compagnie et dont je suis très fière. Tout à fait au début de notre connaissance avec Kader, j'avais accompagné Bernouze jusqu'aux gorges de Taroumout et je devais rentrer à Tamanrasset avec Kader sur deux chameaux appartenant à Grand-Père Rabti qui nous conseilla, en partant des gorges à midi, de nous faire inviter pour la nuit dans un campement proche de l'Iharen. Je savais la chose délicate : une invitation prend du temps, nous arriverions les mains vides et sans être accompagnés d'un Dag Rali... D'autre part, j'envisageais avec malaise une nuit dans le désert, seule avec ce vieux Chellali, drôle et gentil, certes, mais que je connaissais bien peu. En fait, il ne plaisait pas non plus à Kader de s'arrêter au campement ni de bivouaquer en pleine nature en ma seule compagnie qui le gênait aussi. Nous décidâmes tacitement de faire trotter les deux jeunes chameaux de Grand-Père qui nous l'avait pourtant défendu. Nous parvînmes à Tamanrasset au coucher du soleil le soir même, alors que Rabti nous prédisait une arrivée tranquille pour le lendemain midi. Tout au long de la course, nos deux chameaux trottèrent de front sans se faire prier, et me réjouissait le ricanement de Kader à la pensée de Rabti, rassuré sur le sort de ses bêtes qui n'arriveraient pas à Tamanrasset essouflées et en sueur...

La conférence de Kader tourne au colloque. Maintenant nous harcelons Kader et Abdallah de questions dans lesquelles il n'y a plus que le mot « tamalra », course. Nous cheminons dans la paix retrouvée, sans voir le paysage mais seulement des images floues que nous projettent les souvenirs de Kader et les récits d'Abdallah. Je résume : jusqu'à présent le chameau conditionna la vie des Touareg, leur subsistance même. Grâce à lui, ils purent accomplir des distances énormes pour aller chercher des dattes au Tidikelt, du sel dans l'Amadror, du mil au Niger ou des pâturages plus humides au Tamesna et dans l'Adrar des Iforas. Les Kel Ahaggar partaient, leurs chameaux chargés de blocs de sel pris à Tissemt dans l'Amadror et s'en allaient au Tidikelt chercher des dattes, au Niger se ravitailler en mil. En avril 1972, je vis revenir la longue caravane des Kel Tamanrasset et des Kel Térhénanet. Une centaine de chameaux reliés les uns aux autres avançaient lentement, faisant poudroyer la piste. Sur chaque dos étaient bâtées deux énormes outres en peau de mouflon ou de veau tendues à craquer. Les moignons des pattes ficelées se dressaient, eux aussi pleins de mil et parfois l'emplacement du nombril se dessinait comme une hernie. Chaque animal semblait une bête à trois bosses latérales ; on les sentait fatigués, avançant en automates, remontés comme des mécaniques qui ne savent compter les jours. En queue de caravane quelques moutons du Soudan suivaient, la tête basse et le pas saccadé. Des hommes côtoyaient les bêtes, pieds nus, *érassouey* et *chèches* décolorés par le soleil, imprégnés de la poussière de la route. Ils échangèrent longuement des nouvelles avec Abdallah et Bohra sans pour cela cesser de piétiner sur place, comme s'ils eussent craint de perdre la cadence...

Maintenant on trouve des dattes, du blé et du sel à Tamanrasset, fort heureusement d'ailleurs, car les chameaux que la légende fait résistants, les chameaux disparaissent, épuisés par une famine que ne peuvent éviter des pâturages clairsemés et secs. Abdallah nous dit tristement qu'il serait difficile de rassembler maintenant suffisamment de bêtes pour une véritable caravane. Malgré tout, celui qui possède encore quelques chameaux peut partir chaque année vers le Niger. En six mois, avec une vingtaine de chameaux, il gagnera en fin de compte autant qu'Adéna Grand-Riche sur son chantier. Ainsi, quelques Touareg épris de leur vie de caravanier, comme Rama de Térhénanet par exemple, partent-ils encore, responsables des ultimes chameaux de leurs parents et amis. Ils prennent au passage ceux qui leur restent en pâturage au Tamesna. Un adulte est chargé de la rentabilisation du maigre cheptel familial ; il est alors rémunéré pour ses services, soit par d'autres services, soit en nature (mil et dattes), mais le plus souvent en billets de banque et les plus neufs qu'il se puisse trouver. Ceux-ci ont apparemment plus de valeur... Bernouze réglait son dû à Mahmoud pour les chameaux qu'il nous avait loués, sous sa garde. Mahmoud insista pour obtenir, non pas une somme globale mais, d'une part son propre gain pour ses deux chameaux, et d'autre part le gain d'Abdelkader Ag Ahmadou, son demi-frère pour deux chameaux lui appartenant, et enfin, et il insista en cela tout particulièrement, bien distinct, le gain de sa femme Lalla pour la location de son chameau rouge.

Les femmes possèdent aussi leurs richesses en camélidés, acquises à l'occasion de leur mariage, d'une naissance ou d'un heureux héritage. Qui n'a plus actuellement de chameau n'est plus déjà qu'un demi-Targui, dit Kader très sérieusement. Posséder un chameau au moins est un signe de richesse, une preuve d'indépendance. Abdallah raconte que, tout jeune adolescent, il partit à la fête de Tit en compagnie des hommes, tous montés sur chameaux. Même son cousin à peine plus âgé, Mohamed Ag Dankouchi était riche d'un chameau et indépendant... Et lui, Abdallah, allait à pied, un peu honteux, précise-t-il, mais combien fier tout de même de faire partie des adultes. Abdallah se reconnaît une dette de gratitude à vie pour Mohamed qui lui permit en cours de route de monter un peu sur son chameau. Actuellement encore, quoique la plupart des chameaux n'aient plus la robustesse d'antan, les jeunes Abdallah, Bohra, Akoulan, Rassi, placent leurs économies dans l'achat de bêtes pourtant maigres et faibles, rescapées des troupeaux qui remontent du Sud, chassés par la sécheresse catastrophique des années 1972 et 1973.

Depuis ce matin, nous marchons tout en discutant, sans nous apercevoir que, méandre après méandre, l'*oued* nous a conduits jusqu'au point d'eau, un puits creusé dans le lit même de l'oued et profond de cinq à six mètres. Des branches entrecroisées consolident les bords du trou ; une corde et un vieux bidon en fer blanc reposent sur le sable. Aujourd'hui nous devons abreuver les chameaux qui, déjà dessellés et sans entrave, se dirigent vers le puits sans que nous ayons à les encourager. Tandis qu'Abdallah s'apprête à puiser l'eau (il enlève son *érassouey* et retrousse l'*akerbey* au-dessus des genoux), Kader étend une toile étanche sur une dépression de sable, improvisant ainsi une auge dans laquelle, régulièrement pendant plus d'une heure, Abdallah verse bidon après bidon... Leurs cous dirigés en corolle vers l'auge, nos six chameaux lampent inlassablement l'eau qu'Abdallah leur verse sans arrêt. Ils boivent, vloup-vloup-vloup, secouent de temps en temps leurs babines, et reboivent, vloup-vloup ! Abdallah se démène à un rythme accéléré pourqu'il y ait toujours au fond de l'auge un peu d'eau, et enfin désaltérés, les chameaux s'ébrouent une dernière fois, puis s'en vont vers le pâturage, l'air dédaigneux.

Sobre comme un chameau. J'avais été étonnée lorsque deux jours seulement après être partis de Tamanrasset où je savais que les chameaux avaient fait leur plein chez Ahmed Ag Ameley, les chameliers les faisaient boire de nouveau. J'avais lu quelque part... Bien sûr, au Tamesna par exemple, à la saison des pluies, lorsque les pâturages sont verts et gras, les chameaux peuvent se passer de boire pendant un ou deux mois. Mais lorsque l'herbe sèche sur tige comme du foin, que les tiges et les rameaux cassent comme du bois mort, que les rameaux et les branches ne portent que de l'écorce et point de feuilles, les chameaux s'assoiffent et s'ils ne boivent pas tous les deux ou trois jours, ils se fatiguent, s'affaiblissent et finissent par mourir. En mars 1973, tandis que les Touareg disaient attendre de véritables pluies depuis deux ans, la végétation devint si sèche qu'il fallut abreuver les bêtes tous les deux jours sous peine de ne plus avancer.

On dit que le « plein » peut représenter cent litres. Personnellement, je n'ai dû voir que des chameaux peu assoiffés buvant modestement de quinze à trente litres, lentement. On ne peut rien faire pour les forcer à boire préventivement si ce n'est leur donner à manger du tamaris ou de l'*aramas*, plantes salées, ou de l'orge qui les assoifferont. Encore faut-il trouver de l'*aramas* au pâturage, ou du tamaris, ou pouvoir se permettre le luxe d'un achat de grain. Un chameau malade ou simplement fatigué peut boire plus que de coutume et nous eûmes un jour la surprise de voir une chamelle revenir au trou d'eau le soir alors qu'elle s'y était abreuvée le matin même. Kader en avait conclu qu'elle devait « porter ».

C'est parce que nous sommes tributaires de l'état de nos chameaux et de leur bonne forme que j'eus contre moi la colère d'un soir de Moussa Ag Bargali. J'avais cru comprendre que nous bivouaquerions à la *guelta* N'Tazaït alors à sec. Arrivée avant les autres, je dessellai Tafsit et m'apprêtai à ramasser du bois. Moussa arriva sur son chameau lancé au galop, sauta de sa monture tout en m'invectivant dans une tamahaq incompréhensible. Ses yeux s'arrondissaient plus grands qu'à l'ordinaire ; ses dents luisaient à chacun de ses cris. Si je n'avais bien connu Moussa, j'aurais sûrement eu très peur ! Les gestes démesurés de ses longs bras tournoyant en tous sens et inutilement, me donnèrent le fou-rire ; s'avisant sans doute qu'il ne se contrôlait plus, il se détourna brusquement de moi pour resseller Tafsit rapidement. Il nous fallait continuer jusqu'à la *guelta* Ehir, dans l'*oued* Atalisse. Tout en marchant, Moussa continua de me crier dans les oreilles mais sa colère trop grande rendait inaudible chacune de ses paroles ; il m'avait prise par le coude et ses doigts me serraient si fort que j'en eus mal encore le lendemain. Calmement, Bohra me traduisit plus tard les termes désobligeants de Moussa qui pour l'heure s'écriait tout confus : no ! no ! no ! *bahou* ! *bahou* ! (c'est faux !) lorsque Bohra englobait dans son interprétation des mots comme « idiote » et « bête ». Il en ressortit, bref, que primo, j'aurais dû m'apercevoir que Tafsit avait soif ; secondo : il fallait donc continuer jusqu'à Ehir ; tertio : je n'avais pas, moi (l'idiote), à préférer telle halte à telle autre car nous sommes tous responsables des chameaux ! Désormais, avant de demander à faire halte là ou là, je relis mentalement cette pancarte immense qui surimpressionne tous mes paysages : les étapes et les haltes des caravanes se font toujours en fonction des points d'eau et des pâturages...

CHAPITRE 10

L'eau de boisson

J'ai mangé trop de dattes à midi et j'ai soif, je m'épuise de soif, je meurs de soif. J'ai la gorge sèche, l'estomac noué sur un vide affreux, la langue épaisse comme un appendice inutile et encombrant, les lèvres irritées et craquelées, l'esprit possédé par la vision d'un grand verre d'eau avec un glaçon qui tinte contre ses bords embués. Depuis midi je souffre de soif : j'avale toutes les demi-heures des litres et des litres d'eau sans avoir envie de m'arrêter, en sachant très bien que cela ne servira à rien, me laissera transpirante et l'estomac dilaté comme une éponge. Je viens de boire il y a, voyons... vingt trois minutes seulement et la soif me brûle exactement aux mêmes endroits. Que faire ? Arrêter de nouveau un chameau de bât (ma gourde est vide depuis longtemps), défaire le lien d'un *abayor*, emplir une *tamenast* ? Pas tout de suite, attends un peu. Le chameau porteur d'eau avance devant Tafsit, un *abayor* bien plein se balançant de chaque côté de son chargement. Pas tout de suite, essaie d'attendre encore...

Si je demandais à Abdallah d'arrêter encore les chameaux de bât ? Il va me répondre que je bois trop, que je vais être malade ; au pire d'attendre un peu. Mais s'il me dit que je le fais exprès pour l'embêter, pour l'obliger à monter et à descendre de son chameau, pour l'empêcher de somnoler... S'il me dit ça, Abdallah, j'explose ! Je vais lui demander à boire car il lui est aussi arrivé d'avoir soif, après tout ! Nous faisions une sieste à l'ombre claire d'un *abser* et le vent chassait épisodiquement sur nous de grandes vagues de chaleur brûlante venue du pâturage environnant. Abdallah revint de la plaine, se glissa sous les branches épineuses, enleva son *chèche* et essuya la sueur de son front d'un revers de la main. Il défit les liens de l'outre suspendue au tronc d'arbre, emplit une *tamenast* qu'il vida d'un long trait sans s'interrompre, lentement. Haaa... ! fit-il, et il rota bruyamment.

Bon. Je lui demande ? Attends encore cinq minutes, mais que cela te serve de leçon. La prochaine fois, débrouille-toi pour prendre toi-même les chameaux de bât. Ce sera épatant : tu t'arrêteras quand tu voudras sans avoir à quémander rien à personne et sans t'attirer de remarque narquoise ; tu boiras tant que tu voudras sans avoir à supporter l'œil ironique de quiconque et, pendant que les autres continueront leur marche inlassable sous le soleil, toi, tu pourras t'arroser la tête avec le fond de la cuvette... Si je demande à Abdallah de me donner à boire, je le sais capable de m'offrir l'eau de l'outre neuve qui laisse dans la bouche le goût à la fois amer du tannage et rance du beurre, bien que cette *abayor* soit celle d'ultime réserve. Il le fera exprès pour me voir faire la grimace, il rira et je lui promettrai une terrible vengeance. Pour lui cette eau n'a pas de goût et pourtant, je ne pense pas être excessivement délicate : la preuve, je bois régulièrement de l'eau dans laquelle ont baigné longtemps crottes de chameaux ou de chèvres, alors que lui, Abdallah... Ce jour-là, je ne pouvais malheureusement pas approcher du point d'eau, défendu par tous les chameaux en corolle autour du trou. Ils buvaient bruyamment, retroussaient leurs babines sur leurs grandes dents jaunes, laissaient tomber dans l'eau de grands fils de salive... Le fond de l'*abankor* était tapissé de vase dans laquelle je distinguais crottes de chameaux, d'ânes et de chèvres ; l'eau sentait le marécage... Enfin je pus faire une percée et avoir le droit de plonger rapidement ma *tamenast*. Je bus si précipitamment que je m'étouffai à moitié, toussai et recrachai bien malgré moi dans l'*abankor*. Dans mon dos, j'entendis une voix furibonde :

— Mince alors ! T'es dégueulasse !

Abdallah qui s'apprêtait à renouveler l'eau d'une outre, la referma et s'en alla. J'avais été horriblement vexée qu'il me juge plus polluante et porteuse de germes qu'une crotte. Lorsqu'un Américain lui avait demandé si l'eau du Hoggar était vraiment potable, Abdallah avait répondu sans hésiter « no problem ». Quelques instants auparavant, il sortait à la main deux crottes de chèvres du fond d'une marmite...

En cet instant je boirais bien n'importe quelle eau, de celle qu'un touriste qualifia de chocolatée jusqu'à celle de notre *abayor* neuf. J'ai déjà étendu mon échantillonnage aux crus de la couleur du café et de l'épaisseur du bouillon, et jusqu'à présent je n'ai pas eu à souffrir du moindre dérangement occasionné par l'absorption d'eau, si ce n'est par la quantité énorme de liquide que je sais ingurgiter sans me réfréner avec sagesse. Donc, *abayor* neuf ou pas, je demande à boire !

— Abdallah !

— Oh ! la la ! Que j'ai soif ! dit Abdallah en s'étirant.

Divine providence, merci. La caravane s'arrête, Abdallah saute de son chameau, prend la *tamenast* et nous offre bientôt une écuelle d'eau limpide (et qui a bon goût) que nous nous passons de main en main. Kader m'observe silencieusement et ses yeux brillent d'ironie. A celui-là, rien n'échappe ; il a dû remarquer mes lèvres sèches et blanches.

— Toudet, *essou teroubet n'aman...* (bois une gorgée d'eau).

Cette petite phrase traduit sa moquerie et quand je parviens à vider la *tamenast*, essoufflée, il m'imite en reprenant son souffle avec moi (haaa... !) avant d'éclater de rire.

Il reste un peu d'eau au fond de l'écuelle et Abdallah m'asperge gaiement en criant « la douche ! la douche ! ». Chaque goutte est un coup d'épingle sur la peau, puis une brûlure apaisée. L'eau, dis-je tout haut, c'est tout de même drôlement bon et je pense bizarrement à ces journées d'hiver durant lesquelles nous emplissons nos outres sans même sentir l'envie de goûter l'eau de l'*aguelmam*.

CHAPITRE **11**

Les pâturages

Le jour se lève à peine, juste un peu gris-souris, mais alors pourquoi le feu est-il déjà allumé? Accroupi devant les braises, Abdallah tripote les théières.

— *Soussoum!* Tais-toi! m'ordonne-t-il en faisant mine de tirer une fermeture-éclair le long de ses lèvres. Tu bois? rajoute-t-il.

Je ne sais pas résister à un thé et je rampe donc jusqu'à lui en essayant de ne pas sortir de mon sac de couchage.

— *Ma tékened?* Que fais-tu? Je ne comprends pas: Abdallah devrait être au pâturage pour veiller sur les chameaux.

— Je me suis endormi et mon chameau a fichu le camp, bougonne-t-il. J'ai suivi sa trace et je l'ai retrouvé seulement une heure avant la place où nous avons mangé hier à midi. J'ai marché presque toute la nuit...

En voyage, un homme au moins est toujours de « corvée de chameaux ». A la nuit tombée, il s'en va, une couverture sur les épaules. Il sommeille, lové en boule à l'autre extrémité de la plaine ou de l'*oued* et, à l'approche feutrée d'un chameau partant brouter trop loin, il surgit de la nuit et rabat l'animal vers le bivouac. Ou bien il force un chameau endormi à se lever pour brouter; pour lui non plus la nuit n'est pas faite pour dormir mais pour se nourrir et refaire ses forces. Le lendemain il serait incapable d'avancer, trébucherait à chaque pas et s'endormirait littéralement de fatigue. Surtout l'hiver, pour lutter contre le froid, il vaut mieux que le chameau dorme le jour; un peu seulement aux heures chaudes des haltes. Ainsi passe la nuit pour l'homme de garde, à sommeiller, à compter les bêtes tout en arpentant sans bruit le pâturage, à attendre sous les étoiles que le jour se lève enfin. Mais il arrive bien sûr qu'il s'endorme et ne s'éveille qu'au matin, honteux et furieux contre lui-même, sachant les kilomètres supplémentaires qu'il devra couvrir à la recherche des chameaux et connaissant par avance les rires et les sarcasmes qu'il devra subir de la part de ses compères. Au matin, il revient au bivouac, souvent pour allumer le feu, impatient de boire une première gorgée de thé et, l'hiver, de réchauffer ses membres engourdis par le froid. Si la nuit s'est avérée dure, il sommeillera le jour sur une monture libre, dodelinant de la tête et ayant droit à un repos relatif à la halte de midi, un autre étant de corvée à sa place. Malgré tout, il arrive parfois qu'une bête reste introuvable le matin, partie trop loin sans laisser de traces sur les cailloux. Mahmoud fautif de s'être endormi dut nous laisser continuer sans lui car un chameau manquait dont on retrouva seulement l'entrave rompue. Il ne réapparut avec la bête que le matin suivant, nous ayant rattrapés en forçant l'allure, le ventre creux depuis plus de vingt-quatre heures. Depuis que nous sommes partis de Tamanrasset, Abdallah comme convenu est de garde toutes les nuits. Il nous quitte le soir comme une ombre furtive et nous revient le matin, la paupière lourde et la parole difficile. Nous pouvons ainsi partir tôt le matin, sans qu'il ait jamais à rallier les bêtes trop longtemps et nous avons devant nous de longues journées durant lesquelles il s'assoupit sur son chameau. Aujourd'hui, nous devrons lui laisser la paix : il n'a pas dormi du tout et il a refait la moitié de la dernière étape en sens inverse.

Kader qui ne sait encore rien nous rejoint auprès du feu et son œil exercé juge tout de suite Abdallah.

— *Térined ?* Tu es malade ?

Non, répond Abdallah, mais il accuse un tas de choses, l'*oued*, le pays, le temps et bien sûr les pluies qui ne sont pas venues assez tôt. Il ne peut en vouloir à son chameau d'être parti ailleurs chercher des pâturages plus tendres. La végétation jaunit, acacias et tamaris dressent pitoyablement leurs squelettes de bois vers le ciel vide, les touffes se ratatinent sur place, rongées par la dent vorace des ânes, des chèvres et des chameaux. A la fin de l'hiver 1972, Mahmoud laissa en route un chameau qui n'en pouvait plus, trop amaigri et épuisé. Nous l'abandonnâmes sans entrave dans un *oued*, entre les montagnes Aoukenet et Ilaman, où nous pensions que le printemps refleurirait très tôt les touffes de fenouil. Mais lorsque nous passâmes aux environs de Pâques, Mahmoud me montra la carcasse du chameau, à la place exacte où nous l'avions quitté, espérant qu'il reprendrait quelques forces.

Bernouze à son tour s'apitoie faussement et s'enquiert de la santé d'Abdallah qui a sûrement une crise de foie à moins que ce ne soit une indigestion de *taguella* au beurre... Bravo ! La querelle est ouverte avec les rituels « tu n'y connais rien » et « c'est un Targui, ça ? ». En fin de compte tous deux s'en vont regrouper les chameaux qui pâturent autour de nous, disséminés dans la nature. Kader et moi restons encore un peu auprès du feu pour nous permettre quelques petites phrases philosophiques comme :

— Les temps actuels ne sont plus ce qu'ils étaient...

— Le Sahara, ce n'est plus le Sahara...

— Il n'y a plus que des chameaux pour aller chercher du bois !

— A cause des pâturages...

Pâturages... C'est le vieux Bou Smaha qui m'ouvrit l'œil. Nous voyagions en Land-Rover entre le Tassili et l'*erg* Admer, et Bou Smaha nous avait promis la rencontre de gazelles quand nous traverserions les pâturages. La plaine absolument désertique depuis des heures s'agrémentait de rares touffes jaunies contre talus, rebords *d'oueds*, dépressions légères, et les silhouettes maigres des acacias clair-semés jalonnaient épisodiquement notre route. Je scrutais l'horizon devant nous, attendant impatiemment une ligne plus douce qui pourrait laisser présager l'approche d'un quelconque pâturage, pâturage dont je n'avais encore aucune idée.

— Alors, Bou Smaha, ces pâturages, ces gazelles... ?

Bou Smaha eut un geste large du bras à l'extérieur de la portière, couvrant toute la plaine... Nous roulions en cahotant depuis des heures dans les pâturages promis où les gazelles devaient s'enfuir à notre approche bruyante !

Depuis, j'ai acquis une vision plus indulgente et optimiste des verdures sahariennes et il m'arrive de m'extasier sur l'ombre pâle comme un duvet d'un arbre au printemps, sur un fond *d'oued* où verdissent quelques touffes nouvelles. Et les chameaux se contentent des tiges au ras du sol des *tataït, toulloult, aramas* et autres herbes. Ils s'en approchent lentement de leur démarche rendue maladroite par l'entrave qui leur lie les pattes de devant et ils ne passent pas à la touffe suivante avant que celle-ci ne soit étêtée complètement. Autre spectacle qui ne lasse pas de surprendre : celui d'un chameau déjeunant aux branches d'un *abser*, cette sorte d'acacia aux épines longues et dures, régal des chameaux qui se précipitent voracement dessus.

Si ces verdures forment l'ensemble d'un pâturage, les pâturages ne manquent pas, mais s'étendent sur des kilomètres carrés à la ronde et pour qu'un chameau broute à satiété, il lui faut couvrir, en claudiquant, des kilomètres et des kilomètres. Le peu qu'il parvient à brouter pallie à peine les forces qu'il perd à courir la nature ! Aux haltes, les Touareg entravent les bêtes pour qu'elles n'aillent point brouter trop loin, attirées toujours ailleurs par l'espérance de verdures plus appétissantes. Il leur faut parfois parcourir plusieurs kilomètres pour rechercher les chameaux, et lorsque les silhouettes bossues ne se montrent plus à l'horizon, c'est en lisant les traces au sol qu'ils retrouvent les bêtes. Parfois, force leur est d'escalader une butte ou une colline pour tenter d'apercevoir une bête éloignée et il nous arrive d'attendre ainsi plus d'une heure l'homme parti rassembler le troupeau.

Kader soupire nostalgiquement. Il y a eu, dit-il, des temps de pluies abondantes où on n'avait pas besoin d'entraver les bêtes au pâturage. Pourquoi seraient-elles parties chercher ailleurs ce qu'elles trouvaient sur place ? Après la pluie de septembre, qui fut bonne, ont dit les Touareg, je fis connaissance avec une flore sur laquelle mon œil ne s'était pas encore extasié. De novembre à avril, je vis s'ouvrir la fleur rouge de l'oseille jusqu'à celle, blanche veinée de brun, de la grêle asphodèle. Mais ce qui me surprit le plus fut de voir des chameaux sans entrave accrochés aux flancs des montagnes, ou à leur sommet même, alors que je m'étais habituée à les chercher invariablement au fond des *oueds*, là où subsistait la trace rare de la végétation. Quelle surprise d'entendre Rassi me dire de ne pas entraver Tafsit à la halte !

— *Akasa illê houllan !* Il y a beaucoup de pâturage !

Rassi n'avait même pas eu à surveiller les bêtes ni à faire beaucoup de chemin pour les rassembler ; elles broutèrent autour de nous une oseille abondante qui rougissait la rocaille. Kader soupire plus fort encore quand il songe à son chameau qu'il avait laissé au repos dans un pâturage, sachant qu'il le retrouverait à la trace et connaissant vers quelle direction il se dirigerait, guidé par la verdure. Mais ce chameau-là avait définitivement disparu, volé par quelque malhonnête qui ne l'emporterait pas au paradis !

Je ne m'étonne plus maintenant de l'apparition isolée d'un chameau sans entrave au cœur d'un massif inhabité, d'une chamelle et de son chamelon broutant paisiblement ; ni celle, non moins inattendue, d'un homme solitaire n'ayant pour seul bagage qu'une rêne et une cravache. Il part à la recherche de sa monture et en nous croisant, il se renseigne discrètement pour savoir si nous ne l'aurions pas vue broutant quelque part au fond d'un horizon ou si nous ne l'aurions pas trouvée, ruminant, couchée dans un *oued* tout proche...

Les pâturages étant si maigres et clairsemés, nous prenons l'habitude de cueillir, lorsqu'il s'en trouve, quelques tiges rares et appréciées, et de les offrir aux chameaux qui machouillent, ruminent et allongent le pas, heureux sans nul doute de ces aubaines. Lorsque nous croisons un arbre exceptionnellement touffu ou une graminée haute en tige, nous ne manquons pas de laisser s'y arrêter nos montures, écoutant patiemment le craquement méthodique de leur mastication. Cet hiver, le renouvellement d'une flore providentielle faisait courir les chameliers en tous sens. Ils ne pouvaient apercevoir une fleur d'oseille ou un plant de vipérine sans aller les cueillir. Rassi me confiait la rêne du chameau, quittait la piste pour courir sans perdre de temps dans les cailloux, et revenait les bras chargés, essoufflé et suant, le *chèche* en bataille. Par contre, l'hiver 1973 fut si rude que nous dûmes acheter un peu de fourrage à Ahmed Ag Ameley et quelques sacs d'orge que nous installions sur les croupes des chameaux de bât en prévision des soirs de disette. Nous n'avions pas alors à pousser nos chameaux qui, attirés par l'odeur du grain, suivaient les chameaux porteurs des précieux sacs. Un chameau plus malin ou plus affamé que les autres parvint à crever un des sacs en peau et cassa la croûte tout en marchant, au nez et à la barbe des chameliers qui ne s'aperçurent de son forfait que bien tard à la halte.

Abdallah et Bernouze rabattent le troupeau vers nous. Nous regroupons les bagages et préparons les selles tandis que finissent de se consumer nos dernières braises. Les joutes oratoires semblent se terminer :

— D'ailleurs, si je n'avais pas trouvé mon chameau, je t'aurais pris Bourari...

— ... (ricanement de Bernouze qui selle Bourari).

— Et si une nuit, c'est Bourari qui s'en va, ne compte pas sur moi pour aller le chercher !

Abdallah a gagné. Malgré sa fatigue, il sera de bonne humeur aujourd'hui.

CHAPITRE 12

Le Ramadan

— Eh ! s'impatiente Bernouze, on mange ?

Kader, avachi sur un tas de couvertures, les mains sous la nuque et les pieds en l'air sur une selle, ouvre un œil de lézard, fait la moue et ricane :

— Bernouze, tu es comme un enfant... Si tu avais à faire le Ramadan !

Nous vivons en pays musulman et la plupart des Touareg pratiquent leur religion avec une force et une volonté admirables, compte tenu du contexte vital qui rend parfois dure la rigoureuse observance des règles. Peu importe que le motif véritable de cette volonté n'en soit que rarement une sincère croyance mais très généralement une contrainte sociale ou la peur d'un avenir incertain après la mort ; toutes motivations comparables à celles de n'importe quelle religion. Toujours est-il que l'obéissance stricte en ce qui concerne le jeûne du mois de Ramadan prouve que leur volonté religieuse ne connaît point de faille. Le jeûne intégral (boisson et nourriture) doit être observé du lever du jour au coucher du soleil pendant un mois (9e mois de l'année musulmane) dont les dates prennent entre dix et douze jours d'avance sur l'année précédente. Si la journée de jeûne est courte en hiver, elle s'allonge considérablement en été... Ne rien boire et ne rien manger, ne rien avaler en général, tant que le soleil est au-dessus de l'horizon nécessite de se désaltérer et de se nourrir la nuit. Dans les grandes villes, est-ce le fait inaccoutumé de devoir vivre la nuit, ne serait-ce que pour prier et manger, qui fit naître chez certains privilégiés une tendance à fêter ce qui n'est pas ordinaire par des réunions de familles, des retrouvailles amicales, des agapes, de la façon dont nous fêtons la nuit de Noël, et sans que soit altéré le concept religieux ? En tout il y a des abus mais je ne pense pas que les Touareg puissent en faire, sous le prétexte du Ramadan.

Kader ! Secoue-toi ! Empoigne la marmite, nous avons faim ! Je ne veux pas jeûner aujourd'hui. Pour avoir moi-même voyagé en période de Ramadan, je connais le lent écoulement de ces journées de jeûne. Dès qu'une lueur nait à l'Est jusqu'à ce que la ligne du couchant devienne sombre, les musulmans ne mangent plus rien, ni ne boivent, ni ne doivent penser à la faim ni à la soif. Qui plus est, ils ne doivent pas imaginer une future nourriture car prévoir la vie et le plaisir en ces jours est une grave faute devant Allah. En somme, ils ne doivent nourrir de rien leur esprit ni leur corps, que ce soit plaisir imaginaire, moindre goutte d'eau, nuage de fumée qui porte en lui odeur de pain ou de tabac.

Il est peut-être aisé de maintenir une résolution de jeûne diurne assis sous une tente, à sommeiller ou à palabrer en attendant que vienne l'heure noire, où, quotidien renversé, on se nourrit ; ou encore en cheminant tout seul en compagnie d'un chameau sur lequel on se repose de sa lassitude. A ces rythmes, on dit qu'il suffit de deux ou trois jours pour prendre l'habitude d'un cycle différent. Mais, est-il facile encore d'obéir au Coran alors qu'il faut marcher des heures durant sous un soleil qui ne veut décliner, surveiller attentivement les chameaux de bât et recommencer les chargements, puiser l'eau, ramasser le bois, courir après une bête ? J'essayai. Je succombai devant la première *tamenast* d'eau claire qu'on me présenta et au seul contact de mon paquet de cigarettes dans la poche de ma *gandoura*. Circonstances atténuantes, pensai-je, que de n'être pas née sous ce climat ou de n'avoir pas la foi qui m'eût sauvée. Tout en obéissant au Coran, les Touareg marchent et travaillent sans que nous puissions déceler une faiblesse dans leur caractère, souriants et serviables comme à l'accoutumée. Ainsi, chaque jour de Ramadan, non seulement ils ne doivent pas penser à leur propre survie, mais il leur faut se préoccuper de celle des hérétiques que nous sommes, et chacun sait que l'ami qui fume nous redonne l'envie de fumer, que c'est en cuisinant que l'on grignote, et j'ai expérimenté que l'action aiguise l'appétit... A la halte de midi, les Touareg n'allument pas le feu pour eux puisqu'ils n'ont ni thé, ni taguella à préparer et, en attendant que nous ayons pris notre repas, ils vaquent à leurs occupations habituelles autour des chameaux ou s'endorment dans un coin tranquille, en amont de notre feu par rapport au vent pour que la fumée ne vienne point chatouiller leurs sens. Etant nous-mêmes ignorants en la matière, tous les jours, Abdallah ou Kader malgré tout se proposent pour nous faire le thé, remontant très haut le *chèche* sur le nez pour éviter l'odeur du breuvage ou celle du sucre qui caramélise dans les braises avec un délicieux fumet. Il doit en coûter à Kader de ne pas poser son verre à côté des nôtres, comme doit souffrir Abdallah pour garder des gestes patients envers le rituel, désireux de trouver rapidement dans une sieste l'oubli de sa soif ou de sa gourmandise. Ils refusent gentiment notre proposition d'annuler simplement cette séance du thé.

— Il n'y a pas de raison..., dit Abdallah.

— Bois ! Bois ! nous encourage Kader. Tu vas aller en Enfer et moi, je te ferai cuire à la broche !

— *Oul andaren !* Ce n'est rien ! tranche Moussa.

C'est pour eux sans importance que faire simplement preuve d'un peu plus de gentillesse, d'ironie ou de brusquerie amicale. Dans ces circonstances, nous trouvons naturel que Mahmoud puise dans l'eau claire et tentante d'un *abankor* pour remplir les outres, que Bohra distribue à boire à la ronde, qu'Entayent se propose pour nous faire cuire une *taguella*... Devant autant de gentillesse et si peu de plaintes, nous oublions qu'ils ont faim et soif, qu'ils sont fatigués. Eux, ils restent impassibles lorsque nous avouons notre impatience de nous arrêter pour déjeuner, lorsque nous quémandons l'eau dont nous nous désaltérons avec des soupirs d'aise, lorsque nous ne pouvons nous empêcher de chaparder une datte dans le sac ouvert à la vue de tous. Ils sont tels chaque jour, quoique plus silencieux peut-être en fin d'après-midi ; ils sont tels quoique le soleil se fasse chaud et la piste éreintante, quoique la journée n'en finisse pas de s'éterniser ; bien qu'on entende parfois un gargouillement d'estomac vide, qu'on voie sur les lèvres sèches une trace blanche de salive et que nous soyons vraiment insupportables d'insouciance et d'égoïsme.

— Kader, tu as du feu ?

Zut ! Je me rends compte toujours trop tard que je suis le diable en personne. Kader fouille dans sa poche, en tire une boîte d'allumettes et s'approche de ma cigarette :

— Ça, c'est sûr ! Si tu le fais exprès pour m'énerver, tu iras en Enfer !

— Je suis navrée.

— Ah ! Ah ! Toi, je te ferai cuire à la poêle avec beaucoup d'huile !

Son rire fait des échos le long de la caravane.

— Oh ! dit Kader, tu as bien mangé ce matin, tu pourrais attendre ce soir...

Pas question. D'ailleurs, Abdallah non plus n'est pas d'accord pour faire jeûne aujourd'hui. Il ouvre le sac de dattes et fait une large distribution en exceptant Kader. Ouf ! La partie est gagnée. Voyant qu'il plaisante en pure perte, Kader abandonne sa confortable position et allume le feu. J'envisageais mal de devoir patienter jusqu'à ce soir, ou alors, il aurait fallu partir illico pour le bivouac, de la façon hâtive dont nous brûlons un peu les étapes en période de Carême. Nous approchons des bivouacs avant le coucher de soleil afin que les Touareg soient prêts à « casser le Ramadan » dès la tombée du jour. Au bivouac, on scrute l'horizon, on envoie un émissaire sur un promontoire pour prendre des nouvelles du soleil et être certain que l'horizon soit parfaitement éteint, on fait une courte prière, calmement.

Pour « casser le Ramadan », autrement dit, pour briser le jeûne, les Touareg emportent une provision de dattes et de boîtes de lait condensé. A l'heure légale, ils s'asseoient en rond autour de la *tamenast* pleine de lait additionné de beaucoup d'eau et grignotent une poignée de dattes, lentement, avec ce geste parcimonieux qu'ont les malades pour absorber une nourriture après une longue diète. Il y a toutefois quelques exceptions : Moussa crie « *elozer ! elozer !* j'ai faim !* » et recrache les noyaux de ses dattes trois par trois ; dans ses jours de bonne humeur, Abdallah lève les yeux au ciel en soupirant d'aise après une longue gorgée de lait et termine par un rot percutant qui me fait immanquablement rire aux éclats. Je crois que je me conduirais comme Moussa, à la différence près que je mangerais n'importe quoi de comestible, avidement, et que je ne cesserais pas aussi tôt que lui. Car cette collation ne dure que quelques minutes, juste de quoi stopper l'avance de la faim... ou l'attiser ! Ils se lèvent ensuite, rajustent leurs *chèches* et s'éloignent pour une prière plus longue et heureuse.

Pour Kader, les instants suivants lui offrent les délices de la terre : en craquant une seule allumette, il allume le feu sous la bouilloire en même temps qu'une cigarette bien méritée. En fumant béatement, il attend que l'eau chante. La soirée dure. On déguste méticuleusement le thé désiré tout le jour ; on met grand soin à cuire une *taguella* qui doit faire deux repas, le premier avant de sombrer dans le sommeil, le second vers trois heures du matin ou le plus tard possible avant le jour de façon à pouvoir tenir sans faim jusqu'au prochain coucher de soleil. Parfois, une agitation pourtant étouffée le mieux possible m'éveille la nuit et je surprends Akoulan ou Oukcem qui rallume le feu pour réchauffer un restant de *taguella*. Les Touareg qui parviennent à se réveiller s'approchent du feu comme des somnanbules, puis retournent se coucher pareillement silencieux. D'autres fois, Entayent ou Rassi refait dans la nuit une *taguella* pour le repas d'avant l'aube, à l'heure où le berger du troupeau rentrera, baillant et affamé. Pour ce dernier, demain sera sans rémission. Ce manque de sommeil, cette fatigue mal compensée, ces repas à la sauvette, laissent les Touareg amaigris à la fin du Ramadan mais en paix avec Allah et la conscience sans crainte pour l'Au-delà.

Nous faisons avec les Touareg le décompte des jours de Ramadan qu'il reste... Le Ramadan prend fin avec la nouvelle lune. On n'est jamais très sûr, quant à ce soir ou à demain... Il fait nuit bientôt mais personne n'ose dire si on va casser le Carême pour la dernière fois de l'année. Moussa, en vigie sur un mamelon de colline, reste immobile, scrutant le ciel pour tenter d'y voir un fin croissant de lune.

— *Illê !* Il est là !

Mais tout de même, on n'ose pas se prononcer et cette nuit-là, on se lève encore pour grignoter en prévision d'un jour de jeûne : on n'est plus à un jour près !

— *Youf hound oua !* C'est préférable ainsi ! dit Moussa.

Kader sifflote, heureux comme tout de l'intérêt qu'il éveille. Son œil devient de plus en plus malicieux et il me vient à l'esprit de lui dire, « Oh ! s'il te plaît ! ne renverse pas la marmite ! Regarde Abdallah, prends pitié d'Abdallah, Kader ». Abdallah crève de faim, je le vois sur sa figure.

Lorsque ce cabotin a sa tête de martyr en Carême, c'est qu'il veut se faire plaindre ou admirer. On prend ce regard vague et infini que donne la faim, on soupire nonchalamment et apparemment de ses dernières forces, on se retranche derrière le mur d'un *chèche* qu'on désire certainement stérile, on chuchote sur un registre devenu soudain inaudible, on feint même jusqu'à la joie forcée et l'acte de courage... Cette comédie ne dupe personne car tout le monde la joue à son tour, simulant l'épuisement et le courage. De grands silences, qui donnent l'impression que chacun est à son dernier souffle, font place soudain à des discussions vives et passionnées sur le mérite de tel chameau ou l'embranchement de telle piste. Mahmoud est le plus mauvais comédien mais aussi le plus sincère de tous. Je marchais à ses côtés et nous nous apprenions à compter, mais comme décidément rien ne voulait rester dans sa tête, pour me dissuader de continuer une leçon en pure perte de temps, il décréta :

— *Laz illê éref oua-t illê !* J'ai faim et je n'ai pas de mémoire !

Une autre fois, alors que nous passions un col à pied, en tenant nos chameaux par la rêne, les soupirs de défaillance et le ralentissement de son pas fournirent à Kader le prétexte de remonter sur sa bête, mais la flamme de malice de son œil en dit plus long que n'importe quel éclat de rire. Il se fit pardonner en égrenant son chapelet. Je compris très vite que je ne devais pas trop m'attendrir à l'écoute des soupirs de défaillance de Moussa car celui-ci, connaissant ma faiblesse à son égard, se faisait dorloter comme un enfant tout en se vantant d'être le plus malin.

Pendant que Kader ricane de notre impatience et qu'Abdallah défaille courageusement, Bernouze, lui, a choisi de puiser régulièrement dans le sac de dattes. Je l'imiterais volontiers mais, je veux « tenir » ! « Tenir un Ramadan » devient malgré tout quelquefois impossible. En cas de force majeure, Allah fait crédit. Pour Kader par exemple qui nous accompagna dans une épuisante « promenade » que Bernouze avait mis sur pied, il ne fut pas question pour lui de jeûner car le malheureux aurait terminé le voyage ficelé en travers de sa bête ! Pour lui donc, chaque jour de Ramadan non observé se soldait par un jour à effectuer plus tard, si bien que pour une semaine de « permission », il se retrouva à la fin du Carême tout seul à jeûner alors que tout le monde retrouvait enfin le rythme ordinaire.

— Le crédit, c'est ennuyeux ! convint Kader.

Nous faisions un grand détour à pied, nous escaladions cols, traversions *oueds* et plaines, remontions un versant, contournions une colline... Il faisait chaud. Dans un creux de rocher stagnait une mare. Abdallah se pencha comme moi pour y boire et répondit à mon étonnement que vraiment, il valait mieux qu'il brise tout de suite son jeûne plutôt que de ne plus voir ni comprendre où il nous conduisait.

— Bois ! lui aurait dit Kader, chacun son travail ! Toi, tu ne feras pas un méchoui, mais Toudet, elle... A la broche ! Et je soufflerai sur le feu !

Les perspectives de l'Enfer lui-même m'affolent moins que le souffle puissant de Kader sur la rive opposée à la mienne.

— On mange ! crie Kader.

— Je n'ai plus faim, lui répond Bernouze.

CHAPITRE 13

La santé
des chameaux

Nous nous arrêtons ce soir au centre d'une plaine enchâssée dans un amoncellement de blocs ronds que le soleil couchant finit d'ensanglanter. La finesse du sable nous promet une nuit confortable et le pâturage alentour, relativement abondant, permettra à Abdallah une veille calme et tranquille tandis que nos bêtes brouteront sans trop se déplacer.

Kader qui ramassait du bois, revient, l'air soucieux. Derrière le bloc, là, au Nord, il y a plusieurs plants de laurier-rose.

— *Imzad !* s'exclame Abdallah.

Il suffit d'une feuille de laurier, même sèche, envolée dans les rameaux d'un arbre, pour empoisonner et faire crever un chameau s'il ne l'a pas sentie. Or, le chameau de Kader ne fait aucune différence entre les bonnes plantes du Hoggar et le laurier-rose. Kader acheta ce petit chameau blanc, *ebeïdeg*, à des Touareg chassés du Niger par la sécheresse. Il entreprit de le remettre en forme, de lui apprendre à marcher sur les pistes caillouteuses de l'Atakor, de le mettre en garde contre la feuille du laurier, arbuste inconnu au Tamesna. Lorsque nous avons pour ce maigre animal quelque geste déplacé de pitié ou d'arrogance, Kader se contente de sourire d'un air entendu et de nous mettre à contribution pour lui préparer de bizarres mixtures, le plus souvent à base d'orge et de noyaux de dattes broyés. Malgré le désir de Kader qui aimerait que sa bête soit prise au sérieux, lui-même ne peut éviter de s'emporter contre ce chameau incapable de marcher sur un sol dur, habitué qu'il est aux étendues sablonneuses du Tamesna. Le moindre bloc en travers d'un *oued* le fait s'arrêter, hésiter et reculer parfois. Kader manie la cravache... Mais l'ignorance du chameau vis-à-vis du laurier l'inquiète plus que les cailloux des pistes et depuis quelque temps, il a pris la chose au sérieux. A chaque occasion, Kader pousse Ebeïdeg devant le laurier ; avant même que celui-ci n'ait eu le temps de le flairer, il le tire en arrière d'un coup sec de la rêne. Ebeïdeg comprendra-t-il qu'il ne doit pas y goûter ? Kader regrette ce soir de n'avoir pas encore appliqué le seul remède capable de guérir les chameaux de leur envie de mordre dans le feuillage : demain, c'est décidé, il fera brûler quelques rameaux, il en roulera les cendres en boule et les mettra dans les narines de son chameau... A jamais dégoûté, celui-ci saura désormais reconnaître la feuille-poison. A Abdallah de veiller cette nuit pour que le petit chameau blanc n'aille point se promener vers le Nord.

La façon de guérir un empoisonnement par le laurier ne réussit pas à coup sûr et Mahmoud avait eu beaucoup de chance avec son chameau. Il lui avait fait ingurgiter une décoction de thé-tabac-clou de girofle, bien corsée. Ensuite, lui maintenant la tête au ras du sol, il lui avait donné de grandes claques sur la panse pour le faire vomir. Le chameau avait guéri mais rares sont ceux qui s'en tirent aussi bien. La plupart du temps, épuisés par une dysenterie douloureuse, ils se couchent sans force, et s'ils avaient une petite chance d'en réchapper, ils meurent de faim, incapables de se lever pour aller brouter un acacia parfois à quelques mètres seulement. Abdallah et Moussa Ag Sori, aidés d'autres gens de Tagmart, transportèrent (non sans mal, on s'en doute) près d'un arbre un chameau qui mourait doucement, trop faible pour se lever de ses propres forces. Il ne reste maintenant plus grand chose de sa carcasse blanchie, dispersée par les chacals...

La découverte par Kader de ces plants de laurier-rose vient gâter la plénitude de notre bien-être ; chacune de ses paroles reflète un pessimisme noir (le Sahara, ce n'est plus le Sahara, etc...) et autour du feu ce soir, ce ne sont qu'histoires lugubres de chameaux crevés et de carcasses desséchées. Le chameau est un animal fragile qui ne l'était peut-être pas lorsque les pâturages abondaient et que les Touareg n'espéraient pas tous les jours enfin une averse providentielle. Et de fait, j'apprends chaque jour un interdit urgent, une obligation formelle, sous peine... ou sans quoi, c'est la catastrophe. Si les chameaux n'étaient pas si fragiles, Abdallah, ou Bohra, ou Entayent prendrait-il tant de peine pour les siens ou pour ceux qui lui sont confiés ? C'est le seul bien palpable qu'il ait sur cette terre et garder ce capital intact n'est pas facile. Bohra ne dit-il pas que le vieux Kourbi, son père, possédait au Tamesna un troupeau de cent têtes qui diminua si vite en vingt ans qu'il ne lui en reste plus que quelques-uns ? Le chameau est aussi vulnérable que la chèvre à la morsure de vipère et bien que ce malheur n'arrive pas tous les jours, il arrive, chameaux et chèvres fourrant sans précaution leurs museaux dans les herbes. Si les chèvres meurent de froid l'hiver dans les campements, les chameaux eux aussi en souffrent énormément. De nombreux matins d'hiver, les chameaux s'approchent du bivouac en grelottant et nous ne pouvons partir avant que le soleil n'ait réchauffé gens et bêtes. Un matin de février où la température descendit à — 13°, j'ai vu Mahmoud allumer un grand feu et les chameaux tremblants de froid s'en approchèrent d'eux-mêmes, se bousculant et se serrant autour des flammes.

« Si tu as un chameau qui n'est pas en forme... », commence Abdallah. « Ce n'est pas la peine d'en parler ! » termine Kader. « Ce n'est plus un chameau ! ».

— Tafsit est en forme, dis-je. Il a une belle bosse.

— Tu n'y connais rien, toi. La bosse ne veut rien dire...

Non mais, qu'est-ce qu'il a contre Tafsit maintenant ? Un peu vexée, je cherche approbation auprès de Kader qui précise qu'on vérifie couramment l'état de santé des chameaux au gras des bosses mais certains, comme Tafsit, grossissent des flancs et des cuisses tout en gardant une bosse modeste. De toute façon, lorsqu'on devine les côtes et, si j'ose dire, l'os de la hanche sous la peau, le chameau est déjà très maigre. En 1973, la sécheresse fit remonter vers Tamanrasset les Touareg du Niger et leurs troupeaux. On pouvait voir sur le marché des chameaux qui n'étaient plus qu'os et peau en vente pour seulement 200 Dinars, alors qu'une bête en bon état se vendait à l'époque entre 900 et 1 500 Dinars. Plusieurs de nos amis en achetèrent, espérant pouvoir les engraisser, mais rares sont ceux qui firent une bonne affaire. L'un d'eux annonçait que son chameau venait de mourir tandis que l'autre se réjouissait de le voir prospérer.

Que je me sois vexée si vite à propos de Tafsit qui est considéré par Abdallah comme étant mon bien le plus précieux, fait rire celui-ci tout en le flattant. Peu importe, je suis prête ce soir à supporter tous les sarcasmes pourvu qu'ils puissent redonner l'insouciance à Kader. Le fou-rire d'Abdallah, suivi des ricanements de Bernouze entraîne enfin Kader dans l'hilarité devenue collective. Il nous vient maintenant sur la langue des anecdotes comiques.

Les yeux des chameaux craignent le soleil et le vent, et leurs paupières clignent souvent sur leur iris aux dessins en accordéon. Un soir, Grand-Père soigna le sien en lui crachant sous la paupière une grande giclée du jus de sa chique. Se tournant brusquement vers nous, il fit mine d'agir pareillement avec une amie qui se plaignait elle aussi d'ophtalmie... Elle s'enfuit avec frayeur tandis que Grand-Père riait en caressant les poils de sa barbe.

J'avais cru longtemps que les chameaux supportaient un rhume chronique, à les voir sans arrêt éternuer, se gratter les naseaux sur les croupes des chameaux les précédant, secouer la tête à droite et à gauche pour se moucher en éclaboussant les alentours. Je remarquai qu'en éternuant, ils chassaient souvent de leurs narines de grosses choses, des humeurs encombrantes sans doute. Pas du tout. Un jour une de ces choses atterrit sur mes genoux : un ver blanc, gras et poilu, se tortillait ; un genre de chenille courte et trapue dont je ne pus discerner ni avant ni arrière.

— Ce n'est rien, me rassura quelqu'un.

— Ils ont tous ça, renchérit un autre, même les moutons et les mouflons !

— C'est comme ça, me répondit Kader en riant. Ce n'est pas une maladie grave et tu ne l'attraperas pas !

Encore heureux ! Je m'imagine mal avec cette énorme larve de mouche dans le nez...

CHAPITRE 14

La flore

La vie végétale du Hoggar me surprend, non par son effervescence mais par l'ambiance même qui émane d'elle, étant luxe présent ou attente infinie, espérance. Je perçois cette vie comme une force puissante et insoupçonnée sortant au printemps de la terre apparemment stérile ; comme une infinie nostalgie lorsque le vent d'automne pousse au creux des *oueds* les larges feuilles craquantes des pommiers de Sodome.

J'ai retrouvé au Hoggar et plus particulièrement dans la Tefedest, un coin de ma Provence natale : j'ai goûté le fruit noir du myrte et j'ai vu le laurier-rose fleurir un peu n'importe quand, au bonheur d'un heureux coup de soleil, dans un coin bien abrité entre les boules de granit, au bord d'un *aguelmam*, le long des *oueds* sablonneux. J'ai regardé s'argenter au vent les feuilles étroites de l'olivier. Je me suis étonnée de cette étrange mutation des feuilles en semblants d'épines ligneuses, excroissances disgracieuses, partout où la dent des animaux atteint l'arbre. Au-dessus, les rameaux inaccessibles s'élancent, fins et élégants, porteurs de feuilles allongées et miroitantes. J'ai reconnu la feuille rugueuse et un peu collante du figuier aux minuscules fruits nains avortés. Que dire des odeurs si ce n'est qu'elles m'ont fait me souvenir du mistral sur la garrigue ?

Et voici justement que pour matérialiser ma rêverie, me parvient l'odeur forte du fenouil. Je ferme les yeux et je respire de toutes mes forces... Les chameaux doivent brouter les tiges et le vent chasse vers notre halte ce parfum libéré ; à moins qu'ils ne butent tout simplement du pied contre une touffe, brusquant tiges et fleurs. Le fenouil pousse heureu-

sement partout, sur le talus des *oueds*, virant saisonniè-
rement du vert tendre au jaune le plus pâle, en touffes
arrondies ou en gerbes porteuses de « *tittaouîn n'ichkan* »,
les yeux des herbes, les fleurs. Quand l'hiver pétrifie et
endort les odeurs, nous broyons avec plaisir dans nos mains
quelques fleurs sèches ; le parfum du fenouil reste sur nos
doigts et nous fait patienter jusqu'au printemps...

... Jusqu'au temps où reverdissent dans les montagnes
d'Atakor les plants de *takamezout*, cette plante qu'il suffit
de frôler pour qu'arrive jusqu'à nos narines une effluve
violente et sauvage. Alors, on s'arrête et on se penche en
criant à la ronde :

— *Takamezout ! Takamezout ! Der-der !* Ici !

Et chacun vient cueillir quelques brins que l'on serre
dans ses bagages en prévision d'un thé, d'un remède, ou d'un
petit cadeau. Nous aimons que sa feuille douce et velue
vienne parfumer l'un de nos petits verres de thé ; contre une
fatigue, un mal de tête, une crampe d'estomac, une douleur
au ventre, une voix charitable demande toujours : « *térid
takamezout ?* » « veux-tu de... ? ». En grimpant dans les
parois de l'Ilaman ou d'Ekneouen, j'ai eu des instants de
véritable ivresse lorsque mon nez arrivait par chance à
hauteur de la plante : un souffle de vent, une légère secousse,
et la senteur grisante se gonfle et envahit les airs...

— Veux-tu de la *takamezout* dans le thé ?

Cette question de Kader me réveille ; j'avais oublié notre
halte et le troisième verre de thé parfumé.

Dans la plaine nue parsemée çà et là de touffes d'herbes,
nous représentons les seules lignes et volumes d'un peu
d'importance, avec nos chameaux qui pâturent et l'arbre
sous lequel nous nous abritons. C'est un acacia, *talha* en
arabe et *abser* en tamahaq : des épines nombreuses longues
et fines, blanches et dures comme l'ivoire. Son ombre
précaire nous protège, tamisée et piquée au sol de ses épines.
Pour nous installer, nous avons dû balayer la terre, couper
les branchettes les plus basses avec précaution, pousser
quelques « aïe ! » inévitables, extraire une épine d'un doigt ou
d'un pied. Nous nous sommes serrés tous quatre, heureux
de laisser le soleil au dehors. Combien de silhouettes
efflanquées ne nous ont-elles pas ainsi accueillis, étroitement
serrés et tournant autour du tronc au fil de l'ombre et de
l'heure ? Il nous a fallu chasser les chameaux qui s'en

approchaient, tendant vers le rare feuillage des babines retroussées sur des dents jaunes. Lorsque l'acacia verdit, de petits feuilles le couvrent, finement dentelées. Alors, les chameaux, faisant la fine bouche, laissent de côté tout ce qui est de bois et non de feuille. Mais lorsqu'il devient famélique, ils se contentent des quelques feuilles qui lui restent et saisissent les rameaux à pleine gueule sans trier, épines ou pas, de préférence les plus tendres tout de même! Ils aiment les épines d'acacia qu'ils broient entre leurs mâchoires, un peu de côté, et c'est avec appétit qu'ils mordent souvent dans ce tas d'épingles craquantes! Quand ils baillent, on peut encore voir des épines plantées dans les excroissances charnues de leurs joues... Mais, lorsque l'acacia n'est plus qu'un squelette couvert d'épines devenues brunes, les chameaux s'approchent lentement, flairent, détournent la tête et cherchent ailleurs une nourriture qui ne soit pas uniquement de bois sec. On se demande comment cet arbre peut encore persister sur le sol du Hoggar, malgré la gourmandise des chameaux et des chèvres!

L'ombre tourne vite et pour continuer notre sieste, nous nous déplaçons tous quatre vers la droite avec mille précautions. Kader mal réveillé jure en essayant d'extirper une épine de son talon. En nettoyant le sol de ma nouvelle place, je trouve un gousse vrillée comme un haricot en colimaçon. Bientôt, les femmes gauleront les acacias et en récolteront les fruits pour leurs chèvres. Au printemps prochain le feuillage léger de notre acacia s'égaiera de petites fleurs en boules jaunes et poilues autour desquelles bourdonneront les guêpes...

Au-dessus de moi, le tamis végétal tremble sur le ciel et se dilue... Les doigts refermés sur la gousse vrillée, je me rendors.

CHAPITRE 15

La Vipère

Abdallah vient de bondir. Il court comme un diable, en enjambées désordonnées ; cravache en main, il tape le sol rageusement. Son *chèche* tombe, son *érassouey* vole dans tous les sens. Je ne sais quoi, de ses coups de cravache ou de ses pieds, soulèvent le plus de poussière. Je prends conscience que je suis immobile, l'air complètement ahuri... Kader prend la longe des chameaux d'Abdallah et de Bernouze tandis que ce dernier vole au secours de notre diable. Les cris redoublent. Mon effarement n'échappe pas à Kader :

— *Tachelt...* Une vipère...

Non, je n'ai rien vu. Elle a traversé l'*oued* rapidement, à notre nez et à notre barbe.

— Je te dis qu'elle est là, dans cette touffe !

Bernouze et Abdallah frappent de plus belle sur le fenouil.

— Attends ! On va la faire sortir...

Le feu dans les tiges sèches prend sans peine, avec un crépitement fulgurant. Le serpent n'a pas le temps de faire deux mètres en dehors de la fournaise que déjà Abdallah le rive au sol avec sa cravache. En fin de compte, ce n'est qu'une malheureuse couleuvre.

N'empêche que, à la halte suivante nous ferons très attention et, avant de nous installer, nous frapperons le sol avec nos cravaches pour faire fuir des touffes une éventuelle vipère, ou rentrer sous le sable un museau qui en dépasserait, prêt à mordre. Dès les premières chaleurs printanières, nous avons pris cette habitude, bien que s'asseoir sur le nez d'un serpent ne soit pas monnaie de tous les jours ! Cette mésaventure faillit pourtant arriver à une amie en avril 1974. Elle s'était assise à l'ombre d'un rocher avant d'affronter la fournaise de Tedekelt (la Paume de la Main).

— Oh ! la jolie bête !...

Assise moi-même à quelques mètres d'elle, je pensai qu'elle parlait d'un scarabée ou d'un bousier... Nous nous reposâmes tranquillement un bon quart d'heure. Quand je me levai pour partir, je vis avec stupéfaction qu'elle était à un mètre d'une superbe vipère paisiblement endormie. Aux innocents les mains pleines et... les fesses intouchables.

Cette vipère fut la seule qu'il me fut donnée de voir vivante plusieurs bonnes secondes. La première que j'ai vue au Sahara était morte... noyée. Triste fin qui ne fait pas très sérieux. La deuxième nous fut annoncée par les cris stridents de Mahmoud qui réclamait une lampe électrique. Il avait senti un contact bizarre à l'emplacement de son bivouac. La vipère était lovée sous le sable, endormie, et attendant que s'écoulent les longs jours de l'hiver. Il n'eut pas de mal à la tuer, vu son état amorphe. Je mis le talon tout près de la troisième et sans même la voir tant je devais avoir le nez au vent et l'insouciance dans la tête. Une centaine de mètres en arrière, Kader la tua et j'eus droit aux invectives d'un Abdallah rendu furieux par mon inconséquence et par un peu de peur rétrospective.

— Tu n'as vraiment pas de tête !

C'était en juillet, vers dix heures du matin et la vipère devait être comme moi un peu assommée par le soleil. Entre Tamanrasset et Djanet, Atankaoues mit son pied nu sur la tête même du serpent. Sentant sous le pied une chose « un peu molle », il eut le réflexe de ne pas le soulever tout de suite !

Nous reprenons notre marche zigzagante entre les gerbes de fenouil, non sans que chacun ait jeté un petit regard en coin vers la pharmacie juchée au sommet d'un chargement. Nous avons appris qu'il n'y a pas de remède local par excellence si ce n'est celui de faire très attention avant, et après... *Inch Allah !* Le cas échéant, on se débrouille : on incise, on désinfecte et on panse avec de pauvres moyens. Moussa Ag Bargali se fit mordre sur le coup-de-pied. Il dit avoir eu très mal mais ne plus se souvenir des deux ou trois jours qui suivirent. Il les passa dans une totale inconscience ; les femmes le soignèrent en lui incisant le pied autour de la morsure et en y appliquant quelques herbes (dont *tabakat*, une espèce de jujubier). La vipère laissa à Moussa un pied légèrement tordu à cause d'une entaille sans doute trop profonde et mal placée. Nous reconnaissons sa trace, le pied un peu plus sur l'extérieur, la pointe en dedans ; il a une démarche longue mais un peu asymétrique.

En période pessimiste, et pour nous réconforter, nous possédons en réserve cette histoire qui nous laisse espérer un dénouement heureux toujours possible. Mahamed, un Dag Rali, fut mordu par une vipère entre les villages de Térhénanet et de Tagmart. Il parvint à se traîner jusqu'au point d'eau de Salit. Il but, mangea quelques pousses d'herbe et rejoignit un coin d'ombre. Trente jours passèrent ainsi : malgré sa jambe gonflée par l'inflammation, il fit le va-et-vient entre le point d'eau pour y boire et brouter un peu (!), et son abri pour s'y reposer et dormir sur sa fièvre. Entre le point d'eau et le bivouac, il avait fait « un vrai chemin avec son derrière » (dixit Abdallah). Enfin, au bout d'un mois de ces pénibles allées et venues, un enfant passa par là :

— *Ma toulid ?* Comment vas-tu ?

— *Alrer ras...* Tout va bien... A Térhénanet, on l'avait cherché partout puis, de guerre lasse, on avait consenti à le porter disparu... Désormais, on l'appelle *Intam*. Le Fort.

Quoiqu'il en soit, les Touareg prennent grand soin de notre pharmacie.

— Si ça m'arrive, dit Kader, tu me fais la piqûre...

— Moi aussi, s'empressent de dire Abdallah, Bohra, Mahmoud, Moussa, Entayent et les autres.

Et chacun veille sur la mallette à pharmacie, ne la laissant point traîner au plein soleil des haltes, vérifiant par deux fois son arrimage sur les bâts, la mettant en lieu sûr à chaque bivouac. Ce qui n'empêche que, pour plusieurs heures encore, elle bringuebale aujourd'hui au sommet du chargement, sous le soleil accablant de ce long jour de juillet ! J'ai beau savoir que des emballages isolants protègent nos sérums, la notice me fait sourire qui préconise « à conserver au frais ».

On offre aux enfants le quatrième verre de thé, pâle et doux.

L'officiant est assis devant les braises, avec ses quelques instruments de cérémonie : bouilloire théières et verres.

Chicha Oult Ramrane, femme de Moussa Ag Bargali, prépare un couscous pour ses invités. Le couscous est un plat d'importation maghrébine récente. Il représente le luxe car il nécessite une longue préparation, des ustensiles culinaires divers et spéciaux, une sauce élaborée. Chicha préfère le couscoussier moderne à son ancienne marmite de fonte surmontée d'une coupelle en terre perforée. Pour éviter que la vapeur du bouillon s'échappe, elle enroule un bout de tissu au contact des deux gamelles.

Taguella façon arabe : Kader pétrit sa pâte sur un van en jonc *(teseit)*, puis il l'aplatit en galette. Le trou dans le sable est déjà prêt. Il y dépose la *taguella*, puis la recouvre de sable et de braises. Après avoir tourné la galette une fois dans ce four improvisé, on peut l'en retirer (trois quarts d'heure de cuisson environ). Ensuite, on l'époussète et on la rince. Enfin, on l'émiette dans une cuvette.

Taguella façon targuia : Chadika fait une pâte fluide. Sous l'emplacement du feu, elle a creusé un large trou dans lequel elle verse la pâte. Avant de refermer le four, elle dispose sur la galette une brassée de roseaux secs qu'elle enflamme. Ceux-ci ne touchent pas la pâte grâce à un bâton plus gros, disposé en travers du trou. Cette opération a pour but de sécher et de durcir un peu la pâte afin que le sable n'y adhère pas. Le repas est servi dans une cuvette commune, quel que soit le mets (couscous, taguella ou crêpes). Chaque convive puise dans le trou qu'il fait devant lui. Lorsqu'il y a de la viande au menu, l'hôte ou un des convives distribue les petits morceaux de viande qu'il déchiquète avec les doigts. Il en dépose un morceau dans chaque trou, équitablement. Lorsqu'un convive a terminé de manger, il pose simplement sa cuillère sur le sable, près du plat, et il se retire du cercle.

Pages suivantes : à la halte sous l'acacia, la cérémonie du thé tient une place importante. C'est l'occasion de se réunir quelques instants pour échanger des nouvelles, bâtir le programme de la journée, se reposer...

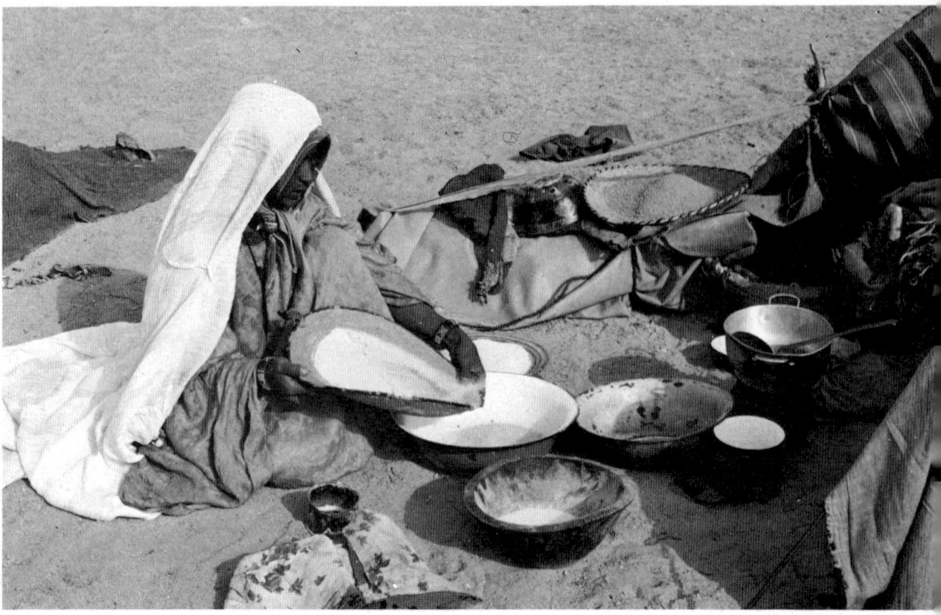

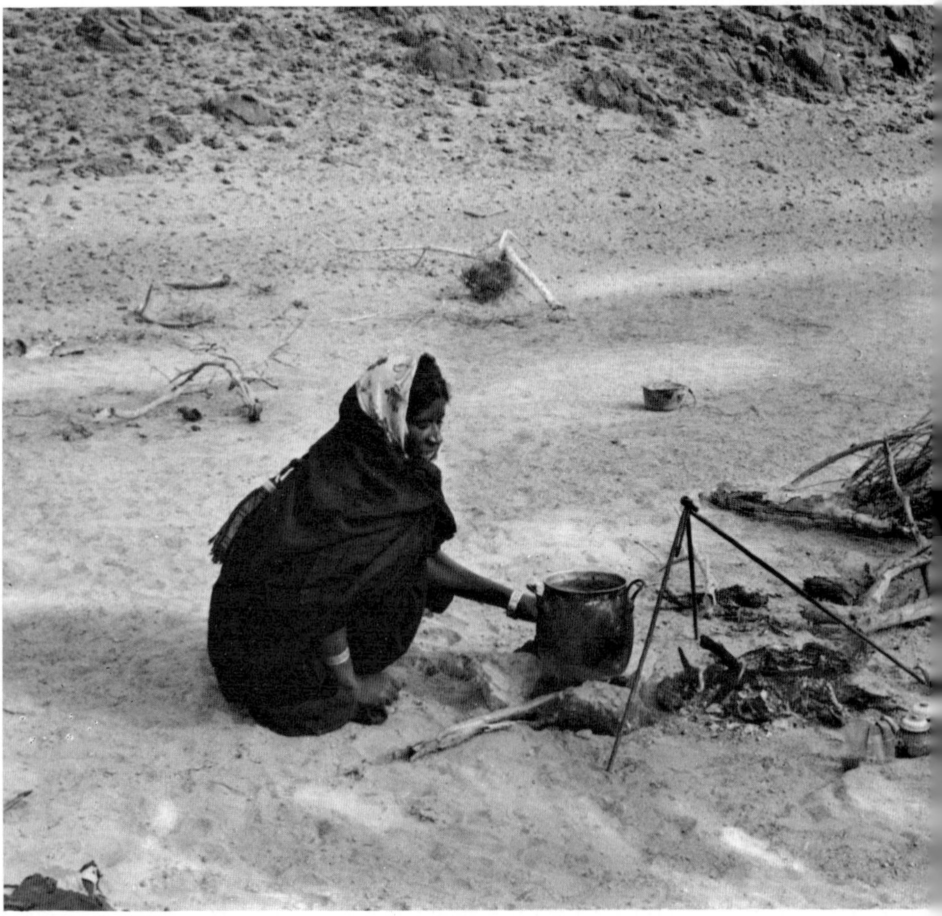

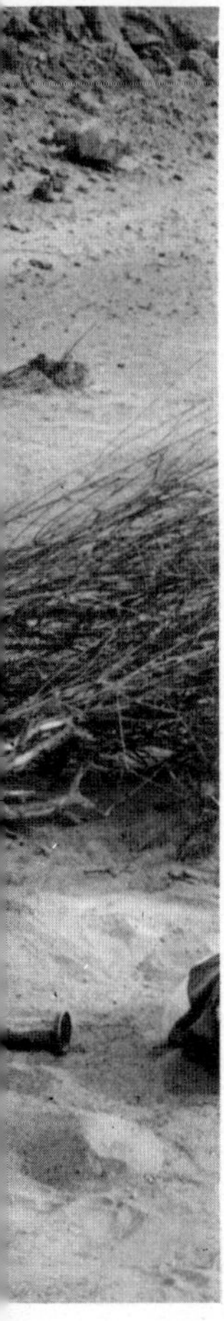

Page de gauche : Lalla prépare du couscous : elle élimine les grains déjà formés (farine et eau) pour ne garder que la farine. En bas : sa cuisine rudimentaire. Elle ne craint pas l'encombrement !

Ci-dessus : la jeune Badloulik Oult Aflane, en l'absence de ses parents (partis à un mâriage) nous reçoit très dignement en nous offrant un couscous dont elle peut être fière. Ci-dessous : Chicha confectionne des crêpes *(elfetat)*. A l'aide d'une cuillère, elle étale la pâte fluide (farine, eau, sel) sur une pierre graissée posée sur le feu. Lorsque la crêpe sera cuite sur une face, elle la retournera prestement avec les doigts en la prenant par le bord. Ensuite, elle émiettera les crêpes dans un plat et les servira avec une bonne sauce (tomates sèches, oignons et peut-être viande). Le domaine de la cuisinière : quelques pierres pour le foyer, deux cuvettes et deux quarts émaillés, une bouteille d'huile, un couscoussier, une outre et... un aide-cuisinier ! La marmite et le mortier sont retournés sur le sol pour éviter qu'ils soient visités par les impuretés et les mauvais génies. On rince toujours un ustensile avant de s'en servir.

Koda Oult Takhou au puits de Tagmart. Les corvées d'eau sont souvent astreignantes, les points d'eau n'étant pas toujours très proches des campements. Lorsqu'ils en sont très éloignés (une à trois heures), les corvées ont lieu tous les deux ou trois jours selon les besoins du campement, et on utilise alors les ânes pour le transport des outres.

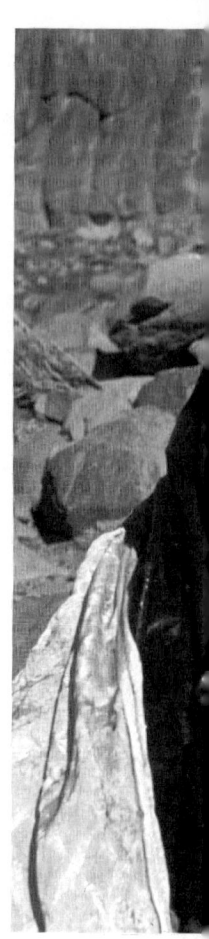

Le voile *(afar)* ne se porte que vers 12 ou 15 ans. Les cheveux sont très finement tressés, le plus près du crâne possible car "avoir les cheveux dans la figure" est un signe de laisser-aller peu féminin. Quand la coiffure est bien faite, elle peut tenir plusieurs mois. On se recoiffe pour les grandes occasions (mariage par exemple).

e voile de tête s'appelle *afar*, mais lorsqu'il est constitué de petites bandelettes indigotées, c'est un *alechou*. Actuellement, la mode des bijoux est aux plaques pectorales, *omaïssa*, incrustées de bois. Les longs pendentifs accrochés aux cheveux au-dessus des oreilles se portent rarement, et pour les grandes fêtes. Les bracelets se portent par paire, un à chaque poignet. Tous les bijoux sont fabriqués par les forgerons à Tamanrasset. Les vieux bijoux deviennent rares, car les forgerons les fondent pour en fabriquer de plus modernes, à la demande de leur clientèle. A droite : cette femme porte un *alechou* dont on distingue bien les petites bandes reliées par des coutures.

Lalla, femme de Mahmoud Ag Ahmadou (Kel Razzi).
Remarquez le voile, la robe toute simple, les deux bracelets.
Lalla égalise au couteau le tannage d'une peau.

CHAPITRE 16

La religion
et ses interdits

J'enrage ! Là, sur les rochers, nous venons de découvrir un mouflon mort, égorgé par un guépard. Les traces de la lutte sont fraîches, le corps de la bête encore chaud et le sang finit de cailler au soleil. Kader a juré en arabe et n'a pas voulu traduire. Bien que tout le corps soit intact, il est hors de question de s'emparer de ce trophée facile car, « tu ne mangeras de viande qui ne soit rituellement égorgée ». Nous continuons notre route sans même nous être arrêtés plus d'une minute, laissant derrière nous une masse de viande excellente, sacrifiée, hélas, par un égorgeur non rituel. En période de disette, Allah nous eut pardonné sans doute de pêcher pour survivre, mais, a dit Kader, nous avons du blé pour la *taguella*, du blé pour le couscous, du blé pour les crêpes...

— Du blé, du blé, du blé et toujours du blé !

— Et du thé, me calme gentiment Abdallah.

Lorsqu'un animal, chameau ou chèvre, s'en va mourir de vieillesse, on s'empresse de le sacrifier avant qu'il soit trop tard. A la chasse, on doit se contenter de blesser l'animal ou de l'épuiser à la course afin de pouvoir l'égorger vivant. « Tu ne mangeras de viande qui ne soit rituellement égorgée ; tu ne toucheras point à celle du porc ». Ce commandement inclut toutes les viandes et égorger sous-entend trancher la carotide avec une lame pure, de la main d'un musulman connaissant ses prières. Avec les Touareg, nous ne mangeons jamais de viande impure, toutes les chèvres sacrifiées en notre honneur le sont rituellement, tous les repas de viande que nous partageons avec eux sont religieusement légaux. S'il y avait en cela quelque doute, aucun n'y toucherait. Lorsque je ramène d'Alger un gigot de mouton ou un rôti de bœuf, Kader demande avec précision où je l'ai acheté, vraiment dans une boucherie musulmane ? Il grimace un peu car il sait que dans certains abattoirs, l'égorgement rituel se fait à la chaine, voire à l'aide d'une machine :

— Pfff ! dit-il.

Il ne peut imaginer main suffisamment pure pour effectuer ce travail à longueur de journée et ne peut accepter qu'une machine fasse le travail d'un homme, même si celui-ci égrène inlassablement la même prière.

Mince alors ! Encore du blé au repas de midi (je parie sur la *taguella*) et pas le moindre bout de viande. Oh ! Une rondelle de saucisson à se mettre sous la dent ! Hélas, la deuxième interdiction touchant la viande vise le cochon qu'une règle absolue qualifie d'impure, une bonne fois pour toutes. Quelquefois, nous amenons de France jambon et saucisson mais il est exclu que les Touareg y goûtent. Ils n'y touchent même pas. Nous manipulons nous-mêmes la cocho-naille lorsque nous rangeons les vivres dans les sacs. Il manquait un jour pour fermer un sac d'y mettre le jambon ; Moussa vint me chercher, me prit par le poignet et sans un mot me conduisit devant le bagage ; je soulevai le jambon et le glissai dans le sac qu'il referma. « Merci beaucoup », me dit-il. Vidant nos bagages, Abdallah recula précipi-tamment sa main et Bernouze le remplaça à l'ouvrage, le temps d'enlever du sac les denrées impures. Kader nous confie parfois son chandail pour que nous le mettions avec les affaires collectives ; il s'assure que nous ne l'enfouissons pas dans le même sac que le cochon. Avec les dattes, oui, avec le pain, les soupes ou les pâtes, d'accord...

Si les musulmans ont de la répugnance pour un objet quelconque ayant voisiné avec du cochon, leur est franche-ment insupportable l'idée d'un contact cochon-nourriture, même s'il s'agit d'un contact par un objet intermédiaire comme la lame d'un couteau par exemple. Après avoir fait de nombreuses petites erreurs, nous avons compris lentement comment nous devions procéder : ne jamais saisir le pain collectif après avoir touché un jambon, ne pas couper du pain avec le couteau qui vient de tailler une rondelle de saucisson, ne pas poser le couteau à jambon sur un effet ou un ustensile targui... Il est bien difficile de réfléchir à chacun de nos gestes et l'obligation d'une vie communautaire nous a forcés à prendre d'importantes décisions : il y a un seul « couteau à jambon » et une seule personne habilitée à couper la cochonnaille. Pendant cette opération, elle ne fait rien d'autre et ne touche rien d'autre que le couteau et le jambon ; elle doit se laver les mains avant de passer à une autre occupation.

On ne peut pas, toujours, se priver de tout, de viande et de saucisson. A midi, je pourrai prendre l'apéritif... Une tournée de pastis ! Nous emmenons parfois une bouteille de pastis pour couper un peu le goût de l'eau, mais l'alcool subissant le même interdit que le cochon, on nous promet l'Enfer le plus brûlant ! Il est exclu que les récipients touareg contiennent une seule fois un peu d'alcool et Dieu sait à quel point il nous serait impossible de tricher, tout un chacun reconnaissant son odeur à cent lieues à la ronde. La *tamenast* est donc réservée à la consommation de l'eau pure, c'est-à-dire sans alcool ; pour celui-ci, il y a un quart dans lequel ne boiront jamais les Touareg. Jamais un Targui n'acceptera de boire au goulot de la gourde d'un étranger qu'il ne connait pas, ayant bien trop peur que ce récipient ait contenu de l'alcool, même si cela remontait au déluge. Moi, ne buvant que très rarement un peu de pastis dans beaucoup d'eau, je n'ai pas de permission à demander pour boire dans les récipients touareg. Bernouze, lui, qui boit du pastis dans de l'eau, tout bêtement, est un ivrogne, un mécréant et un grand hérétique.

Beaucoup de précautions vis-à-vis d'interdits parfois si peu logiques. A toutes extrémités, pourquoi Moussa, Abdallah et Kader acceptent-ils de côtoyer journellement une mangeuse de saucisson et un buveur de pastis ? C'est très complexe. Nous avons réalisé entre nous un compromis fait d'efforts, de résignations et de petits pardons, d'un côté comme de l'autre. Abdallah pardonne un geste malheureux de mon couteau à jambon et j'oublie une impatience de Kader pour un sac à cochon qui traîne. En respectant, non pas le fond et les véritables raisons de ces interdits, mais aussi la volonté et la rigueur de leurs croyances, nous avons acquis la confiance et l'estime des Touareg qui savent que nous ne les tromperons jamais puisque nous respectons leurs moindres vœux. Mériter cette estime est parfois astreignant dans les petits riens quotidiens ; elle nous paie vraiment de nos efforts lorsqu'il s'agit du choix d'une piste ou de la décision d'un nombre de chameaux de bât à employer...

Et puis, ces interdits nous procurent souvent l'occasion de rire. Moussa s'endormit pour la sieste, la tête sur un bagage. A son réveil, il se rendit compte que son oreiller n'était autre que la bouteille de pastis : jusqu'au soir il prétendit avoir très mal à la tête ; il fallut le chouchouter ; il se permit de maudire et de bousculer tous nos bagages à la fois. Un soir que nous faisions des crêpes, je ne parvenais pas à en goûter une, les Touareg criant plus souvent qu'à leur tour :

— *Innou !* Pour moi !

Je pris la décision pleine de malice de verser dans la pâte une cuillerée de whisky et les Touareg convinrent qu'ils étaient rassasiés.

— Moussa, tu en veux encore une ?

— *R'las !* répondit-il en arabe (C'est assez !).

Pourquoi rêver ? Pas de mouflon, ni de saucisson, ni de pastis pour aujourd'hui. Faisons des crêpes... au blé.

CHAPITRE 17

Le scorpion

Abdallah revient du pâturage en poussant devant lui nos chameaux encore entravés.

— Comment ? *Hik ! Hik !* Vite !

Il s'étonne que nous ne soyons pas encore prêts et nous bouscule. Nos bagages s'éparpillent ; les matelas-mousse ne sont pas encore roulés. La pagaille ! Les chameaux maintenant baraqués dans la place ne nous facilitent pas les manœuvres.

— *Ouksad !*

Au cri de « Attention ! », chacun sursaute mais réagit ensuite à sa façon. Bernouze qui a crié laisse retomber le coin du matelas ; Abdallah accourt ; Kader termine paisiblement le rangement d'une théière ; et moi, je reste la bouche ouverte, l'œil interrogateur figé sur Bernouze.

— Il y a un scorpion sous le matelas d'Abdallah, dit-il.

On s'approche, on soulève avec précaution le matelas et on découvre l'animal (8 cm de long, jaune pâle) qui se met en route, le gouvernail en vigie.

— Oh ! la la ! oh ! la la ! répète Abdallah.

La moue admirative de Kader nous permet de juger de l'importance de la pièce. C'est autre chose que le scorpion noir !...

Tous les scorpions que j'ai déjà vus, petits et noirs, m'ont rappelé ceux que je surprenais dans le coin humide d'un jardin provençal, dans l'humus des feuilles d'acanthe.

— Celui-là, dit Kader très sérieusement à Abdallah, celui-là te faisait crever...

— Oh ! la la ! répète encore Abdallah.

Les bras chargés de bois mort, branches et écorces de tamaris, Abdallah avait laissé tomber sa charge près du feu pour se gratter les côtes parce que « quelque chose » le chatouillait sous sa chemise, une fourmi ramassée avec le bois, pensait-il. Ouille ! Un petit scorpion noir tomba à ses pieds. Il avait eu très mal sur le moment et beaucoup de fièvre. Malgré analgésiques et antipyrétiques à forte dose, il avait été agité toute la nuit dans son sommeil. Le lendemain, il portait sur les côtes une enflure comme la pointe d'un petit sein mal placé ; il souffrait de courbatures et avait la gueule de bois à cause du somnifère un peu fort que Bernouze lui avait fait avaler.

Jusqu'à ce fameux jour, nous n'avions pas considéré les scorpions noirs avec beaucoup de crainte car ils nous étaient apparus inoffensifs, voire sur la défensive, dans ce sens qu'ils agissaient toujours de façon à se cacher ! Le premier, il nous avait fallu vouloir faire sa connaissance de notre plein gré : nous le traquâmes avec obstination. Lui, il tentait désespérément de se creuser un trou dans la terre remuée, sur l'emplacement du caillou que nous avions soulevé. Il était tout petit et noir, et sa hâte à se sauver me parut ridicule. Nous en découvrons parfois sous les cailloux que nous soulevons pour faire le foyer de nos feux. En général, ils s'enfuient en toute hâte, la queue dardée à la verticale. Nous laissons retomber sur eux les pierres destinées à soutenir notre marmite...

Le scorpion jaune vient de subir le même sort, sous une pierre que Kader choisit très grosse et lourde.

— Ça ne t'a pas empêché de ronfler, dit Kader à Abdallah. Allez, en route...

En route, Kader reconnaît que nous avons eu encore une fois beaucoup de chance. Comme pour la morsure de vipère, il n'y a pas de remède miracle contre la piqûre de scorpion (Avant : attention ! Après : *Inch Allah !*). Kader qui s'est déjà fait piquer deux fois à la main nous explique qu'on lui enleva un petit morceau de chair avec un couteau et qu'on fit saigner au maximum. Que ça fait mal ! On prétend que la piqûre est si douloureuse que la victime s'évanouit très souvent. Le soir du 31 décembre 1971, nous cherchâmes avec inquiétude une amie disparue dans la nature. Kader s'inquiétait, craignant qu'elle se soit fait piquer par un scorpion et qu'elle soit évanouie, incapable d'entendre nos appels et d'y répondre. Non, elle s'était tout simplement éloignée plus qu'elle n'aurait souhaité, en ramassant un caillou, un joli caillou, un autre caillou, encore un, un autre...

CHAPITRE 18

Le guépard. Le chacal

Décidement, aujourd'hui est un jour de première : ce matin au réveil un scorpion jaune et maintenant un guépard. Il s'en est fallu de peu (que Kader ne le voie pas) pour que je crois voir seulement un chien, bizarrement tacheté, le train-arrière un peu bas. J'allais à pied un peu en avant, menant Tafsit par la rêne. En sautant le talus de l'*oued*, je vis s'enfuir juste devant moi un chien si effrayé qu'il paraissait vouloir se cacher en rampant du derrière, le plus bas possible. Je me retournai et criai aux autres de regarder l'animal en pensant : chance ! s'il y a un chien, il y a un campement pas très loin ! Kader démarra au galop, passa devant moi en criant « *amayas !* » « un guépard ! », et fila en excitant son chameau.

Nous regardons les traces. J'ai sauté à l'emplacement même où il faisait la sieste et Abdallah nous précise qu'il a dû étirer ses pattes plusieurs fois. Kader revient d'une course inutile : la trace se perd dans les cailloux (un pointillé d'empreintes comme des fleurs aux énormes pétales).

— Pfffou ! souffle Kader, il allait vite !

Le guépard peut pousser sa vitesse de pointe à 100 km/h, bien plus rapide que la gazelle mais beaucoup moins endurant. Tout compte fait, il s'agirait de prendre un bon départ...

— Tu parles ! me dit Abdallah. Tu ne crains rien, le guépard a encore plus peur que toi. (Il ne voulait pas me vexer.)

Perdu en plein désert, de quoi peut-il bien vivre ? Il s'empare de petites proies, rats et chacals, parfois de plus grosses comme gazelles et mouflons qu'il égorge et dont il ne fait que boire le sang. En période de disette, il mange aussi la chair... Il aurait pu te manger, suis-je prête à m'entendre dire. Je ne me serais pas laissée faire. On m'a raconté l'histoire de cette femme qui surprit dans leur nid une femelle et deux petits. Tout à sa maternité, l'animal ne sentit rien, n'entendit rien et se laissa assommer à grands coups de bâtons. La femme avait eu si peur qu'elle tapait encore alors que la bête était morte depuis longtemps ! A vrai dire, je ne risquais pas grand chose en lui tombant dessus, si ce n'est une belle frousse, sans doute réciproque. Cet animal féroce fuit devant l'homme et le chien, et nous avions jusqu'à ce jour renoncé à en voir un, bien que nous ayons vu des traces très souvent. Dans l'*oued* Amsa très en amont près de Taessa, nous découvrimes un matin ses traces couvrant les nôtres ; il était allé boire. Mahmoud me questionna :

— *Ma imous oua ! Abeggui yen mir ?*... Qu'est-ce que c'est ? Un chacal ou bien ?...

Qu'il émette un doute me fit répondre : « Non, un guépard ».

Alors pour m'amuser à ses dépens, j'avais demandé si le guépard vole les sandales comme le chacal... Un matin Mahmoud se leva de bonne heure pour aider Raya à rassembler ses chameaux. Nous l'entendîmes marmonner, grogner, fureter sans fin, éclater brusquement en jurant. Il brandissait une seule sandale et cherchait manifestement la deuxième. Il finit par rire, de ce rire si particulier et tellement communicatif. En se rechéchant rapidement, il accusa le chacal ou sa femelle, *abeggui mir tabegguit.* Il s'en alla au pâturage sur les sandales de Bohra, mais dut marcher pieds nus les jours suivants lorsqu'il ne trouvait pas prêteur. Il n'y avait pas de doute : les traces autour de sa couche étaient formelles ; le chacal avait emmené ses sandales, faute de ne pouvoir rien voler de plus appétissant, de plus frais et tendre, sentant un tant soit peu la chair fraîche...

Aucun autre chacal ne vint jamais aussi près. Celui-ci avait dû être poussé par une faim sans nom ; deux ou trois fois nous entendîmes des aboiements qui pouvaient être aussi bien ceux d'un chien veillant sur un troupeau de chèvres. Chacals et chiens sont ennemis jusqu'à la mort. Malgré la présence des bergers et d'un ou de plusieurs chiens, les chacals parviennent à faire de grands ravages dans les troupeaux, enlevant parfois en plein jour une chevrette ou un chevreau. Alors, par tous les échos de la montagne, résonnent les aboiements des chiens et les cris des bergers. Au campement de Tarlalt, je fus réveillée une nuit par un raffut de tous les diables : un chien avait aboyé, imité par tous les autres ; chèvres et chevreaux mis en émoi bêlèrent en cœur. J'aperçus deux formes qui couraient dans l'*oued*, pareillement rapides, et Raguida s'en fut lire les traces au petit jour : un chacal. Je n'ai donc vu de chacal que de nuit, et encore, de fort loin !

Sa réputation de férocité qui n'est pas tout à fait surfaite met périodiquement en joie les Touareg qui n'ont pas leurs oreilles dans leurs poches. Akoulan et Bohra, pour ne point les nommer, ont mis sur pied un scénario maintenant bien rôdé aux dépens de nombreux amis. Sous prétexte de surveillance ou de soins à donner aux chameaux, ils s'éloignent... Quelques instants plus tard dans les rochers, éclatent les aboiements de deux chacals plaintifs et suggestivement affamés se déplaçant autour de nous. Je me serais laissée prendre au piège la première fois si je n'avais remarqué l'œil trop narquois de Kader et deviné un sourire sous son *chèche* remonté jusqu'au nez, fait inhabituel à cette heure.

Lorsque nous croisons la trace d'un chacal, nous prenons soin le soir de ne pas laisser trainer un restant de *taguella*, un fond de couscous ou de pâtes, ni une paire de sandales même en très mauvais état et ne sentant plus le cuir depuis longtemps (nous le jurerions !) mais seulement la terre des pistes... Dès à présent, la matérialisation de ce qui n'était pour moi qu'un mythe, va me forcer à déjouer mille ruses ; à celles du chacal viendront s'ajouter celles du guépard. Il me faudra veiller sur mes affaires avec un œil d'aigle si je ne veux pas m'entendre dire qu'elles m'ont été volées par le... ou le... Je devrai retrouver Tafsit moi-même si je ne veux pas laisser à Abdallah le plaisir de me répondre que, s'il n'est pas là, c'est qu'il gît quelque part, proprement égorgé...

CHAPITRE 19

Origine d'Abdallah ?

La piste peu marquée enjambe des blocs, tourne à droite, vire à gauche, s'efface complètement dans un éboulis, reprend sa course plus sûrement après avoir franchi un ravin et persiste à grimper à flanc de montagne. Nous avançons lentement, Abdallah en avant avec les chameaux de bât, et nous autres, intercalés entre les bêtes, les aidant de la voix et parfois d'une claque. Brusquement, semant le désordre dans notre avance lente, un des chameaux de bât perd sa charge qui glisse en arrière le long de son échine. La caravane stoppe. Abdallah bondit aux côtés des bagages et vérifie promptement si l'outre n'est pas crevée ; Bernouze plonge déjà dans la mêlée, la récupère et la met à l'abri des piétinements. Kader me double en courant mais prend le temps d'un clin d'œil pour me faire comprendre qu'il n'y a plus de Touareg..., sous-entendu : pour faire de bons arrimages ! Tout va trop vite et l'heure n'est pas à la plaisanterie pour que je puisse rajouter cette remarque perfide :

— Mais d'ailleurs, Abdallah est-il un vrai Targui ?

Depuis qu'il s'est fait accoster dans Tamanrasset par un touriste qui lui demandait s'il était un vrai Targui, c'est-à-dire avait-on précisé, s'il était un Kel Rela, mon ami Abdallah pourrait être devenu susceptible ! Pour cet étranger, n'était vrai que le Targui de sang noble ; Abdallah simple Dag Rali d'une tribu autrefois vassale, ne l'intéressait pas et Abdallah avait continué sa route sans avoir à poser pour un cliché rapide. Il aurait pu lui répondre qu'il n'y avait plus de nobles, de vassaux ni d'esclaves, et que nous nous accrochons aux conceptions d'une littérature maintenant périmée...

J'ai voyagé plusieurs jours avec Abdallah (Dag Rali) et Bohra (Adjouh n'Téhélé) en faisant route côte à côte avec Bah (Kel Rela). Les mêmes gestes envers les mêmes choses étaient quotidiennement répétés, les mêmes phrases et les mêmes habitudes, les mêmes croyances et les mêmes rites... Chez nous, les rires et les plaisanteries mirent une sourdine à leur impétuosité, plus par respect envers l'âge de Bah qu'envers son nom, plus par déférence pour une personne que l'on ne connait pas bien que pour son rang. Bah, Abdallah et Bohra se ressemblent plus que ne se ressemblaient sans doute les nobles et les serfs de notre Moyen Age... C'est fini, aurait pu dire Abdallah. Et d'ailleurs, au Moyen Age, le seigneur était-il plus français que le malheureux vilain ? Le capitaine est-il plus homme de la mer que le simple marin ?

Dans Tamanrasset par exemple, sont-ils tous de véritables Touareg ceux qui déambulent sous les tamaris, superbement voilés, mystérieux et lents ? Ma foi, non. J'en connais qui n'ont pas le moindre sang targui dans les veines, étant d'origine arabe ou noire. Mais, n'est pas homme de mer qui se contente de rester au port et ces hommes ne se contentent pas de rester dans Tamanrasset... Dans les campements ou sur leur chameau, qu'ils soient arabes, touareg ou noirs, ils ont tous le même comportement. J'ai côtoyé Rabidine Betilla, dont le père seul est Kel Rela, je croise des Issakamaren (tribu d'origine arabe), je connais bon nombre de Dag Rali, d'Ajouh n'Téhélé, d'Iklan Taousit et d'Aït Loen, et je peux dire que tous sont hommes de culture targuia, qu'ils en pratiquent toutes les mœurs et les coutumes...

Abdallah aurait-il entendu la perfidie de ma réflexion qu'il aurait bien autre chose à faire qu'à se fâcher. Par exemple, à prouver qu'il ne m'a pas attendue pour connaître le travail des chameaux. Il faut dire que ce n'est pas une mince affaire que d'obliger la bête à baraquer dans cette sente abrupte et de la recharger. L'air vibre de blatèrements horribles et furieux, de cris plus ou moins utiles à la manœuvre. Abdallah donne des ordres, tire sur une corde, défait un nœud, rectifie l'emplacement d'un bagage ; il est partout à la fois. J'aurais maintenant bonne mine avec ma réflexion sur la langue !

Le chameau est enfin rebâté, la caravane en bon ordre et la piste meilleure. Sans souci quant aux embûches à venir, Abdallah monte sur son chameau et m'offre à l'instant l'image fière qui me fait tant rire sous cape d'un « Seigneur du Désert » et d'un « Homme Bleu » mystérieusement voilé... Ce sont mes sarcasmes habituels. A bon nombre de Touareg qui jouent les incognitos derrière leur *chèche*, on pourrait tout simplement remettre en mémoire qu'après tout, ils descendent tout bêtement d'une servante ! Si la légende est vraie qui dit que les nobles Kel Rela descendraient de Tin Hinan, elle dit aussi que les vassaux Dag Rali seraient issus de sa servante Takamat. Nous ? Descendre d'une servante ? Bien sûr, la chose devient délicate lorsqu'on sait qu'ici, qui dit servante, dit noire... Mais la légende pourrait prétendre fort heureusement que Tin Hinan et Takamat étaient de même race, de même sang... D'ailleurs, me dirait Abdallah, qu'en sais-tu ? Pour une fois, Kader me fait confiance :

— Moi, j'y crois à Tin Hinan, me dit-il, puisque c'est écrit dans vos livres...

— Allons bon ! C'est écrit parce que quelqu'un l'a dit !

— Alors, c'est que ce quelqu'un savait...

Ce qu'Abdallah possède, c'est la certitude d'être bien du pays, ses lointains ancêtres étant déjà les habitants du territoire qui est le sien. Lorsque nous nous promenons dans le relief doux et arrondi de Taessa et que nous trouvons par hasard un débris de poterie, un éclat de pierre taillée (peu importe son âge) ou une pâle peinture sous un abri (peu importe sa facture), Abdallah ne manque pas de nous dire :

— Ce sont les Issabaten !

— Comment vivaient-ils ?

— Je ne sais pas, moi,... comme moi, mais, rajoute-t-il, ils n'avaient pas de chameaux, ils n'avaient rien !

Comment le sait-il ? C'est comme ça... J'entrevois l'Homme de Cro-Magnon grâce à mon livre de classe. Abdallah entrevoit-il les Issabaten grâce à la tradition orale qui dure sur les langues ? Abdallah et moi délirons-nous beaucoup si nous imaginons dans Tedekelt, cette Paume de la Main ouverte au sein des montagnes granitiques, si nous imaginons un campement d'Issabaten vêtus de cuir (comme les Touareg il y a moins de cinquante ans), vivant sagement de pêche et de chasse ? Sans doute possédaient-ils plus que ces derniers plants de myrtes et d'oliviers qui finissent de mourir aux creux des *oueds*.

Un jour, Abdallah conduisit Bernouze à un abri qu'ils ne purent atteindre qu'après une descente sur une corde de rappel. Ils ramassèrent au fond de la petite grotte une espèce de pierre dure et noirâtre comme du goudron figé. Leur trouvaille n'avait rien d'extraordinaire. Nous avons appris que ce « guano » a été analysé et qu'on y a décélé la présence de graines attestant d'une époque moins sèche et plus clémente. Quand Bernouze me rapporta leur trouvaille, je repensai aux cyprès millénaires de Tamrit, aux oliviers que nous croisons souvent, aux histoires de crocodiles dans les eaux d'Essendilène, aux éléphants et aux girafes d'un art rupestre florissant. A ce sujet, Kader ne se lasse pas d'égrener son leitmotiv préféré :

— Le Sahara, ce n'est plus le Sahara...

Il n'est pas le seul à qui les Issabaten permettent d'éluder bon nombre de questions :

— *Irou ! Irou ! Irou !* Il y a très très très longtemps !

Nous en sommes toujours pour nos frais. Nous ne savons toujours pas de qui exactement Abdallah est le fils. Que ne vienne jamais le jour où il me demandera si je suis bien la fille de Monsieur Cro-Magnon...

— Eh ! Tin Hinan, tu descends ?

Je rêvasse encore et Kader s'impatiente de me voir immobilisée sur Tafsit au milieu des bagages déjà épars. Depuis ce jour où Akoulan m'avait impérativement appelée à l'aide en criant un autoritaire « *Taménokalt !* » auquel j'avais obéi sans sourciller, Kader se moque régulièrement de moi.

— On t'appelle « *Taménokalt* », et toi, tu réponds... Il avait l'air de dire que je ne me mouchais pas entre mes doigts...

— On l'appelle « *Taménokalt* » et elle vient ! avait-il crié à la ronde en prenant les autres comme témoins de son indignation.

— Ouais, lui avait répondu espièglement Akoulan en grimaçant de plaisir, « *Taménokalt* Tin Hinan ! ».

Pour l'instant, la Reine Tin Hinan fait baraquer Tafsit pour enjamber sa selle avec beaucoup de dignité.

CHAPITRE 20

La taguella

Environ onze heures. Une faim de tous les diables nous tourmente. Nous sommes partis depuis ce matin cinq heures, sans déjeuner, et hier soir, notre grande fatigue nous fit coucher bien tôt... Réunis sous un tamaris, nous nous hâtons d'aider Kader pour qu'il soit promptement installé « à la cuisine ».

— *Ma kaner ?* Qu'est-ce que je fais ?

Kader n'espère que cette réponse : *taguella.* Nous la votons à l'unanimité. La *taguella* est la nourriture préférée des Touareg, en voyage comme souvent au campement ; celle qui leur donne chaleur au ventre et cœur à l'ouvrage, celle qui les maintient en vie. S'ils avaient à manger tous les jours des pâtes ou même du couscous, ils feraient la grimace, bien qu'ils ne dédaignent point de plonger de temps à autre leur cuillère dans un couscous bien arrosé ou de sucer la moelle d'un os ; mais ceci est une autre façon de vivre, luxueusement. N'est pas targui celui qui n'aime pas la *taguella.*

Sa recette ? Sans doute paraît-elle simple, mais il arrive qu'on échoue lamentablement et qu'on offre à ses convives une pâte dure ou élastique, carbonisée ou fade, parfois craquante de sable. Un des meilleurs à réussir la *taguella* est sans doute Akoulan, sur pied d'égalité avec Kader qui la fait, lui, à la façon arabe.

Voici la recette d'Akoulan, apparemment fort simple : 1 kilo de farine de blé entier à mouture grossière, 1 quart d'eau et une bonne pincée de sel pour une *taguella* de 20 à 25 cm de diamètre. Malaxer le tout dans une cuvette à l'aide d'une cuillère afin d'obtenir une pâte visqueuse. Au préalable, faire un bon feu sur le sable propre. Celui-ci prend une grande part dans la responsabilité du résultat ; du sable ni trop gros en gravier, ni trop fin en terre. Ecarter les braises et creuser dans le sable un trou large à fond plat ; y couler la pâte. Sécher la surface de la galette en promenant au-dessus d'elle un buisson enflammé, du fenouil par exemple. Ceci évitera au sable de coller à la pâte. A l'aide d'un bâton, recouvrir de sable, puis de braises. Laisser cuire à braises douces et continuer pendant vingt minutes environ. Ouvrir le four, tourner la galette sans se brûler, refermer le four et attendre... En principe, elle sera cuite dans vingt minutes mais elle peut ne pas l'être comme l'être trop et Mohamed, qui la rate souvent, n'a pas encore compris pourquoi. Ensuite, rincer la *taguella* à l'eau froide ou chaude pour décoller les grains de sable qui adhèreraient à la croûte (brune mais non carbonisée, ni jaune trop pâle) et, suivant les goûts, l'émietter dans un plat, fin-fin-fin ou en gros morceaux. Arroser avec ce que l'on possède, soit un bouillon (en général : oignons, tomates séchées et pilées, parfois : un os ayant servi plusieurs fois déjà à cet effet) ; soit simplement de l'huile ou du beurre fondu du Hoggar qui est d'un goût très agréable ; soit, luxueusement, bouillon et gras à la fois. Mais voici quelques variantes de sauces : un reste de troisième thé très sucré, lait aigri, fragments de dattes ; ou encore, quelques innovations comme sardines à l'huile ou crème caramel. Après quoi, on est sans souci et heureux.

Pour l'instant, nous supportons encore le souci de notre faim et l'impatience de notre bonheur prochain car Kader ne se presse pas. Se hâter serait bâcler à coup sûr et le moyen de tout rater... Donc, consciencieusement, Kader pétrit au poing une pâte souple et lisse qu'il tourne amoureusement entre ses mains. Il l'aplatit au fond de la cuvette et la met enfin au four sans avoir à brûler une touffe de fenouil pour en sécher la surface ; la pâte étant plus sèche que celle d'Akoulan, elle risque moins d'adhérer au sable. Tranquillement, et sachant que nous suivons des yeux chacun de ses gestes, il ramène le sable sur la galette. Le four ainsi refermé, je sais qu'il va se préoccuper des théières avec un vif soupir de contentement... Nous attendons que la galette cuise en sirotant notre thé.

Kader est très fier de sa façon de faire qui nous permet de goûter une *taguella* invariablement ferme et cuite à point.

— Peuh ! dit-il souvent avec dédain, la *taguella* targuia n'est jamais cuite...

C'est un peu vrai : la chair en est plus molle, imbibée d'eau. Lorsqu'il sait être virulent, il rajoute :

— Elle est pleine de sable !

C'est encore vrai : le sable du four adhère mieux à cette pâte plus fluide ; il s'y incruste plus profondément. Les deux façons de faire ont leurs adeptes. Je fus témoin un jour d'un concours de *taguella* entre Kader (façon arabe) et Moussa (façon targuia) ; je dus même être juge et arbitre, à mon grand embarras. Ce jour-là, je fus incapable de préférer l'une ou l'autre car toutes deux avaient été préparées et surveillées avec soin. On les arrosa copieusement toutes deux de beurre du Hoggar. Kader et Moussa goûtèrent réciproquement la *taguella* concurrente mais plantèrent régulièrement leur cuillère dans leur chef-d'œuvre respectif, sans commentaire. Moi, je me gardai bien du moindre jugement, me contentant de piocher impartialement dans l'une comme dans l'autre.

Appréciant tout ce qui est à base de blé, j'aime la *taguella* mais je reconnais que nos bouillons et nos sauces sont riches en beurre, oignons, tomates, jus de viande... Avec la viande, rien n'est plus pareil ! Celui d'aujourd'hui mijote à petites bulles et Kader, entre deux manipulations de théière, soulève le couvercle et tourne dans la marmite une cuillère experte.

Le fumet de l'oignon frit ravive ma faim. Kader retire la *taguella* du four, la nettoie lentement et commence à l'émietter. Je n'y tiens plus ! Je fais ce que Kader chaque fois réprouve : j'en vole un morceau...

— Toi, me dit-il en hochant tristement la tête, tu ne sauras jamais ce qui est bon !...

Attendre encore, ne jamais se hâter et enfin planter très sagement sa cuillère dans le plat commun...

CHAPITRE 21

Les salutations

A l'horizon tremblant naît la silhouette d'un homme, d'abord incertaine, puis fine, nette et sombre, immobile mais pourtant grandissante. Nos routes se croiseront sans nul doute possible car il longe apparemment lui aussi la marge de l'*oued*.

Je suis seule à l'avoir aperçu ; l'emplacement d'un point d'eau occupe trop Bernouze et Kader en importantes palabres ; Abdallah, assis le dos rond sur son chameau, tête nue sous le soleil et les yeux mi-clos, Abdallah chante depuis des heures et ne voit plus rien. Une hésitation dans le pas de nos chameaux les avertit de la présence de l'homme. Je ne suis pas encore sûre que nous marchons à sa rencontre et non pas sur ses traces.

Kader reprend un peu de rêne à son chameau. Derrière nous, la complainte inlassable se tait. Jaillissant de sa somnolence, Abdallah retire avec précipitation de son sac un *chèche* que le vent déroule en bannière flottante. Tandis qu'il tient son chameau un peu à l'écart, il se refait rapidement une coiffure et un masque, un *chèche* d'apparat.

L'ombre grandit lentement. Abdallah prend les devants en nous doublant sans un mot, le buste droit, l'allure irréprochable, le regard brillant entre deux plis de *chèche*, infiniment anonyme. Abdallah et l'inconnu vont l'un vers l'autre du même pas lent et retenu de leur bête docile sous le pouvoir d'un seul mouvement de leur poignet pourtant souple et comme abandonné... Ils vont un long moment l'un vers l'autre comme si aucun d'eux ne devait céder le pas ou la piste... L'air brûle d'un silence qui accourt vers nous de tous les bords de l'immense plaine.

Enfin séparés par quelques mètres, ils s'affrontent dans un face à face immobilisé par un geste invisible ou par la seule intelligence de leur chameau. Je ne sais lequel a murmuré la première salutation mais les phrases rituelles s'enchaînent du bout des lèvres, claires et distinctes, puis peu à peu inaudibles, tel un chuchotement.

— *Salâm erleïkoum.* — Le salut sur toi. (arabe)
— *Leïkoum essalâm.* — Sur toi le salut. (arabe)
— *Matoulid ?* — Comment vas-tu ?
— *Alrer ras.* — Très bien.
— *Ma-ne ouin nek ?* — (autre) Comment vas-tu ?
— *Alrer ras.* — Très bien.
— *Ma terleked ?* — Comment te portes-tu ?
— *Malad.* — (autre) Bien.
— *Issalân ?* — Quelques sont les nouvelles?
— *Ouer igé haret...* — Il n'y en a pas une seule...

Et j'en passe qui se réduisent enfin à de petits bouts de questions indistinctes coupées de « *alrer ras* ». Les mots de toutes les fois renaissent pour dire « d'où je viens et où vas-tu ?, rien de nouveau pour moi et quoi de neuf derrière toi ? —*Alrer ras.* » Abdallah et l'inconnu, anonymes, jettent des phrases éparses, les yeux souvent très loin sur l'horizon, sans qu'il y ait une intonation particulière dans leur voix qui puisse trahir quelque curiosité, inquiétude, surprise, bonheur, quelque sentiment ordinaire.

L'homme s'approche et je le salue à mon tour. J'ai appris à ne pas serrer les mains, mais à simplement les effleurer, délicatement. C'est devenu pour moi très vite une habitude tandis que les jeunes comme Atabessa ou Bourari prenaient celle de saluer « à l'européenne », ainsi que Moussa Ag Bargali qui nous broie les mains avec plus de force qu'il n'est en général nécessaire.

Par contre, j'ai renoncé à retenir l'ordre exact des salutations et plutôt que de formuler des questions, j'aime autant me contenter de répondre un tout bête « *alrer ras* » inébranlable. J'avais réussi à retenir presque toutes les formules ânonnées devant Bohra, professeur patient mais intransigeant ; la première occasion qui se présenta pour l'application de ma leçon fut la mère d'Abdallah.

— *Salâm erleïkoum*, Taboubert ! lui dis-je en m'avançant vers elle.

Elle éclata de rire. Bohra détourna les yeux avant que je puisse y lire un compliment ou une réprobation.

— Tu ne fais que des bêtises, me dit plus tard Abdallah présent à la scène. Tu dois dire « *tslamed...* », *Salâm erleïkoum* (formule arabe) ne se dit pas à une femme et jamais par une femme... Bon, dis-je, reprenons. D'une femme, dit ou répondu à une autre femme ; d'un homme, dit ou répondu à un autre homme ; d'une femme, dit ou répondu à un homme... Rentrent en jeu leur âge, leur degré de parenté, leur condition de célibataire ou pas...

— Bon, j'ai compris ! « *Alrer ras* » toujours.

Cette décision me vaut une réputation de timidité.

— Toudet ?...

— *Alrer ras.*

— ... ?

— *Alrer ras.*

— ... ?

— *Alrer ras.*

Les Touareg que nous connaissons bien abrègent eux-mêmes le cérémonial ou l'allongent au contraire malicieusement. Certains se complaisent à jeter un nonchalant « ça va ? » ou un distrait « salut ! » lancé à la ronde. Je ne sais où Bourari dénicha ce « salut là-dedans » qui me laissa dubitative. Il faillit s'étrangler la deuxième fois en apercevant son père « là-dedans ! ».

Nous sommes immobilisés sous un soleil de plomb pour laisser s'égrener lentement chaque mot immuable. Les salutations peuvent durer de longues minutes sans que ne soit échangée une nouvelle d'importance ou qui soit véridique. On répond invariablement à la question :

— *Ouer iérin aouadam?* — Personne n'est malade ?

par une réponse obligatoirement négative sans tenir compte du fait qu'on soit venu demander un bon médicament pour combattre une angine tenace... Il est malséant d'arrêter quelqu'un pour le harceler de questions à brûle-pourpoint ; il est impoli de donner tout de go de grandes nouvelles. Kader et Bernouze, que préoccupe cet emplacement imprécis de point d'eau, prennent enfin la parole. Leurs mots me paraissent grands, sonores, pesants, efficaces... Un sortilège disparait ; les chameaux semblent piaffer subitement d'impatience à cause de cette immobilité forcée à l'aplomb du soleil ; le dos d'Abdallah s'arrondit un peu sous le vêtement gonflé par le vent.

Je jurerai qu'Abdallah voudrait être à des lieues d'ici. Les questions précises de Kader (qu'il n'a pas osé formuler lui-même) le mettent mal à l'aise. Lorsque nous prions Abdallah de demander à quelqu'un « si... » ou « si... ? », il nous fait comprendre que, pas tout de suite... A Tamanrasset, un visiteur nous tient parfois en haleine plusieurs minutes sur le pas de notre porte avant de nous annoncer ce qui l'amène.

Nous voici renseignés. Kader, dûment satisfait, n'a plus envie de faire des manières.

— *Ar essaret...*   — Au revoir...

Pas un de nous ne se retourne pour voir se fondre la silhouette fine et sombre, puis incertaine, presque immobile. Elle doit avoir disparu ; Abdallah, averti par je ne sais quelle intuition, enlève son *chèche* et le fourre sans soin dans un sac tandis qu'éclate le grand rire ironique de Kader pour à la fois tant de fidélité aux coutumes et tant d'irrévérence. De nouveau tête nue et visage découvert, Abdallah rit aussi et reprend la suite de sa mélopée interrompue.

CHAPITRE 22

Les accidents
de la soif

Nous ne sommes plus sur la bonne piste et nous voici incapables de dire où se situe notre erreur. Nous devrions marcher plein Est et la piste qui nous conduit se dirige toujours au Nord. Elle s'efface imperceptiblement pour ne devenir qu'un mince chemin d'ânes puis, presque plus rien du tout entre les cailloux. Un silence s'était tendu entre nous que personne ne pensait à couper. Nous saurons plus tard que Bernouze croyait qu'Abdallah savait où nous allions puisqu'on avait demandé notre route hier à un homme et il pensait qu'Abdallah avait recueilli plus de renseignements que lui-même. Pourtant, la carte était formelle, nous devrions marcher avec le soleil sur notre droite... Abdallah, lui, ne pensait pas devoir s'inquiéter et attendait que Bernouze, qui sait lire sur la carte, proclame qu'il y avait erreur quelque part. Il espérait que la carte allait dévoiler une issue de sortie, comme qui dirait, un raccourci sur la piste indiquée... Kader, paraît-il, avait une folle envie de rire mais la réprima courageusement pour voir jusqu'où irait l'anxiété d'Abdallah lorsque nous conviendrions que nous étions perdus... Moi ? J'ignorais tout et mettais sur le compte de la fatigue ce silence pesant, épais, et qui me permettait la somnolence sur Tafsit qui n'avait pas besoin que je le pousse...

Ce n'est pas la peine d'aller plus loin : nous sommes à la source d'un *oued* imprécis, au sommet d'un plateau désertique où s'ennuient les ombres floues de quelques maigres acacias. Silence du déchargement : on met à l'ombre avec soin nos deux outres encore pleines et tandis que Kader ne parvient plus à réprimer un gloussement, Bernouze et Abdallah partent en reconnaissance vers le Nord et l'Est. Kader s'étire et soupire d'aise, et s'apprête à nous faire un thé sans lequel ne peut exister aucun bonheur. Il rit et m'explique que de savoir les deux autres marchant sous le soleil, inquiets et suants, tandis que nous sommes là, tranquilles, prêts à déguster le breuvage, de savoir cela le met en joie... Aux questions que je pose encore, il me rassure. Nous ne sommes pas perdus puisque nous savons où nous sommes : un peu trop au Nord et pas assez à l'Est. Nous pouvons toujours retourner en arrière, mais que penserait le Targui éventuel que nous pourrions rencontrer s'il surprenait Abdallah, Dag Rali, à rebrousser chemin ? Kader cligne de l'œil, souffle fffou ! et éclate de rire à nouveau.

— Kader, reste-t-il encore suffisamment d'eau ?

Il reprend son sérieux, non sans peine. Je n'ai vraiment pas à m'inquiéter, il nous en reste encore assez pour parvenir jusqu'au point d'eau de la veille s'il le faut.

Tout compte fait, j'appréciais plus l'euphorie burlesque de Kader que son exposé lugubre sur la soif.

— Tu... tu..., les mots lui manquent. Tu deviens comme fou !

Il devint fou, l'homme dont il me narre l'histoire ; rendu fou par l'idée fixe de trouver à tout prix l'eau dans ce lit d'*oued* où il creusa jusqu'à l'épuisement. Fou de soif : il connaissait pourtant bien la région pour y avoir gardé ses chèvres étant enfant ; il venait abreuver son troupeau là où ses ongles creusèrent le sable sans succès. Il était devenu fou, répète Kader, pour ne pas se rappeler que cet *oued* n'avait pas coulé depuis longtemps alors qu'un petit *oued*, parallèle à celui-ci et à quelques heures de là, avait coulé deux ou trois mois auparavant. Il le savait pourtant ! On le retrouva sous un arbre autour duquel il se traîna vraisem-blablement tout le jour, après s'être arraché les ongles en creusant la terre.

Kader, je t'en prie, n'en parlons plus ! Mais non, Kader est une mécanique bien huilée et remontée à fond... Il y a des morts de soif par ignorance, par imprudence, par malchance ; des morts de soif isolées ou collectives, ano-nymes ou légendaires. J'ai droit au récit de ce mort que l'on identifia grâce à la *takouba* reposant auprès de son sque-lette ; j'ai droit au récit de cette caravane entière qui périt, hommes et bêtes, tout récemment vers In Azaoua... Je sais,

Kader, de la soif on n'en parle jamais mais elle reste présente dans les mémoires ; trop de tragédies alourdissent les souvenirs...

Kader vient sans doute de s'apercevoir de mon air fixe, hébété. Il s'empresse d'ajouter qu'on ne rencontre tout de même pas des morts de soif à tous les tournants de piste ! Quelquefois même, me raconte-t-il, quand tu roules en voiture vers In Salah, tu vois apparaître des gens qui te demandent à boire et bien sûr, tu donnes... Ils sont sortis du désert, de nulle part, et tu crois leur sauver la vie, et tu vides tes outres pour remplir les leurs. Tu ne leur sauves pas la vie, ricane-t-il, tu leur épargnes simplement quelques kilomètres en plein soleil ! Je comprends cela : sur les coups de midi, je frappe chez mon voisin pour m'éviter de traverser la rue... Nous rions. On oublie le mal de soif lorsqu'on vient de se désaltérer et lorsqu'on repose béatement à l'ombre, ayant à ses côtés des outres pleines.

— L'eau, quand tu en as, c'est rien... moralise Kader.

Je pense à ce que m'a raconté Bernouze au sujet d'Atankaoues qui avait pourtant toute l'eau qu'il voulait... Dans la longue traversée de Tamanrasset à Djanet, Atankaoues un matin s'éloigna pour reconnaître la piste. Il ne rejoignit la caravane qu'à midi, prêt à défaillir. Il avait marché toute la matinée au soleil d'avril, sans boire. Il avait atteint un tel degré de déshydratation que son estomac ne pouvait accepter l'eau qu'on lui fit boire doucement. Atankaoues vomissait. On craignit vraiment pour sa vie pendant plusieurs heures et les outres pleines étaient bien inutiles...

— C'est rien quand tu en as, mais c'est mieux que tout quand tu viens à en manquer, rectifie Kader.

Bien misérable et luxe tour à tour. Je sais que si nos guides se montrent insouciants vis-à-vis de nos provisions d'eau, c'est qu'ils n'ont aucune raison d'être anxieux. Par contre, j'ai remarqué que lorsqu'on s'approche d'un endroit peu fréquenté et dont on n'a que peu de renseignements, ils deviennent prévoyants et avares, circonspects même quant aux renseignements fournis sur l'emplacement et l'état des points d'eau.

— S'il t'arrivait un malheur, me dit Kader, il en ferait une tête, Abdallah ! Pas pour toi, rajoute-t-il, mais pour ce qu'on dirait de lui...

L'œil de Kader brille étrangement. Je connais cette ironie.

CHAPITRE 23

Malaise en territoire étranger

Abdallah n'accepte pas de faire un petit détour jusqu'au campement que nous apercevons sur la rive de l'*oued*. Il se sent déjà fautif, dit-il, de s'en être approché autant, ayant vu au sol comme nous les multiples preuves de sa proximité. Quel prétexte a-t-il de violer les bonnes mœurs ? Son obstination faiblit vite devant l'aveu que nous lui faisons de vouloir acheter une chèvre, un mouton, n'importe quoi pourvu que ce soit de la viande ! Le mot est lâché. Abdallah explique sa reddition par ce besoin de viande qui le tourmente comme nous depuis bientôt quatre jours.

Au campement, les femmes s'appellent Aïcha, Fatma et Leïla. Elles me forcent gentiment à m'asseoir près du feu où une épaisse bouillie cuit avec le ballonnement mou de ses grosses bulles. Une fillette m'apporte un bol de lait, frais du matin, puis elle retourne à ses chèvres ; je vois les bords frangés de sa robe lui battre les mollets. Je sais que les chèvres broutent n'importe quoi et qu'elles aiment tirer sur les pans des robes. Les bergères ont toutes ce mouvement impatient de leur taper sur le crâne d'un coup sec de la main...

Une main tiède sur mon poignet me tire de mes rêveries. La paume ouverte de Leïla m'offre une petite *tasetfart* brodée. Au merci que je murmure, elle réplique par une question bien précise : « Avec qui es-tu ? ». Je leur dis qui sont les trois hommes qui s'occupent, là-bas, à malmener notre mouton. Le Français, c'est Bernouze, mon mari, à moi, Toudet. Je m'appelle Toudet. Oui, c'est ça... Je leur désigne Abdelkader Ben Ahmed Chellali dont la lame du couteau brille le temps d'un éclair, et Abdallah Ag Rabti, Dag Rali, qui est immobile près des chameaux, un peu à l'écart. A leur tour, elles me montrent le père, mari de Fatma, et le fils, Marli, formant quatuor avec Bernouze et Kader qui dépècent maintenant le mouton. Je comprends que le mari de Leïla voyage.

Nous prenons congé de Marli qui nous a accompagnés jusqu'au confluent de l'*oued* ; il nous a dit ici de prendre à gauche. Nos langues se délient. Kader prétend avoir fait une bonne affaire. Abdallah me pose question sur question au sujet des femmes du campement.

— Pourquoi n'es-tu pas venu les saluer, lui dis-je perfidement.

— Tu es folle ou quoi ?

— La plus jolie est Leïla, dis-je benoîtement, son mari n'est pas là...

— Que leur as-tu dit ?

— Avec qui j'étais...

Catastrophe ! Abdallah en perd son *chèche* de fureur, Bernouze et Kader rient, et moi je cherche à comprendre. Abdallah a dit aux hommes qu'il était MOHAMED, KEL RAZZI...

Pourquoi ? C'est comme ça. Sur un territoire étranger, on ne dit pas son vrai nom, mais la personne en face sait que Mohamed, Kel Razzi (qui n'est pas Mohamed) ment comme il respire ; et Abdallah (le faux Mohamed) sait que Barka sait qu'il n'est pas Mohamed et qu'il doit même savoir qu'il est Dag Rali, sinon Abdallah...

— Mais, dis-je, puisque tu avais dit avoir déjà vu un des hommes près d'Issakarassen !

En effet, en approchant du campement, Abdallah nous avait dit reconnaître un des hommes.

— C'est vrai, mais ça ne fait rien !

— Barka, il a bien vu le signe de ta tribu, sur nos chameaux !

— Oui, mais c'est rien !

— Il apprendra bien un jour qui était avec les deux Français...

— C'est sûr, mais ça ne fait rien !

— Mais enfin, Abdallah, qu'est-ce que ça change qu'il te croit (mais il ne le croit pas !), qu'il te croit Kel Razzi et pas Dag Rali ?

— Tu es folle ou quoi ?

122

— Il croit seulement que tu es un menteur !

— Ouf ! Tu es folle...

— Je n'y comprends rien, Mohamed, dis-je pour conclure.

Demain, Bernouze réparera un peu pour moi la bêtise que j'ai faite en n'appelant pas Abdallah, Mohamed. Nous avançons dans le lit spacieux d'un *oued*, faisant fuir de touffe en touffe une multitude de lézards gris. Le sable se couvre en tous sens de traces de chèvres. Du campement que nous pressentions, nous voyons d'abord deux chameaux presque noirs, puis un âne gêné par son entrave et qui s'en va en clopinant. Abdallah voudrait que nous traversions vers l'autre rive, mais nous sommes brusquement devant la tente, cachée par un promontoire de rochers brisés. Trop tard...

Un homme vient à nous qui parle un peu de français et qui est tout heureux de placer un « ça va bien ? » suivi d'un « chaud beaucoup ! ». Les deux enfants qui le rejoignent sont entièrement nus, espiègles, charmeurs... Nous nous arrêtons donc pour leur donner quelques nouvelles... du temps qu'il fait par exemple. Je vais à la rencontre de deux femmes qui s'approchent timidement. Elles sont jolies, souriantes, et j'imagine dans mon dos le regard des hommes, à la dérobée... Nous leur laissons un peu de sucre et un peu de thé, et quelques allumettes.

Aux femmes qui nous souhaitent bonne route, Bernouze lance, en montrant Abdallah avec désinvolture :

— Nous, nous sommes un peu fatigués ; mais Mohamed, lui, jamais !

Je ne vois pas trace d'un moindre sourire dans le regard d'Abdallah et de Bernouze. Enfin un peu éloignés du campement, Kader qui n'en peut plus, éclate d'un rire monstrueux puis s'exclame : « Mohamed ! ». Son ricanement importe peu à Abdallah que ce brouillage de piste rend heureux.

Mais il y a encore un épisode à cette histoire. Abdallah rencontrera Marli dans la rue principale de Tamanrasset.

Aimant jouer avec le feu, Abdallah l'accostera :
— Toi, je te connais ! lui dit-il.
— Moi ?
— Oui, dans l'*oued* Ilefsawen...
— ..! ?
— Il existe bien l'*oued* Ilefsaouen ? Je le connais.
— Oui... C'est toi qui étais avec les deux Français ?
— Je ne sais pas ! Et Abdallah le planta là.
Je ne comprends plus rien du tout. Est-ce vraiment très compliqué ou suis-je vraiment aussi bête que le prétend Abdallah ?

CHAPITRE 24

La viande

Nous possédons un mouton. Nous avons enfin trouvé l'objet de notre convoitise : nous avions oublié trop longtemps le goût de la viande et le plaisir de la dent sur le gigot de mouton que nous avions amené de Tamanrasset ; nous en avons fait bouillir l'os dans de nombreuses soupes... Nous possédons un mouton ! Au campement de Marli, Kader s'est décidé brusquement à le choisir après avoir hésité entre deux chèvres noires aveuglées par les poils qui leur poussaient entre les cornes et qui leur donnaient un petit air gavroche. C'était un mouton du Soudan, long sur pattes, au poil ras en larges taches blanches et rousses. Les hommes l'égorgèrent tout de suite, à quelques mètres des tentes. Comme convenu avec Marli, nous lui laissâmes la peau dont les femmes feront certainement une outre. Kader jucha le mouton dépecé, ouvert et nettoyé, au-dessus des bagages, les pattes en l'air. La chair en surface se tendait déjà, séchée par le soleil et le vent, se confectionnant ainsi une nouvelle peau qui ne sentira pas et n'attirera pas les mouches.

Confortablement installés sous un acacia en forme de saule-pleureur, nous nous apprêtons à déguster le cœur, le foie, les rognons, frits en petits cubes dans la poêle. Nous surveillons tous quatre la cuisson et lorsque l'un de nous ne peut s'empêcher de piquer un morceau avec la pointe de son couteau sous prétexte qu'il sera trop cuit, les autres l'envient... et l'imitent, sous prétexte de goûter s'il y a assez de sel ! C'est ainsi que, sans nous être mis « officiellement à table », la poêle est déjà vide. Puisqu'il faut tout de même que nous fassions un « vrai » repas, nous décidons d'un commun accord de faire cuire quelques morceaux de gigot et, ma foi, quelques côtelettes... ; et comme Abdallah n'aime la viande que très cuite, en attendant, il installe à même les braises la masse rouge des poumons qui se boursouflent, se tordent et noircissent...

— On ne va pas jeter ça ! dit-il, et comme personne n'est tenté, il avale les poumons ou ce qu'il en reste qui ne soit pas carbonisé, deux morceaux de gigot et je ne sais combien de côtelettes. *Alramdou Lillahi !* Dieu soit loué !

Issân ! La viande ! On n'en mange qu'en de si rares occasions, mais alors quelle ruée, quelle faim ! Les occasions ne sont pas si nombreuses où l'on peut se permettre de tuer une bête : un mariage, une naissance, une visite importante, un ami que l'on veut honorer... Après une longue période d'abstinence, Abdallah et Bernouze entreprirent une « caravane de la viande », le besoin de viande se faisant trop pressant dans leurs entrailles. Ils firent tout simplement le tour des campements de leurs meilleurs amis ; ils n'avaient pour bagages qu'une couverture et leur cravache. Ils furent partout grandement honorés, leurs hôtes sachant eux aussi profiter de cette aubaine inespérée, de ce prétexte sans faille ! Quand nous racontons à Kader nos visites chez Un tel ou Untel, il faut lui préciser « couscous-viande » ou « couscous-sans-viande ». Il a pour le premier un petit sifflement... Il peut être fier lui-même de sa femme, Cordon-Bleu du gigot cuit « sous la cuvette » (bien épicé, il cuit comme dans un four sous une cuvette recouverte de braises) ; l'invitation chez lui laisse toujours présager un festin, simple mais de bon goût. En revenant de Tazrouk, nous n'avions pas hésité à faire un long détour pour repasser au pied du col d'Azerou. Un homme riche en chèvres avait sacrifié une bête pour nous, durant le voyage de l'aller ; pensant renouveler l'aubaine, nous en fûmes pour notre peine. Le grand riche avait décampé... Personne ne se plaignit : l'enjeu en valait bien la chandelle !

— Qu'est-ce que j'aime ça ! constate Abdallah, la bouche pleine. J'en mangerais bien tous les jours...

— Ouais...

Kader prend son air de citadin qui peut acheter chez le boucher un peu de viande quand l'envie lui en prend. Pas de la viande de chameau qui provient de vieilles bêtes, de celles qui ne peuvent plus partir pour de pénibles voyages ; de celles qui sont élevées à cet effet ou de celles dont personne ne veut plus ; de celles pour lesquelles le boucher propose un prix alléchant à cause d'un peu de graisse... Le propriétaire fait son compte, accepte ou non, mais refuse catégoriquement s'il s'agit d'une bête bien aimée. Ayant proclamé que nous aimions Bourari et Tafsit, Abdallah nous promit que, quoiqu'il advienne :

— On ne les mangera jamais, ils mourront comme ça...

Ils finiront en squelettes blanchis au soleil. Certains Touareg se refusent à manger un seul petit bout de chameau...

Non, pas du chameau... Kader trouve chez le boucher de la viande de bœuf, parfois aussi dure que celle de chameau car les bêtes venant à Tamanrasset à pied, le voyage ne les engraisse pas... Viandes de chameau ou de bœuf parviennent à s'attendrir après une longue cuisson mais il y a, même chez les vieilles bêtes, des morceaux de choix qui restent toujours tendres. Un secret. Bœuf et chameau, filandreux, ressemblent à du pot-au-feu, ayant immanquablement toujours le goût de bouillon ou de ragoût à la tomate.

— Si j'étais riche, dit Abdallah, j'aurais un grand troupeau de chèvres, et j'en mangerais une chaque jour... Nous n'arrivons pas à croire à cette nouvelle Perrette. Les Touareg tiennent méticuleusement le compte de leurs bêtes. Ils vendent les chevreaux qu'ils jugent superflus et de préférence les vieilles chèvres. Allant de Tagmart à Tamanrasset, Grand-Père Rabti jucha un petit chevreau noir sur un chameau de bât. Il avait vendu la bête à un commerçant mozabite. Elle bêla un long moment, ficelée la tête en bas et finit par s'endormir au pas régulier du chameau. Si par chance le compte des chèvres s'avère avantageux, on décide d'en sacrifier une parce qu'il y a longtemps que la dent n'a pas connu le plaisir carnivore, parce que femmes et enfants éclateront de joie, parce que... et puis, au diable l'avarice !

La viande ! Abdallah nous confie que le besoin de viande est parfois si grand que la chèvre sacrifiée, pas très grosse

127

il est vrai, ne dure pas plus d'un seul repas. Une folie, un caprice, un plaisir éphémère mais grand. Le plus souvent on essaie de faire durer le plaisir le plus longtemps possible : on ronge les os du mieux qu'on peut et on tire la moelle en les brisant d'un coup sec sur un caillou ; de petits morceaux de viande bouillie agrémentent de nombreux bouillons de *taguella* et de couscous ; un dernier os enfin sert encore dans d'innombrables sauces et bouillons clairs...

J'ai remarqué que de bons repas ressuscitent souvent de vieux souvenirs d'agapes fastueuses ou d'exquises finesses gastronomiques. Ce repas planureux en chair fraîche nous met au palais des envies de luxe. Je me souviens d'une gazelle cuite sur les braises... Je garde un souvenir très vif des morceaux de mouflon séché qui viennent parfois donner du goût aux bouillons... Le mouflon est la viande la plus appréciée des Touareg : il nous rend forts, disent-ils, puissants et agiles comme lui. C'est une viande qui les « chauffe ». Nous croisâmes un jour deux Aït Loen revenant de Libye via Djanet. Kader regretta que nous ne fassions halte avec eux car ils ramenaient certainement quelques pièces de viande sèche. Il lui fallut beaucoup de temps pour oublier le festin qu'il n'avait pas fait et qu'il aurait pu faire ! Gazelles et mouflons se font rares dans les marmites car la chasse en est interdite. Ceux qui en mangent par hasard racontent alors d'invraisemblables attaques dans lesquelles ils durent défendre chèrement leur peau..., ou bien, ils prétextent :

— Tu sais bien, c'est toujours de ce mouflon que j'avais trouvé mourant de faim, une patte cassée !...

La viande ! Oh ! ce silence des hommes autour d'un plat de viande ! Quelle application à nettoyer chaque os, à sucer toute moelle ! *Issân !* Voici que ce mot me laisse rêveuse aussi.

La sieste qui suit nos agapes, malgré tout un peu nostalgiques, est heureuse et profonde. Tout à l'heure, nous rechargerons le mouton qui n'a plus que trois pattes et qui perdra quelque chose à tous les repas qui suivront. Aux haltes et aux bivouacs, nous le suspendrons dans un arbre pour le défendre des bousiers, des fourmis, des chacals ; il se boucanera un peu plus chaque fois. Sur la fin, il se sera tant séché que Kader imitera le rythme du tam-tam sur le peu de côtes qui lui restera : dam-dam-dam ! dam-dam ! Hélas, nous aurons une après-midi d'orage qui rendra l'air humide et lourd ; qui transformera le reste de notre viande en pourriture nauséabonde. Malgré l'odeur éccœurante, Abdallah se refusera à un gaspillage sans nom et comme il s'apprêtera à mettre la viande dans notre bouillon, nous serons dans l'obligation de lui dire qu'elle sent encore plus fort que du cochon... Il finira par accepter de donner leur part aux chacals.

CHAPITRE 25

Le qu'en dira-t-on ?

La piste rocailleuse passe un col dont nous ne voyons pour l'instant que l'échancrure arrondie sur le ciel. Un éclair rouge traverse la piste devant nous et se réfugie sous un bloc. Je n'ai jamais vu de lézard « *aguezeram* » de près et sa capture m'intéresse donc. Soulevant le rocher avec mille précautions par un bord, Abdallah glisse sa main au-dessus du lézard immobile, le saisit brusquement par l'abdomen et, un peu déçu par la facilité de sa capture, il le brandit à bout de bras pour que nous puissions bien le regarder. La pauvre bête gigote tant et plus de la queue ; les écailles rouges et noires de son dos brillent par intermittence ; des soubresauts agitent son ventre blanc et lisse. « Toudet, tu veux le manger ? », plaisante Abdallah qui rit de l'affolement de la bête et s'apprête à la relâcher. « Ah ! Oui ! Pour la soupe ! » Kader prétend qu'il le mangera et s'en empare. Protestations, rires, mais tout de même, voilà le lézard avec une boucle autour du ventre, en laisse ! On attache l'extrémité de la ficelle à la courroie d'un sac, on fourre le lézard dans celui-ci et on repart car les chameaux s'impatientent.

A la halte de midi, Kader conduit son lézard au pâturage : il l'attache aux tiges d'un fenouil. Le lézard n'a pas faim mais veut dormir et s'endort dans un trou de sable qu'il a creusé sous un gros caillou que nous lui avons offert. Il voyagera tout l'après-midi attaché au sac dont il s'échappe parfois ; il pend alors comme un fétiche à la selle de Kader qui remonte la ficelle et remet le lézard dans le sac. Opération maintes fois renouvelée. Quand la tête de la pauvre bête n'apparait pas au bord du sac ou s'il ne pend pas comme un pantin, Kader s'inquiète et fouille dans l'obscurité de la cage.

— Comment vas-tu, *Aguezeram* ? dit-il en lui taquinant le ventre.

Quand le silence se fait un peu long, il tire un peu sur la ficelle et dit :

— Tu me parles ? Ah ! bon... Je croyais que tu me parlais...

Ainsi jusqu'au bivouac ; puis, mise au pâturage le soir.

Mais au réveil du lendemain, nous croyons l'avoir perdu car la boucle est vide. Nous retrouvons le lézard à sa trace dans le sable fin ; il dort sous un lit d'aiguilles de tamaris. Abdallah rit beaucoup, Kader parvient à garder son sérieux en lui remettant sa laisse, Bernouze envisage très sérieusement de l'emmener en France pour son filleul... Mais tout de même, au midi suivant, il nous faut décider quelque chose. Le lézard est triste, il n'a pas faim, il ne bouge plus. Est-il malade ? Va-t-il mourir ?

— Il faut le manger avant qu'il meure, dit Kader sans rire.

Tandis qu'Abdallah s'étouffe de rire et que Bernouze s'étrangle d'indignation, Kader égorge le lézard. Il l'ouvre et lui enlève les entrailles ; puis il le fait cuire comme une *taguella*, enfoui sous le sable chaud et les braises. Une fois bien cuit, la peau se détache toute seule comme pour une mue. Il ne reste donc plus qu'à l'éplucher et manger le peu de chair qui lui reste. Kader laisse sa part ; il en a trop mangé lorsqu'il était enfant (c'est vrai : les enfants le chassent volontiers pour faire de petits festins). Abdallah n'en veut pas non plus parce que « C'est pour les femmes ! » (c'est vrai : on le fait sécher, on le pile et on le met dans le bouillon des nouvelles accouchées). Bernouze trouve bon le peu de chair qu'il situe entre le blanc de lapin et le blanc de crabe !

Abdallah efface soigneusement toute trace du festin de lézard ; il brûle les fragments de peau et les petits os. Il marmonne des explications fumeuses dont il ressort qu'il est avant tout soucieux de ne pas laisser découvrir aux femmes Aït Loen (où sont-elles ?) qu'Abdallah Ag Rabti (qui est-ce ?) a mangé du lézard (ce n'est pas lui qui l'a mangé !) sur territoire Aït Loen, comme un enfant ou une femme faible et malade... Nous rions de bon cœur mais Abdallah, qui rit aussi, lisse méticuleusement le sable.

Bernouze fait remarquer à qui veut l'entendre qu'Abdallah n'a pas peur que les Aït Loen voient les traces de la course infernale qu'il a fait mener à deux chameaux (Aït Loen !) trouvés dans un *oued* en train de pâturer bien tranquillement. Abdallah n'a pas pu s'empêcher de leur courir après en les excitant par des cris suraigus et des poignées de cailloux. Laissant là son *chèche*, retroussant l'*akerbey* au-dessus des genoux, relevant l'*érassouey* sur l'épaule, il s'était mis à les poursuivre en agitant les bras pour les affoler. Finalement, il parvint à saisir la queue du mâle qui partit au grand trot, et Abdallah, arc-bouté, se laissa traîner tout en freinant de tout son poids sur ses talons enfoncés dans le sable. Quand il lâcha prise, essoufflé et mort de rire, le chameau s'enfuit en grandes enjambées, très loin. Les adultes interdisent ce jeu couramment pratiqué par les enfants dès qu'ils sont en âge d'être à la garde du troupeau. D'abord, c'est un jeu dangereux ; ensuite, il fatigue inutilement les bêtes. Bien sûr, les enfants désobéissent, sans craindre ni les réprimandes, ni les ruades...

Abdallah Ag Rabti, Dag Rali, n'as-tu pas pensé que les hommes Aït Loen pouvaient lire tes traces dans le sable ? Ne crains-tu pas que leurs femmes apprennent que tu es à réprimander comme un enfant ? Mais quel âge as-tu donc ?

CHAPITRE 26

Tin Tarabin
et Mohameda

Nous approchons de Tin Tarabin, extrême point vers l'Est de notre grande boucle. Dans l'*oued* assez large bruissent de grandes flaques de roseaux qui ploient sous le vent. Nous traversons d'anciens jardins où finissent de s'estomper les vestiges de terrasses, gradins, canaux et petits carrés. L'abandon de la terre nous attriste et Kader qui n'aime pas les gens moroses crie à tue-tête : Mohameda ! Mohameda ! Mohameda ! Son appel se perd en amont, après qu'il ait rebondi plusieurs fois par-dessus les roseaux.

Ici, à Tin Tarabin, Kader compte encore un ami, déjà vieil ami de son père ; ils s'étaient connus méharistes à l'armée. Mohameda, c'est un sacré personnage ! dit-il. Alors citoyen d'In Salah, Mohameda conversa une nuit avec un ange qui lui ordonna de partir dès le lendemain... « Trouve de l'eau et de la terre ; emmène les enfants avec toi et travaille ! » A l'aube, accompagné de ses enfants, sept et huit ans, Mohameda quitte In Salah, une outre sur la tête... Partout où il passe, la population le prend pour un mécréant ayant sûrement volé, pillé, tué et fait mille vilenies, car un homme à pied, sans chameau et sans bagage, ne peut être qu'un malhonnête et fuir. L'ange ne lui a pas dit d'emmener de quoi se nourrir ni de faire le chemin confortablement installé sur un chameau... Si personne n'ose l'arrêter dans sa marche, personne non plus ne lui vient trop en aide. Après avoir cultivé la terre à Abalessa, puis dans l'*oued* In Dalag, il arrive à Tin Tarabin : l'eau abonde, la terre est fertile et l'ange avait raison ; Mohameda se met au travail pour avoir le plus beau des jardins. Depuis, l'*oued* tari et la terre devenue inféconde ont laissé partir les jardiniers de peu de courage, mais Mohameda reste fidèle à l'ange de son rêve.

Ouh ! Ouh ! Au-delà d'un mur de roseaux nous parvient la réponse enrouée du seul être qui ait une raison de vivre ici. L'euphorie des retrouvailles nous amène au confluent des *oueds* sans que nous nous apercevions du déclin du jour. La voix gutturale de Mohameda alterne avec celle de Kader sur un rythme rapide et saccadé. Il y a si longtemps qu'ils n'ont échangé leurs souvenirs, et si longtemps que Mohameda n'a vu quelqu'un. Nous nous installons au mitan de la vallée, en face du petit jardin clos de Mohameda et, puisque nous savons que personne ne nous rendra visite, nous étalons nos bagages sans vergogne à tous les points cardinaux. Nous sommes rassurés en ce qui concerne la cuisine de ce soir : notre hôte nous invite à partager son couscous et quelques légumes. Mohameda questionne Kader au sujet de nos provisions, à savoir, tabac, cigarettes, sucre et thé ; il demande à Mohamed, Kel Razzi, comment va son père !... ; il m'encourage à aller faire un « tour du propriétaire ». C'est que, l'*oued* est vaste. Je m'en vais tout d'abord flâner dans le jardin dont j'enjambe la clôture légère et, tout de suite, une odeur de terre fraîchement arrosée m'emplit d'aise. Je découvre quelques tomates vertes, d'énormes melons d'eau et des concombres zébrés comme des lézards. Les petites rigoles entre les plants sont encore humides et je peux y lire la trace du grand pied nu de Mohameda.

Le repas qui nous rassemble ne fait qu'augmenter notre euphorie. Mohameda profite sans retenue de notre compagnie pour continuer à parler de tout, un peu en arabe, un peu en tamahaq, avec douze mots de français que lui ont appris les militaires.

— Toudet ! Il m'apostrophe tout en puisant dans mon paquet de cigarettes. L'eau jolie ?

— Toudet ! Jardin, tomate, bourricot, tout joli ?

— Toi, la douche jolie ?

La douche sera jolie demain ; sinon jolie, du moins rafraîchissante et bénéfique. Sous la lune, j'ai repéré un coin derrière un bosquet de roseaux qui nous sera une salle de bain d'un confort inouï : l'eau à proximité dans le canal, un tapis de bain en sable fin, des parois en nature verte. Ma description rend heureux tout le monde ; nous cheminons depuis plusieurs jours dans la poussière et sans être crasseux, nous sommes tout de même sales. « Oh ! s'exclame Mohameda, doit-on dire d'un pied qu'il est sale parce que couvert de la terre des pistes ? » Ma foi, il n'a pas tort : je suis moins sale ici après une semaine, qu'en France après une matinée de courses dans les rues de Paris. Ici, la sueur s'évapore et la poussière n'adhère pas à ma peau. Mais bien que nous nous prétendions propres, nous nous laverons demain avec allégresse. Quelle partie de plaisir ! Nous nous doucherons à l'aide de la bouilloire parcimonieuse ou à grandes giclées, avec la cuvette. Puis, nous laverons nos vêtements, l'un après l'autre dans le couscoussier ou la marmite, car personne n'est propre dans des habits poussiéreux... J'ai remarqué que les Touareg ne lésinent pas lorsqu'il s'agit d'être propres, corrects et présentables et ce sera donc un joyeux gaspillage d'eau et d'éclaboussures savonneuses.

En attendant que nous nous ébattions nous-mêmes au bord des trous d'eau, ce sont les tourterelles qui ce soir s'en donnent à cœur joie. Elles passent bruyamment au-dessus des roseaux qu'inonde le clair de lune. Nous laissons paisiblement filer une soirée que rend inoubliable la présence de Mohameda dont la voix rauque, sans doute fatiguée, s'est un peu assagie. Demain à l'aube, quand nous ouvrirons l'œil sur le soleil dans les roseaux, il essaiera de nous persuader de rester un peu à Tin Tarabin, juste le temps d'attendre que le raisin mûrisse...

— Impossible, lui répondra Kader, j'ai eu la visite d'un ange cette nuit qui m'a dit...

L'ange de Kader avait dit aussi de laisser à Mohameda sa provision de tabac.

CHAPITRE 27

Les cadeaux

Deux enfants sortent brusquement du paysage. Nous nous serrons tant bien que mal pour faire place aux petits bergers en visite. Abdallah se rendort après s'être assuré qu'il ne s'agit que de gamins qui n'ont pas vingt ans à eux deux. Kader leur offre un restant de thé réchauffé sur les braises. Bernouze entame un réquisitoire sur l'état des chèvres. Moi, je fouille dans les bagages à la recherche d'une boite de sardines. Quelle aubaine que notre passage sur leur pâturage ! On apprend des nouvelles ; on aura quelque chose à raconter ce soir au campement... Je dispose discrètement la boite entre eux. Silence.

— A qui la donnes-tu, la boite ? me questionne Kader, bougon.

— Mais... aux deux !

Ils se concertent du regard : ils veulent un ouvre-boîte et un peu de *taguella*. Les sardines y passent sur le champ dans un silence que seules les mouches se permettent encore... Avant qu'ils nous disent au-revoir pour retourner à leur troupeau, nous apprenons qu'ils sont de campements différents et n'auraient donc pas pu ce soir se partager le cadeau ; si je l'avais donné à un seul, celui-ci l'aurait mis dans sa poche. En principe, nul n'est censé savoir ce que je donne à l'autre et chacun peut penser que son compagnon a eu la même aubaine...

C'est Abdallah qui m'a donné ma première leçon sur les cadeaux : ce que tu me donnes en main propre appartient à moi seul ; je ne m'occupe pas de ce que tu peux offrir aux autres. Un soir de Ramadan, le soleil enfin couché, je m'apprêtais à faire une distribution de dattes. Je ne trouvai qu'Abdallah auprès du feu ; les autres vaquaient à leurs occupations. Je lui remis donc la ration collective.

— Et moi ! hurla Moussa en accourant.

Abdallah mangeait tranquillement, l'œil narquois.

— Je ne sais pas, moi, ce que tu fais ! se défendit-il. Tu me les donnes à moi, ou tu ne me les donnes pas ?

Il avait un bon prétexte pour se goinfrer.

En partant de Tarlalt, je laissai aux bergères deux pains de sucre et du thé, pour toutes, précisai-je. Il fallut pourtant que je précise mieux et fasse moi-même le partage, facile pour le thé mais délicat quant au sucre. Si je donne au vu et au su, réciproquement, à Abdallah, Bohra ou Entayent par exemple, c'est qu'il n'y a point entre eux de secret concernant leur nourriture quotidienne ou leur richesse personnelle. Mais un cadeau qui a nom de cadeau, ne s'offre pas ainsi et nul ne doit en être le témoin. Dans les campements, il m'est encore difficile de prendre « l'air comme si de rien n'était » lorsqu'une femme me glisse à la sauvette un petit cadeau dans la main. C'est une petite *tasetfart* brodée, une bague ou un sachet de *tazoult*. Parfois, une femme enroule dans les pans de ma robe un petit sac de cuir ou une paire de sandales. Elle peut aussi me faire comprendre par un petit signe qu'elle vient de déposer quelque chose dans un sac à mon intention... Surtout ! surtout que personne ne le voit ! Qu'on devine seulement le geste, que le cadeau soit supposé... On me tire par la manche, on me mène à l'écart et on m'offre quelque chose que je ne peux souvent découvrir tout de suite.

— *Foull am...* Pour toi...

La femme mime le silence en passant un doigt le long de ses lèvres closes et me sourit. Chut ! A Tagmart comme chez Bargali, il m'arrive de n'avoir pas suffisamment de poches pour cacher tant de menus cadeaux.

Le cadeau étant d'importance, on le dissimule sous un papier ou dans un tissu. Lorsque Hessa m'offrit le tapis qu'elle avait brodé pour moi, je ne sus de quoi il s'agissait qu'une fois rendue au bivouac.

— Qui t'a donné ça ? me questionna Kader.

— Ah !...

Il regarda, toucha, renifla et sourit.

— C'est Hessa, dit-il, sûr de lui.

— Chut !

— Quoi, chut ? Tout le monde peut le voir, que c'est Hessa qui a fait ça !

Un beau cadeau ne passe pas inaperçu. Par exemple : le sac à chameau que m'offrit Taboubert ou la peau de mouflon « qu'on » donna à Bernouze pour orner sa selle. Les curieux ou les jaloux regardent, tâtent, apprécient, répriment l'envie de questionner. Ni Abdallah, ni Moussa ne se gênent pour me questionner, connaissant bien l'étourderie qui me fait répondre un tel ou une telle. Bernouze tient sa langue mieux que moi ; mi-furieux, mi-pris au piège, ils inspectent de plus près. Conciliabules, comparaisons des travaux artisanaux, conclusions...

Lorsqu'il s'agit d'un cadeau véritablement somptueux ou étrange (comme une paire de tennis ou une lampe-torche) qui fera forcément des envieux, on préfère avoir un témoin au moins ; surtout lorsqu'il s'agit d'objets importés et tout nouveaux.

— C'est Bernouze ! dit Abdallah à Mouss-Mouss en lui montrant les jumelles qui lui servent désormais à repérer les chameaux au pâturage.

Nous jouons parfois les intermédiaires entre donneurs et receveurs. A Tagmart, Taboubert me donne un paquet ficelé pour Fedoudou puisque j'irai bientôt à Taroumout ; à Tamanrasset, Rabidine me charge d'une course pour Ronchi. Attention ! Mais... je ne comprends plus très bien : Taboubert me donne le cadeau pour Fedoudou avec un air de conspiratrice et Fedoudou l'ouvre au grand jour de l'assistance... ; Rabidine me donne le sien le plus ouvertement du monde et Ronchi le reçoit de mes mains dans le plus grand secret... Je m'y perds un peu, d'autant qu'on en vient à copier notre façon de donner, discrète sans être mystérieuse.

Bien que l'échange ne soit pas systématique, un cadeau en exige généralement un en contrepartie. Comme chez nous, on a tout son temps pour rendre une politesse, pour échanger tacitement quelques petites marques de sociabilité ou d'affection. De nombreuses occasions permettent un don, un petit présent. Chaque fête peut en être le prétexte : naissance, port du voile ou du *chèche*, circoncision, mariage, premier jour de l'année... Bohra resta rêveur lorsque je lui expliquai que je recevais tous les ans de petites marques d'affection pour mon anniversaire.

— Toute la vie ? demanda-t-il.

— Oui, quand Bernouze ne l'oublie pas...

— Mais... il faut se rappeler tous les jours quelqu'un ?

— Non, tes meilleurs amis.

— Ah ! se désespéra Bohra, j'en ai beaucoup !

— *Nek eref andouken !* préféra convenir Moussa. Moi, je n'ai pas beaucoup de mémoire !

L'attention d'un père qui ramenait parfois quelques bonbons achetés à Tamanrasset devient une habitude. Mahadi, trois ans, pleure lorsque Moussa ne lui en met pas quelques-uns dans sa petite main :

— Il croit que je reviens de Tam ! dit Moussa désolé.

Il va donc puiser dans la réserve secrète mais, le lendemain, il claironne bien haut qu'il ne repart pas pour la ville mais pour le campement de l'oncle Bohra, « ce sauvage », précise-t-il à l'intention de Mahadi et de Bohra tout à la fois. De Taroumout, Bohra fait parvenir trois bonbons pour Mahadi par l'intermédiaire de son père... On n'est pas des sauvages à Taroumout !

Les enfants sont retournés vers leurs chèvres. Kader fait un thé pour chasser les restes de notre somnolence. Il me donne mon verre, puis celui d'Abdallah pour que je le lui transmette. Je fais mine de porter les deux verres à mes lèvres : protestations d'Abdallah maintenant parfaitement réveillé.

— Alors ? Il me le donne à moi ou quoi ?...

Abdallah ne répond rien mais son regard en dit long sur le reproche qu'il me fait du plaisir que j'ai d'appliquer toujours tout de travers.

CHAPITRE 28

Le chèche
et le port du chèche

Pas un souffle d'air, pas un tourbillon de poussière comme il en passe tant et dont les Touareg prétendent qu'ils sont la preuve du passage des *Kel Essouf*, les Gens de la Solitude. Pas un bruit si ce n'est le rythme régulier de notre somnolence. Abdallah et moi sommes couchés à l'ombre d'une arche rocheuse ; Kader et Bernouze se sont blottis plus loin, chacun dans un trou d'ombre minuscule. Abdallah dort profondément, épuisé par ses nuits de veille, protégé des mouches par son *chèche* posé en voile sur son visage. J'essaie de dormir aussi.

Un râclement de gorge, qui n'est ni d'Abdallah, ni de Bernouze, ni de Kader... Ils sont bien trop loin. Deuxième râclement de gorge... Je finis de me réveiller et découvre une femme, à quelques mètres, qui attend et fait mine de cueillir une herbe. Je tire un peu sur le *chèche* d'Abdallah :

— Eh ! Abdallah, *tamet yet !* Une femme !

Je n'ai pas le temps de réaliser ce qui arrive : Abdallah bondit comme un ressort, se cogne la tête au rocher qui nous couvre, et s'enfuit comme un diable... en laissant là son *chèche*. Bon, que faire ? La femme est assise au soleil et manifestement m'attend. Je la rejoins et l'invite à venir dans mon ombre. Elle est d'entre deux âges ; quand elle frotte ses mains entre elles, c'est un froissement de peau sèche. Je lui donne à boire ; puis elle me demande ce que je fais par-là... Elle, elle cherche ses ânes. Moi, eh bien ! je me promène avec un tel, un tel, et... j'hésite à nommer Abdallah par son vrai nom, mais ne sommes-nous pas actuellement sur un bout de territoire qu'il connaît, à la frontière Adjouh n'Téhélé ? Et Abdallah Ag Rabti, Dag Rali... Son visage s'éclaire ; elle me montre l'emplacement qu'occupait Abdallah avant de fuir.

— Abdoullahi Ag Rabti ?

— *Tidet.* Oui.

Elle rit puis se lance dans de longues explications dont il ressort que Taboubert, la mère d'Abdallah, et elle sont comme deux sœurs ; et qu'Abdallah tout petit, comme ça ! comme ça, se laissait bercer dans ses bras. Attends ! Je vais te chercher ce sacré Abdallah ! Tandis que je me lève, elle me retient par la cheville et, les yeux moqueurs, elle me tend le *chèche* abandonné. Oui, bien sûr... Sans son *chèche*, Abdallah ne reviendrait pas ; c'est la pièce vestimentaire à laquelle il attache le plus d'importance ; sans lui, il serait nu. On raconte cette histoire qui est, parait-il véridique. Un homme se lavait à un point d'eau, nu comme un ver. Catastrophe ! Une bergère le surprend... Il empoigne son pantalon et s'en voile le visage sans se soucier de cacher son sexe ! Après réflexion, je lui donne raison. A qui appartient un corps qui n'a point de visage ? La honte sur sa joue porterait bien un nom...

Le port du *chèche* est un repère social, un signe d'élégance, ce qui explique qu'il ne soit pas indispensable lorsqu'on est solitaire dans une plaine désertique malgré le grand soleil, mais qu'on ne peut s'en passer dès qu'on est visible... Son origine ancestrale, bien que totalement inconnue, suscite de nombreux commentaires. Des bruits courent qu'au retour d'une défaite, les hommes se seraient voilés la face pour que les femmes n'y lisent pas le rouge de la honte... Où ? Quand ? Plus vraisemblable serait la nécessité d'un voile protecteur des voies respiratoires en un pays où la sécheresse de l'air est grande. Il paraît que les chameaux possèdent des « narines occlusives » qui leur permettent de supporter la sécheresse exceptionnelle du Sahara. Mais alors, comment expliquer qu'on laisse parfois tomber cette protection, dans un coin désertique mais en plein soleil de l'été, comme le fait Abdallah ces jours-ci ? Et pourquoi, inversement, dans un campement proche d'un point d'eau, donc de relative humidité, ne laisse-t-on apparaître de son visage que les yeux et boit-on son thé par-dessous le *chèche ?* Si le *chèche* est indispensable aux hommes pour se défendre contre le climat, pourquoi ne l'est-il pas aux femmes ?

Dans ce même campement, les femmes dévoilées souffriraient-elles moins de la sécheresse de l'air que les hommes ? Même derrière leurs chèvres tout le jour, les femmes n'ont pas encore inauguré le *chèche*... Toutes ces raisons ne sont pas très valables. L'habitude, dirons-nous.

— C'est comme ça... dit Abdallah.

— *Echchil !* C'est obligé ! dit Bohra.

— *Ouer essener fô !* Je ne sais vraiment pas pourquoi ! dit Moussa.

En fait, le *chèche* est presque indispensable à qui voyage sous le soleil. Il devient une protection évidente par forte chaleur ou grand vent. Kader, ce sage, tire un pan protecteur devant sa bouche et son nez, rabat le tissu le plus près possible des yeux...

En général noir ou blanc, noir pour le travail et blanc pour les « relations publiques », le *chèche* peut mesurer de six à dix mètres mais, lors d'un concours (à qui ferait tenir en place le plus de métrage possible !) on dit que Faqi atteignit vingt-sept mètres ! Le *chèche* connait les variations de la mode. Dans sa couleur : du noir et du blanc classiques, nous le vîmes timidement virer au bleu et on en vendit à Tamanrasset du jaune cru. Cette débauche de couleur ne dura pas. Dans sa forme : étroit, haut, large ausi large qu'une cuvette... Que dire de ceux des fêtes qui laissent la peau imprégnée d'indigo ? Ces *chèches* que nous appelons « papier carbone » brillent d'un éclat noir au soleil des festivités mais, une fois la parade terminée, on range le vêtement très soigneusement plis dans plis, le tout bien enroulé dans du papier. Ils coûtent très chers et sont très fragiles, perdant rapidement l'indigo qui fait leur élégance. Ensuite, on se lave longuement le visage et les mains car l'indigo est de bon teint une fois sur la peau !

Pensant que la femme doit s'impatienter, je dis à Abdallah :

— Mais oui, tu es beau, presse-toi !

— Pfffou ! souffle-t-il en terminant d'arranger les plis de sa coiffure. Il a l'air de dire, ma pauvre vieille, tu n'as jamais vu Abdallah bien chéché! Evidemment son *chèche* ne vaut pas celui des grandes occasions, des visites de luxe, du mariage à In Dalag... J'ai vu des hommes mettre plus d'une heure pour arranger leur *chèche* : un pan tenu sur le front, des plis bien ordonnés, des bandes larges et aplaties, un pan impeccable sur l'arête du nez et la bouche. J'en ai vu qui recommençaient deux, trois fois avant d'être satisfaits ou qui, rendus maladroits par l'inquiétude, demandaient l'aide d'un tiers. C'est l'affaire du nœud de cravate à cinq minutes de la cérémonie... Il ne reste pour identifier l'homme que les yeux, la voix, la démarche et l'allure générale.

Abdallah enfin prêt, nous le suivons en cortège jusqu'à notre grotte. Kader se met en route en mimant derrière lui sa façon d'enrouler le *chèche*. Il grimace, glousse de rire, et tout compte fait, garde son *chèche* comme il était, façon arabe, enroulé sans soin autour du crâne, plis non ordonnés, le tout un peu de guingois en avant.

Dans l'ombre agrandie de l'arche où nous nous retrouvons tous les cinq, la femme rit en saluant Abdallah. En définitive, elle s'appelle Tamara, c'est une vague servante de la mère d'Abdallah ; elle l'a vu naître et grandir. Tamara n'est pas la dernière à se moquer de lui... « C'est bien la peine d'être devenu un homme grand et fort si tu oublies ton *chèche* sous les rochers ! » Cet homme grand et fort s'est cogné la tête en se levant précipitament, s'est écorché les pieds en courant comme un fou dans les cailloux... quasiment nu.

Abdallah fait un thé pour Tamara qui demande des nouvelles de Taboubert et de Rabti, de Bourari et de Fatimata. Dorénavant, chaque fois que nous aurons l'occasion, chaque fois qu'Abdallah déambulera innocemment sans son *chèche*, nous ne manquerons pas de crier à la ronde : « *Ouksad tamet !* », « attention, une femme ! ». Qui voudra nous croire, nous croira et se chèchera à la sauvette, mais attention ! à trop crier au loup, on finit par ne plus y croire !

CHAPITRE 29

Les vêtements

— On approche, dit Abdallah.

— C'est où ?

— Là... Derrière la crête, à dix minutes.

Nous avons décidé de faire un crochet pour aller saluer Moussa Ag Bargali chez lui. Nous arrêtons nos chameaux, nous les faisons baraquer et nous fouillons fébrilement dans nos sacs pour y trouver des vêtements de rechange. Il est impensable que nous arrivions au campement de Moussa, frippés et poussiéreux... On ne va pas chez les gens comme des va-nu-pieds, en habit de travail ou en négligé. Rendrait-on visite à son plus viel ami, qu'il n'est pas exclu de rencontrer chez lui des gens à respecter, femmes et anciens, et qui sait, peut-être une fiancée ou une future belle-mère...

Si les Touareg passent parfois pour être loqueteux, je prends leur défense en ce qui concerne leur propreté vestimentaire. Si l'usure effrange les bords d'un vêtement, elle ne déshonore pas, tout au moins sur la piste et au travail. Par contre, la saleté, et je ne parle pas de la simple poussière, la saleté ne se pardonne pas, elle avilit, ôte toute noblesse, rabaisse un homme au rang de nouveau-né. Un vêtement taché se lave ; on n'en supporte pas la vue. Pour s'être assis sur du gras, Bohra, sans *érassouey* de rechange, marcha tout le jour avec un chandail autour des reins pour masquer ce qui l'aurait déshonoré ; Moussa ayant brûlé un pan du sien près de l'ourlet n'hésita pas à raccourcir carrément le vêtement de 5 cm tout au long. Abdallah préféra ne pas aller au campement de Rabidine Ag Mahomed, où il savait trouver une jolie fille, plutôt que de s'y montrer en pantalon sale, de cette saleté poussiéreuse qui n'est pourtant qu'à demi repréhensible. On pardonne un vêtement peu seyant, trop vaste ou un peu court, mais jamais un laisser-aller volontaire.

Le contenu du sac d'Abdallah nous étonne. Il a éparpillé ses affaires autour de lui pour mieux choisir : trois *chèches* blancs, une magnifique tunique bleue brodée de blanc, un *akerbey* et deux chemises dont une avec manchettes. Nous sommes partis pour plus d'un mois... Après avoir passé son bel *érassouey* par-dessus une chemise propre et changé de pantalon, Abdallah s'asseoit sur ses habits sales, sort de son sac une glace et commence la longue opération du *chèche*. Prenons patience. Kader lui vient en aide puisqu'en ce qui le concerne, il a terminé : il a changé de chemise et ordonné les plis de son *chèche*. Bernouze s'affaire aussi à remplacer pantalon et *chèche* après avoir conseillé Abdallah sur le choix de sa chemise (incontestable signe d'élégance). Celle d'Abdallah, blanche, est le raffinement même : il tire soigneusement sur les poignets et il prend garde à ce qu'ils restent bien visibles.

Fort heureusement, les Touareg préfèrent encore porter en surface l'ample *érassouey* qui camoufle leur mise parfois hétéroclite et sans lui, ils prendraient vite l'allure de clochards... En général, leur passion pour un vêtement d'importation ne dure qu'un temps, le temps qu'en vienne l'habitude. Très fier de lui, Abdallah se promena plusieurs jours en anorak provenant d'un « surplus » militaire et qui lui valut le surnom temporaire de « l'Américain ». Il essaya aussi le survêtement de sport dont le pantalon pourtant large ne parvint pas à cacher l'arc de ses jambes. Sur le chantier de l'internat en construction, nous apercevons parfois Akacem Ag Kourbi ou le grand Echerif, en chemise, le *chèche* quelquefois remplacé par un casque blanc ou jaune que l'on porte fièrement. Je ne me souviens plus qui nous aperçûmes en salopette sur ce même chantier, mais toujours est-il que le soir, une fois le travail terminé, ils viennent nous rendre visite habillés très traditionnellement. Chacun plaisante l'autre sur son casque, sa pioche ou sa brouette, mais on boit le thé chez nous *chèche* en tête.

Nous voici prêts. On enfourne hâtivement les vêtements sales dans les sacs, en boule, et on lavera le tout, quand on en aura le temps. Les hommes remontent sur leur chameau tandis que je me dépêche de prendre les devants. Il me déplairait d'arriver au campement après tout le monde, telle une servante fatiguée... Autant précéder les hommes et prouver par là que je n'ai pas trouvé la piste longue. Je marche à pied car je suis une femme... Je troque habituellemnt mon pantalon ou mon bermuda pour une robe et j'ai remarqué qu'on apprécie cette correction. Le plus grand compliment qu'on puisse me faire est de venir s'asseoir à mes côtés, me prouvant ainsi qu'on n'a pas honte de moi. Mon souci d'élégance plaît à Kader qui remarque : *hund Tamahaq !* comme une Targuia, bien que je me refuse à porter le voile de tête dont aucune femme ne se sépare. Ce serait pour moi un exercice de trop grande adresse ; rien ne le retient sur les cheveux et il glisse sournoisement au moment le plus inopportun, alors qu'on s'apprête à saluer quelqu'un par exemple. Le contrepoids du voile, attaché à un coin et rejeté dans le dos, ne suffit pas à stabiliser un équilibre que je trouve trop précaire. Sous l'œil critique d'Abdallah ou de Moussa, sous celui, narquois, de Kader, où trouverais-je assez d'élégance pour rajuster d'une main légère ce voile qui glisse constamment ? Je n'ai pas suffisamment de délicatesse pour parvenir à ressembler vraiment à une Targuia. Si le voile lui permet une supériorité sur moi en élégance, il la gêne néanmoins dans son travail ; je me sens moins fautive alors de ne pas m'en être encombrée. Au puits ou à la cuisine, elle le remonte en paquet au sommet de la tête ; elle s'en ceint étroitement les reins pour marcher tête nue derrière ses chèvres. Je me disculpe comme je peux de ne pas voyager en robe de femme car, comment pourrais-je monter à chameau, escalader des cailloux ?... L'ampleur de la robe met en valeur la démarche noble des femmes mais ses plis souples les gênent parfois ; je n'ai rien inventé en retroussant ma jupe à la taille pour la remonter à hauteur des genoux...

Donc, la robe impudiquement aux genoux, je me hâte jusqu'au sommet de la crête. Derrière elle, le campement se blottit sur la berge spacieuse de l'*oued.* Un chien aboie, quelques silhouettes sortent des tentes ; brusquement, nous nous sommes mis à découvert et l'on nous découvre. Je peux maintenant souffler un moment car les hommes ont ralenti l'allure. Rien ne presse, ʼn'est-ce pas ? Nous devons nous assurer que nous sommes bien annoncés par l'aboiement du chien ; nous laissons à notre hôte le temps de mettre un peu d'ordre sous sa tente, de ranger quelques effets personnels et de faire disparaître de la vue un objet de luxe ou, au contraire, de misère. Nous sommes rodés à ces précautions que murs, portes et sonnettes nous font ignorer chez nous. Pour ne point surprendre de secrets intimes et familiaux, on se garde de surgir à l'improviste et on trouve toujours le moyen d'attirer l'attention en traînant les pieds, en faisant rouler un caillou, en toussotant discrètement ou, comme le fit Moussa en arrivant chez son frère Mouloud, en lançant de très loin un vibrant « *Salâm erleïkoum !* » destiné à réveiller le monde. Je suis là et j'arrive !

Réunis un soir sans lune autour du feu, Abdallah et Mahmoud furent surpris par une femme, vague parente de Mahmoud. Après avoir plaisanté les hommes sur leur frayeur de s'être faits surprendre sans leur *chèche*, elle expliqua qu'elle était restée un long moment dans l'ombre en toussotant de façon à s'annoncer. Une autre nuit, Aflane Ag Bargali nous fit sursauter par son intempestif « *Salâm erleïkoum !* » alors que paraît-il, il avait fait blatérer son chameau tout exprès pour nous avertir qu'il arrivait.

Apparemment, tout est en ordre puisque je vois s'approcher la grande silhouette de Moussa que je reconnais à son balancement dégingandé. De loin, Moussa nous crie déjà une suite de « *Salâm erleïkoum !* », de « *labès* » et de « *kay* Bernouze », « toi, Bernouze ! ». Moussa me broie les mains, m'étreint l'épaule, me secoue les omoplates et me laisse brusquement pour aller saluer les autres avec un cérémonial outrancier. La coutume veut que le voyageur qui parvient à chameau jusqu'aux abords du campement fasse montre d'une emprise totale sur sa monture. Les salutations de l'hôte et du visiteur peuvent s'effectuer ainsi, le chameau immobile monté par une véritable statue parfaitement figée. Abdallah excelle dans ce rôle.

— *Salâm erleïkoum* Moussa.
— *Leikoum essalâm* Abdallah.

Ils descendent de chameau (cette opération est très délicate car les vêtements amples peuvent s'accrocher à la croix de la selle !) et je les perds de vue car Chicha, venue à ma rencontre, m'entraîne sous sa tente. Ils vont arriver lentement, marchant aux côtés de Moussa, saluant les uns et les autres venus leur souhaiter la bienvenue, tandis que Mélouye, fils de Moussa et son jeune oncle Mohamed, heureux de l'aubaine, emmèneront nos chameaux vers un pâturage après les avoir déchargés.

Qu'il fait bon, sous la tente de Moussa ! Nous avons dû voir maintenant tous le gens du campement, frôler toutes les mains possibles, mettre un nom à chaque paire d'yeux ou à chaque voix, refaire tous les couples, penser « de qui est-elle la femme ? », ou « à qui est ce nouveau-né ? ».

Chaque fois que nous rendons visite aux frères Bargali, nous descendons toujours à « l'hôtel de Moussa ». Le gîte y est confortable et la table excellente ; on nous offre en prime le rire farceur de notre hôte, la gentillesse enjouée de sa femme Chicha, les caprices et les pleurs de Mahadi leur second fils. Nous n'aurions pu mieux choisir.

Au campement de Tarlalt où j'arrivai avant le retour du troupeau, le seul foyer occupé étant celui de Rarma, je m'installai chez elle et nous attendîmes ensemble le retour des bergères. Addada, sans doute jalouse d'entendre fort tard dans la nuit mon rire et celui de Rarma alors que nous aurions dû dormir sous nos couvertures, me demanda pourquoi je n'étais pas venue m'installer chez elle. La prochaine fois, lui promis-je...

— *En bennan !* C'est sans importance ! dit-elle.

En fait, j'appris plus tard que cela ne serait pas possible.

— Dans la tente où tu vas la première fois, tu dois retourner les autres fois et toujours, m'expliqua Abdallah.

En changeant de foyer sans doute aurais-je risqué de vexer Rarma et j'avais donc un contrat chez elle. Pour aller chez Addada la fois prochaine, j'étais décidée à faire croire que j'ignorais cette règle. Mais Rarma a brisé d'elle-même le contrat : elle est partie vivre chez le vieux Kourbi qu'elle vient d'épouser. J'irai donc chez Addada sans fâcher personne.

Moussa nous a confortablement installés sur des tapis, il nous a fait apporter des coussins et nous regardons vivre le campement. Je suis au théâtre et aux premières loges, et l'ouvreuse, en l'occurence Ibrahim, jeune frère de Moussa, m'offre même le rafraîchissement d'un thé brûlant. Les minutes s'écoulent, non pas paisibles, mais vivement, dans une excitation faite d'échange de nouvelles, de questions incroyables et de réponses crédibles, d'exclamations, de rires et de petits silences à l'instant où les verres brûlent les doigts. Autour de nous, on vient, on va, on s'asseoit cinq minutes pour écouter une nouvelle, on repart donner un ordre en cuisine ou travailler soi-même.

Je ne suis pas en paix totale. L'œil-qui-voit-tout d'Abdallah m'intimide. Je voudrais si peu m'attirer de reproche ! Il a le même regard que sa mère qui, chez eux à Tagmart, tire sans arrêt sur les pans de ma robe qu'elle trouve un peu courte, afin de mieux cacher mes mollets et mes chevilles. Car au public masculin, la femme ne montre de sa jambe que sa cheville, rarement le mollet et jamais, au grand jamais, tout ce qui se situe au-dessus du genou... Il y a longtemps, Moussa m'ayant trouvée seule à la maison, en chandail et bermuda, s'en alla après m'avoir tenu un petit discours en tamahaq si compliqué que je dus me le faire répéter devant interprète :

— En gros, me confirma Abdallah, il a dit qu'il reviendrait quand tu serais habillée ou quand Bernouze serait là...

Si je voulais entièrement jouer le jeu, de ma personne féminine, il me faudrait cacher aussi mes oreilles, non par obligation mais par simple coquetterie. Je les laisserais entrevoir avec parcimonie plus que je ne les cacherais. Mon nez jouerait aussi un rôle important ; par simple pudeur, ou pour minauder un peu, je le cacherais derrière mes doigts ou je tirerais jusqu'à lui un pan de mon voile d'un geste de ma main fine... Si j'étais targuia, les attributs de ma personne, précieux, secrets, attendrissants, mettraient en émoi le moindre cœur masculin un tant soit peu viril, et mon voile de tête servirait à soustraire ces trésors des regards investigateurs.

— Toudet ! m'interpelle Aflane, qu'est-ce que tu penses ?
— Rien.

Je mens. Je pense que sous une tente, je change de mentalité. Pourquoi tant de pruderie pour cacher mon mollet alors que les hommes du campement (Moussa, Aflane, Ibrahim, Mouloud) sont habitués à me voir sur Tafsit jambes nues un peu plus haut que le genou, tête, oreilles et nez au vent ! La fréquentation de Tamanrasset envahie d'étrangers de toutes nationalités et de tous folklores vestimentaires plus ou moins débraillés leur enseigne plus que ne peuvent le faire mes incorrections. Mais ici, il y a la présence des femmes au charme discret (Chicha, Bila, Ralima, Fatma), du vieux Bargali pourtant aveugle, de sa femme

Badloulik qui est pour moi comme une grand-mère et devant laquelle je retrouve mes timidités d'enfance.

— Toudet !

— Mmm ?...

— Pourquoi ne parles-tu pas ? Et Aflane vient s'asseoir à mes côtés pour me forcer à parler et pour sans doute m'empêcher de penser (ce qui est très mauvais). Je pense encore que j'ai du plaisir à savoir qu'Aflane n'éprouve aucune honte à venir près de moi.

CHAPITRE 30

Les campements

L'aube pointe à peine et pourtant, au moins dix bruits déjà plongent dans l'*oued* jusqu'à nous en provenance des tentes : bêlements en vrac des chevreaux, pleurs d'enfants, tintements des marmites contre la pierre des foyers, claquements des couvercles de théières, appels au réveil, voix ensommeillées, courses de pas étouffés dans le sable et puis, très léger, en fond indistinct, presque imperceptible, le pétillement du feu. Hier soir, Moussa a dressé pour nous un *esseber* dont l'ouverture est orientée à l'opposé du campement. Nous sommes chez nous tout en faisant partie de la famille Bargali, à seulement trente mètres de la tente de Moussa. La routine quotidienne réclame son tribu de soupirs au réveil, de baillements langoureux, de poings frottés sur de jeunes yeux qui s'ouvrent avec peine... Mais les gens de Bargali respectent leurs invités et leur laissent faire la grasse matinée.

Je glisse un regard par-dessus l'*esseber :* le troupeau de chèvres s'est mis debout d'un seul bloc ; de chaque tente s'élève au soleil la fumée légère des feux. J'aperçois Mélouye près de l'outre suspendue ; il emplit lentement une bouilloire, passe une main endormie sur des cheveux hirsutes. Nous échangeons un petit signe de la main. J'ai l'impression d'être au cœur d'un village amical et de regarder la rue à travers mes persiennes... Nulle part, mieux que chez Moussa et Chicha, je n'ai cette impression de faire partie de la famille. Chez Abdallah à Tagmart ou chez Bohra à Taroumout, on nous offre l'hospitalité d'une *zériba* mais la vie est différente : mes persiennes ne donnent pas sur la grande-rue... Chez Akoulan ou chez Oukcem, on nous installe un peu plus loin dans l'*oued* et je me sens alors reléguée au bout du village...

On m'adopte plus facilement lorsque je suis seule. Bernouze, sans moi, conclut la même chose.

Chez Moussa, on me fait une petite place sous la tente, avec les enfants.

— Tu es ma fille, dit Moussa en m'installant un tapis à côté de Mélouye.

— Impossible ! lui dis-je, je suis déjà la sœur de Chicha !

— C'est pareil !

Et je me réveille lorsque Moussa allume le feu, à un mètre à peine de mon nez.

Chez les frères Ag Amerlouk, Tamou, femme de Rassi, momentanément célibataire comme moi, me fait une place à ses côtés. Nous sommes debout à l'aube, l'une pour la première traite, l'autre pour humer l'air et flâner. A Tarlalt, je me sens totalement adoptée par ces femmes célibataires qui ne connaissent pas l'affreuse contrainte de devoir agir en fonction des hommes : nous relevons nos jupes pour courir après les chèvres, nous laissons tomber le voile à l'heure de la traite, nos richesses sont celles de gens habitués à vivre seuls... A Tarlalt, notre abri pour la nuit est une simple enceinte ronde faite de branchages entrelacés. Avant de partir au pâturage, nous y suspendons ce que nous possédons : couvertures, théières, pots à traire et plats de bois... Si l'absence des hommes à Tarlalt nous libère de certaines contraintes, il y manque cette vie de famille que j'aime tant chez Moussa.

Lorsque Bernouze séjourne sans moi dans un campement, il est ravi de retrouver une vie de garçon et de jouer tour à tour le rôle de fils, de père, de frère et d'oncle...

Partout, comme chez Moussa, nous constatons toujours un grand souci à nous offrir le meilleur des conforts. Que nous soyons attendus ou que nous arrivions à l'improviste on nous dresse une tente : quatre piquets de bois contre lequel s'adosse l'*esseber* formant un mur à trois côtés, l'ouverture à l'opposé du campement de nos hôtes. Visités et visiteurs ne se gênent pas du regard... On nous apporte tapis, couvertures et coussins ; on suspend parfois une outre entre deux piquets pour que nous ayons de l'eau à portée de main sans avoir à la quémander. Mais jamais, nulle part ailleurs qu'ici, nous ne nous réveillons avec cette impression agréable d'être vraiment chez nous.

Mélouye a dû dire à son père que nous étions réveillés car celui-ci arrive à grandes enjambées, suivi de Mahadi qui pleurniche.

— *Hik !* Vite ! Debout ! *Ateï !* Le thé ! nous brutalise-t-il gaiement.

Nous devons allez chez lui pour le déjeuner. Après un thé qui nous rendra le nerf vif, nous attendrons une *taguella* que Chicha pétrit déjà. Kader et Bernouze ne se font pas prier pour sortir de leurs couvertures. C'est tellement gai de déjeuner sous l'œil de Chicha et de Bila venue aider sa belle-sœur ! Tellement amusant de taquiner les enfants qui tournent autour du feu, affamés et impatients ! Nous déjeunons en famille. Abdallah taquine ses cousines et agace ses neveux ; il est gai comme il ne l'a pas été depuis bien longtemps...

J'ai du mal à reconnaître en cet Abdallah le même homme qui voyagea l'année dernière en territoires Iklan Taoussit et Tégéhé n'Néfis... Etranger dans les campements, Abdallah était silencieux, taciturne, chéché dans une tour d'ivoire ; il se tenait coi, tentait courageusement de faire bonne impression, affichait une éducation et un savoir-vivre parfaits. Il n'était pas venu chez le cousin de Mahmoud où j'étais allée chercher une chèvre ; il ne bougea pas de l'endroit où il s'assit en compagnie des hommes, chez Abdelkader Ag Ahmadou. Il fut le seul de nous quatre à ne pas aller saluer les cuisinières chez Sidi Ali... Un Targui étranger ne pénètre pas dans la chambre ou la cuisine ; un campement étant tout cela à la fois, Abdallah ne bougeait pas de la « chambre d'hôte ». Les femmes venaient lui dire bonjour, furtivement ; plus longuement si elles n'étaient plus très jeunes et point célibataires. Abdallah est jeune et beau... D'ailleurs, il s'en allait souvent sous le prétexte normal de soins à donner aux chameaux. Quel avantage pour Bernouze que de pouvoir aller dans les cuisines, sous les arbres à l'heure de la sieste, pour plaisanter les femmes, soulever un couvercle ou admirer une broderie sur cuir !

Bernouze était un simple étranger ; Abdallah était plus

que cela : un Targui étranger... Nous rapportions à Abdallah ce que nous avions vu quant à l'âge et à la beauté des femmes.

— C'est comme ça !

C'était sa façon de regretter de ne pouvoir suivre Bernouze lorsque mes descriptions devenaient lyriques au sujet d'un regard ou d'un sourire féminin.

L'effervescence du campement se calme un peu. Les troupeaux étant partis, les tentes sont vidées de la moitié de leur contingent d'enfants, et non la moindre en turbulence ! Reste au camp, Mélouye qui ouvre toutes grandes ses oreilles. Il est fortement question de lui dans la discussion entre Moussa et Chicha. Son père veut faire un bout de route demain avec nous, sous prétexte d'aller se rendre compte des pâturages. Il veut emmener la petite main-d'œuvre de Mélouye. Sa mère n'est pas d'accord pour le laisser filer. Mélouye prend son tour de berger demain ; il est très utile ici à la surveillance de son petit frère et du bébé, sans parler de Badloulik et de Bila qui le chargent aussi de maintes petites besognes.

« D'ailleurs, dit Chicha à Moussa, toi-même n'es pas encore parti ! J'ai besoin de toi pour... ». Mélouye n'écoute plus et s'en va trouver sa jeune tante Téori. Ils discutent âprement :

— Téori, tu me remplaces aux chèvres, demain ?

— Non... Pourquoi ?

— Je m'en vais avec mon père...

— Bon, mais tu dois me faire un cadeau.

— Non !

— Non ?

— Bon ! Je te fais un cadeau.

— *Brich !* D'accord !

— Quoi ?

— Je réfléchirai...

Mélouye a capitulé comme s'apprête à le faire Chicha. « Toudet, veux-tu remplacer Mélouye aux chèvres ? ». Je ne peux pas, j'ai promis d'aller garder le troupeau de Chadika à la première occasion ; si elle l'apprenait, elle m'en voudrait sûrement...

— C'est vrai, dit Abdallah, nous devons aller chez Chadika...

Je pense que je n'ai pas besoin de lui pour aller garder les chèvres de Chadika ; nous sommes très bien entre bergères ! Trop bien renseignée désormais quant à l'influence de la présence des hommes à cette partie de plaisir, je me refuse à introduire dans la fête l'empêcheur de danser en rond.

CHAPITRE 31

Visite d'Akoulan

— Tiens ! Mais c'est Akoulan ! *Tslamed* Akoulan.

— *Tslamed* Toudet.

Akoulan qui avait à se rendre chez Bouzine et sachant, par on ne sait quelle langue, que nous étions chez Moussa, Akoulan a laissé pâturer son chameau Azelraf après l'avoir dessellé dans l'*oued*, derrière la butte. Il a adossé ses bagages au talus, sous une couverture et, une simple cravache en main, rend visite aux Bargali. Akoulan rit de mon étonnement à le découvrir là, mystérieusement arrivé, sans bagages, comme tout nu, moi qui sait que son campement est à presque deux jours. « C'est que, dit-il, il valait mieux qu'Azelraf reste dans l'*oued* et mes bagages ne craignent rien... ». Il ne pouvait décemment pas arriver les bras chargés de sa selle, de sa couverture et d'un sac.

Partant en visite chez Rabidine Ag Mohamed, j'avais confié à Abdallah qui nous accompagnait un sac à chameau dont la bride s'était rompue (je comptais qu'une femme de la tente me le réparerait). A une centaine de mètres du camp, Abdallah me le rendit sans un mot pour que je le porte moi-même... J'appris qu'ici on ne vient pas chez les gens les mains pleines, même de cadeaux ; on ne se présente pas avec des bagages, les bras encombrés, géné dans ses mouvements et maladroit. Une simple cravache est indispensable à la finition du personnage, après un *chèche* impeccable, un vêtement propre, et si possible, des sandales qui ne soient pas trop poussiéreuses. Depuis quelque temps toutefois, Abdallah et Bohra se plaisent à arriver chez Rabidine dont nous sommes des habitués, avec une corde d'escalade sur l'épaule quand la chance veut pour eux que nous retournions d'une ascension. Auprès des femmes qui ont journellement sous les yeux les parois fières des Tézouiag ou la flamme vrillée du Saouinan, cette entorse au savoir-vivre pose son homme et permet une entrée en matière commode pour expliquer d'où l'on vient...

Akoulan enlève ses *temba-temba* et s'asseoit sous la tente non sans avoir taquiné Chicha sur sa maigreur (ce qui la rend furieuse) et Mahadi sur son gros ventre (ce qui le laisse parfaitement indifférent). Moussa demande sur quel chameau voyage Akoulan.

— Azelraf... Les yeux d'Akoulan rient en me regardant.

L'amitié qui lie Akoulan à son chameau Azelraf est légendaire et je suis persuadée qu'il s'attend à essuyer quelque plaisanterie à ce sujet ; il la supporterait avec patience car il aime Azelraf... Pendant des heures, il sait lui cueillir quelques herbes fines qu'il lui offre tout en marchant ; le soir, à midi, le matin, à chaque séance de thé, il met pour lui de côté les feuilles de l'infusion ; il y rajoute le moindre reste de pain, *taguella*, couscous, épluchures de pommes de terre ou écorces d'orange. Akoulan met tout cela dans la cuvette tendue à bout de bras et appelle Azelraf :

— Duttt ! Duttt ! Duttt !

Azelraf s'approche, renifle et avale le tout tandis que son maître retourne à ses occupations. Nous surprîmes même Azelraf se régalant d'un mégot de cigarette, d'un pansement adhésif et d'un emballage de film. L'histoire qui suit court à travers le Hoggar sans parvenir à fâcher Akoulan. Un soir très froid de janvier, sous le dôme arrondi de la montagne Oul, prévoyant un petit matin encore plus laborieux, j'installai les affaires du déjeuner près du feu, dont une boule-à-thé en aluminium emplie de thé noir. Dans la nuit, je m'éveillai pour chasser Azelraf venu flairer de trop près le bivouac en quête sans doute de quelque gourmandise. Mais au matin, nous cherchâmes en vain la boule-à-thé mystérieusement disparue, qui fut néanmoins retrouvée, aplatie, machouillée, réduite à une plaque d'empreinte dentaire...

— Akoulan, tu me dois dix dinars pour la boule-à-thé !

Ma foi, les Touareg payent bien une amende si leurs chameaux broutent le carré d'un jardinier et Akoulan, j'en suis sûre, pour Azelraf, ne trouverait pas cela trop cher ! Azelraf simplement renforça sa légende. Il ne s'en tint pas là. Pendant que tous s'affairaient aux préparatifs du départ, je rédigeai un message que nous voulions poser en bordure de piste, fiché sur un bâton à l'aide d'une épingle de nourrice. Le message terminé, je le déposai avec l'épingle sur une pierre pour m'en aller donner un coup de main au chargement. Quant je revins, il n'y avait plus trace ni du message, ni de l'épingle... Azelraf machouillait paisiblement, son œil d'albinos, candide et innocent.

— Akoulan, ton chameau a avalé mon message !

— Pfff ! (équivalent de : je m'en fiche !).

— Akoulan, il a mangé aussi l'épingle, ouverte !

— Pfff !

Je m'inquiétais du danger que représentait l'épingle, ouverte dans l'estomac d'Azelraf.

— *Oul andaren !* Ce n'est rien ! Tu as vu les épingles d'acacia qu'il mange tous les jours !... Pfff !

Aucun autre chameau aussi goinfre que lui ne longea ce jour-là notre piste et le message, recommencé, arriva comme prévu à l'Assekrem chez Frère Jean-Marie. Dorénavant, lorsque disparaît mystérieusement quelque objet, nous accusons Azelraf et il a d'autant moins de chance d'être innocent que l'objet en question est plus hétéroclite. Lorsqu'en riant nous faisons le total des dédommagements que nous devrait Akoulan, nous décidons de lui appliquer un tarif forfaitaire...

Nous rions encore sur le bon dos d'Azelraf ; Akoulan sirote son verre de thé sans mot dire. C'est au tour de Moussa maintenant de supporter nos plaisanteries au sujet du chameau qu'il avait castré en cours de voyage. L'étalon semait le trouble et la discorde dans la caravane, mordait les autres mâles pourtant inoffensifs puisque castrés, s'empressait auprès des femelles qu'il énervait, et qui se débattaient tant que les chameliers devaient refaire les chargements sans arrêt. Il fallut donc que Moussa castre son étalon pour qu'on l'accepte au travail. Il l'amena un beau matin, castré de la veille au soir, fiévreux, les pattes arrières écartées, la démarche gauche et douloureuse, la queue redressée laissant voir des plaies béantes, sanguinolentes, que venaient butiner les mouches. Moussa, triste et inquiet, tous les soirs de la semaine emplissait d'eau fraîche une cuvette et avec un geste large de semeur, il douchait la fièvre douloureuse de son malheureux chameau. Bizarre infortune que celle de ce chameau qui faisait rire aux éclats toute l'assemblée... Mais, avant de terminer ses jours d'étalon, le chameau se donna en spectacle en un lieu qui désormais le glorifie : le Bivouac de l'Etalon. La veille, alors que le jour tombait et que les chameliers s'affairaient autour des bagages, il s'en fut trouver la seule chamelle de la caravane, l'obligea à baraquer, baraqua derrière elle, posa ses pattes antérieures sur sa croupe et, l'air absolument niais et indifférent, sans pudeur, il fit l'amour pour la dernière fois.

La conversation est lancée ; son rythme ne faiblira pas tant que nous n'aurons de nouveau entendu les narrations de courses épiques, les exploits de chacun et les philosophiques sentences pleines de sagesse de Kader. Lorsque je glorifie un peu trop ma monture ou mes talents (bien médiocres) de méhariste, les Touareg m'enlèvent vite toute illusion.

— Pfff ! Ce n'est rien ça ! me vexe Abdallah.

— Il n'y a plus de bons chameaux... continue Kader.

Si nous avions de bons chameaux, c'est-à-dire, s'il y avait du pâturage abondant et humide, si les chameaux portaient bosse qui soit bosse, de graisse et non de laine, alors...

— Tu ne pourrais pas l'approcher, ce chameau-là...

— Tu ne pourrais pas lui confier un étranger *(sic)* à ce chameau-là ! Et même pas n'importe quel Targui !

Voici Kader évoquant de nouveau le temps des chameaux gras. Passent en nos mémoires les bêtes fougueuses et imposantes aperçues sur une place de marché à Rhat. Nous racontons à notre tour les vrais chameaux d'Afghanistan, avec deux bosses, si grasses et grosses qu'elles s'affaissent sur le côté. Quand ces chameaux-là marchent, les bosses se balancent... Vos chameaux à vous sont des dromadaires ; dro-ma-dai-res, une bosse ; chameaux, deux bosses.

— Ouf ! finit par conclure Akoulan qui ne parvient pas à digérer dro-ma-dai-re. *En bennan !* Tant pis !

Akoulan doit s'en aller. Il fait le tour des tentes pour saluer le vieux Bargali aveugle, Tamou qui est malade, Bila qui ne peut abandonner sa meule. Et puis, le cortège s'ébranle lentement, hommes et femmes entourant Akoulan qui a repris sa cravache et remis ses *temba-temba*.

— *Ar essaret*, Akoulan. Au revoir, dit Fatma la première, car son nouveau-né pleurniche au creux de son bras.

— *Ar essaret*, Akoulan. *Téhouled-in houllan* Chadika. C'est le tour de Chicha qui le charge de « bien saluer là-bas Chadika ».

— *Ar essaret.*

— *Ar essaret.*

Il ne reste bientôt plus que Badloulik, cette sacrée bavarde qui demande encore quelques nouvelles de Rassi, Chadika, Adda, Tamou-tan Rassi et Tamouna.

— *Téhouled-in houllan* Bouzine !

— *Eoualla*, dit Akoulan. Ar *essaret*, Badloulik.

Je dois moi aussi prendre congé d'Akoulan, le laissant aux hommes qui continueront avec lui cinq, dix minutes de piste, lentement, à petits pas, comme s'ils prenaient le frais... Ils iront peut-être jusqu'aux bagages d'Akoulan pour l'aider à seller Azelraf.

— Akoulan, *ar essaret !* Au revoir !

— *Ar essaret*, Toudet !

— *Téhouled-in houllan* Azelraf ! Salue bien Azelraf pour moi !

— *Eoualla...* Je n'y manquerai pas...

Ci-dessus : campement des frères Ag Amerlouk en juin 74, à 5 km à l'ouest de Tahifet. Au premier plan, la tente (bâche) d'Akoulan. Au deuxième plan, celle de Rassi. Cette dernière est en peau et on distingue les décorations de fines lanières de cuir qui pendent des coutures *(ibelekelen)*.
L'été, on choisit des emplacements aérés, tout près des arbres pour profiter de leur ombre. Dans la journée, on enroule l'*esseber* pour laisser passer les courants d'air sous la tente.

Le village de Tagmart
avec ses *zéribas* (arabe) ou *ikebran* (tamahaq)
qui sont des huttes de roseaux
recouvertes de branchages.
La porte est la seule ouverture
mais les roseaux permettent à l'intérieur
une aération et un clair-obscur agréables.

Page précédente :
Pour se saluer, les Touareg se frôlent la main,
paume contre paume, sans la serrer.

Un coin de la tente de Rassi Ag Amerlouk.
• Des piquets verticaux en soutiennent d'autres, horizontaux (liés ici par une corde en poils de chèvre), sur lesquels est posée la tente en peau (40 à 45 kg).
• De petites franges décoratives *(ibelekelen)* pendent des coutures.
• L'*esseber* constitue le mur.

En hiver, il protège du froid et du vent. Le sac de droite est le sac à chameau de Rassi : *tichchekouet*. Celui du centre est celui de sa femme Tamou. Un petit couffin renferme sans doute quelques menus objets. Les ustensiles de cuisine sont généralement contenus dans un grand couffin appelé *tessenit*. En principe, le côté droit de la tente est réservé à l'homme tandis que le gauche est celui de la femme.

Deux servantes noires :

Bejja, habillée pour un jour de fête, et Rhada.

Jusqu'à 3 ou 4 ans, fillettes et garçonnets sont coiffés de la même façon : on laisse pousser les cheveux au sommet du crâne et on les rase autour. Plus tard, on laisse pousser les cheveux des filles tandis que ceux des garçons sont régulièrement coupés.

Le départ d'un campement est un cérémonial important, que ce soit pour une longue absence ou après une simple visite rapide.
On aide les visiteurs à seller et bâter les chameaux, et on les reconduit lentement hors du campement. les femmes prennent congé généralement les premières ; les hommes font un bout de piste avec le voyageur. Ceci s'appelle *tassounfet*.

Tendresse : Entayent Ag Mana
et sa nièce Tamouna Oult Akoulan.

Moussa Ag Bargal
et sa nièce
Fatima Oult Aflane

En bas à gauche :
Abdallah Ag Rabti
et son neveu Mahadi Ag Moussa.

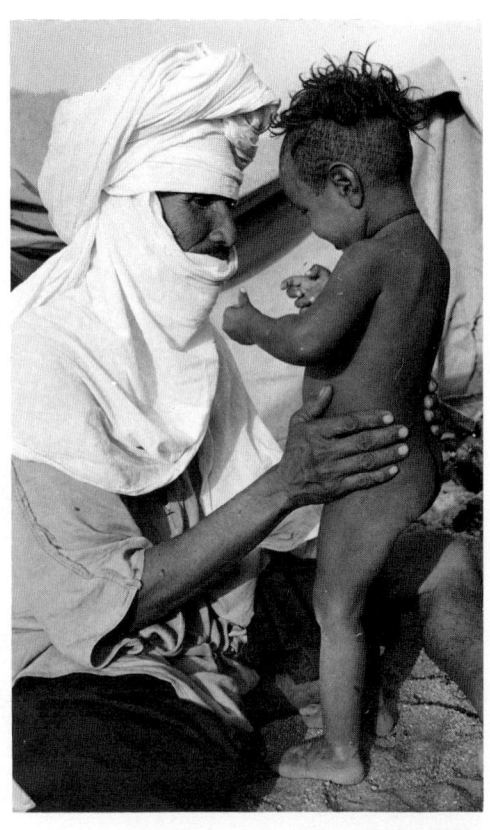

Moussa Ag Bargali
et son fils Mahadi.

Mahadi embrasse son père,
nez contre nez.

Moussa Ag Bargal fait une distribution de bonbons : de gauche à droite, son neveu Ibrahim, sa fille Raïcha, ses nièces Mamma et Fatima, son fils Mahadi.
Ci-dessous et à droite : campement de Mahmoud Ag Ahmadou : une vie de famille paisible et harmonieuse, une ambiance de tendresse et d'affection. Après la sieste sur laquelle veille grand-mère Kella (elle éloigne les frelons avec sa sandale), maman Lalla offre aux enfants un thé léger bien sucré.

Lorsqu'un visiteur arrive dans un campement, les hôtes l'invitent à s'asseoir. Un voyageur ne passe pas à proximité d'un campement qu'il connaît sans s'y arrêter au moins le temps de s'enquérir si tout va bien et de dire qu'ailleurs il n'y a rien de mal. La moindre nouvelle a son importance. Ainsi, malgré les distances, les campements restent solidaires les uns des autres.

Adda Oult Ramrane, Adjouh n'Téhélé,
femme d'Oukcem Ag Midi et sœur de Chicha.

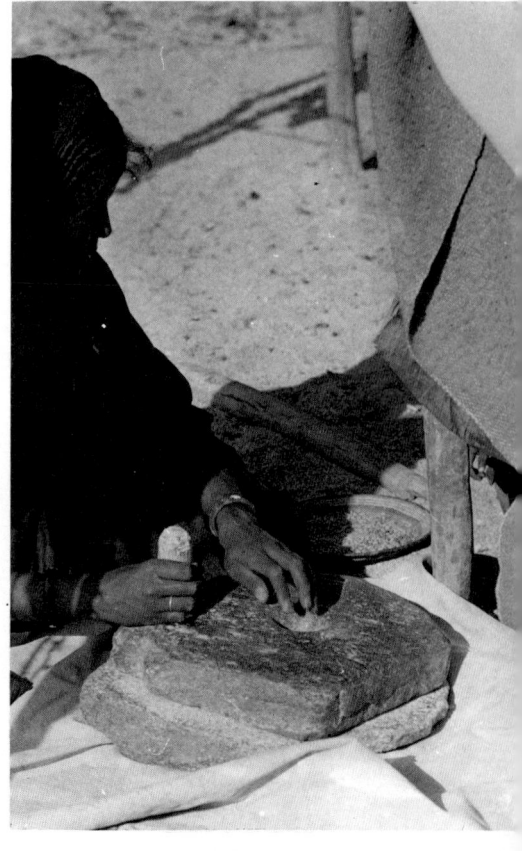

A droite : meule tournante : deux pierres, dont la supérieure, trouée au centre, est munie d'une poignée en bois. On verse une poignée de blé dans le trou et on tourne la meule supérieure. La farine ainsi obtenue est recueillie sur un tissu. Travail long et pénible : il faut 1 kg de blé pour une taguella de quatre à cinq convives (environ une heure de travail à la meule). Ci-dessus : meule dormante : cette meule sert pour les petites quantités. La farine est recueillie sur une toile posée sous la meule.

Page de droite, en bas : à l'heure chaude de midi, la bergère et ses chèvres se mettent à l'ombre et attendent que s'apaise la brûlure du soleil. Le troupeau trottine toute la matinée en grignotant. L'après-midi, il reprend le chemin du campement sans se presser et toujours en broutant, çà et là, au bonheur du pâturage. La bergère suit les chèvres à petits pas, veillant à ce qu'aucune ne s'éloigne trop et poussant les plus lentes de la voix. Hou ! Hou ! Hou !

A l'heure de la traite, les bergères s'accroupissent auprès des chèvres, emprisonnent une patte entre leurs genoux et tirent deux ou trois fois sur les pis. Les chèvres du Hoggar sont petites, au poil assez long et fourni, en général noires, ou *azelrafen* c'est-à-dire bicolores blanc et noir. Chaque bergère fait la traite de ses propres chèvres, ce qui évite le mélange du lait. Les vieilles chèvres, en général bonnes laitières (on les a gardées pour cette raison) portent un nom et ont des habitudes très domestiques.

CHAPITRE 32

La propreté

Cinq cents mètres à peine séparent le campement des Bargali du point d'eau et les allées et venues de l'un à l'autre tracent une piste bien lisible dans le sable de l'*oued*, puis sur la berge entre quelques pieds de jeunes tamaris. Le point d'eau est rarement désert. Le matin, les bergers viennent faire boire le troupeau ; tout le jour, les enfants puisent la provision d'eau nécessaire aux besoins des tentes ; les femmes lavent leur linge, seules ou par petits groupes bavards ; chacun vient y faire un tour pour sa toilette, et on doit tout le jour veiller sur les tout-petits, attirés là par le plaisir des jeux.

Avant de partir, je veux faire peau neuve. Mélouye me donne un grand seau et Ibrahim, que je rejoins au puits, tire la corde pour moi en larges brassées. Pour la douche, c'est là-haut... Il me désigne en riant un énorme bloc sur la rive. Je connais ces salles de bain en pleine nature pour en avoir utilisées de toutes sortes. Chez Ronchi à Tin Serin, le point d'eau étant lui-même dans un chaos de blocs, il est facile de trouver un coin tranquille ; un bout de savon traine en permanence sur un caillou au bord de la source. Chez Sidi Ali, sublime délice, sa femme Ouani m'apportait au réveil une cuvette d'eau tiède et je m'isolais dans une faille de la paroi au tournant de l'*oued*. A Taroumout, un palmier trapu à vingt mètres du puits est le providentiel paravent qui garantit presque l'intimité.

Ici, la largeur du bloc me bouche toute vue sur l'*oued* et le campement ; je n'ai derrière moi qu'un pan de montagne. Toute la solitude du monde est là, et d'ailleurs, je puis être tranquille, personne ne viendra me déranger.

161

Hommes et femmes savent se relayer, reconnaissant le lieu et l'heure où chacun choisit de s'isoler, avec une discrétion tacite et un tact toujours présent. Un jour, me rendant au point d'eau, je découvris le vêtement d'un chamelier sur un bâton fiché au sol en travers de la piste d'accès. Il était comme une pancarte très lisible : occupé. De derrière mon paravent rocheux, j'entends des rires et le cri d'une femme qui chasse sans doute un enfant du bord du trou. Eclaboussures, pleurnichements et soudain, la voix de Kader qui s'impatiente :

— Eh ! Vite ! C'est mon tour !

Bon, je cède ma place ; je quitte l'intimité ensoleillée pour retrouver l'agitation fraîche et criarde du puits. Ralima lave son linge tout en veillant sur Mahadi et Mama qu'Ibrahim vient de doucher de la tête aux pieds. Mahadi n'ose plus ouvrir les yeux de peur de se noyer et Mama rit de plaisir. L'eau glisse sur leurs épaules, leur ventre, leurs cuisses, pour finir entre leurs doigts de pieds minuscules. Encore, réclame la petite. C'est terminé, répète Ibrahim. Mais non ! clame Aflane qui surgit, empoigne un seau à moitié plein et arrose copieusement son frère. Les gamins courent en tous sens en piaillant, Ralima s'enfuit étendre son linge sur les roseaux, Ibrahim s'ébroue tant bien que mal, Aflane qui redoute une vengeance prend ses jambes à son cou. Il ne reste au puits que Mélouye qui est de corvée pour porter les seaux d'eau à la salle de bains. Kader trouve toujours le moyen de prolonger les plaisirs les meilleurs.

CHAPITRE 33

Jours de fête

En approchant du campement, j'entends les chocs sourds du pilon dans le mortier et je me réjouis que ce bruit sympathique provienne de la tente de Moussa. Penchée sur le mortier de bois, une effluve de poivre, piment, tomate et cumin me monte aux narines. Je renifle avec tant de plaisir que Chicha rit de me voir cet air de gourmandise. J'accepte de remplacer Chicha au pilon pour avoir tout loisir de la regarder enlever le couscoussier du feu et tourner les grains pour les séparer. Téori, jeune sœur de Chicha, rêve paisiblement tout en veillant sur la marmite mijotante où je crois entrevoir de gros morceaux de viande sombre. Revenu tout frais et de bonne humeur de sa douche, Mahadi fait la navette entre nous (espérant obtenir quelque chose à grignoter) et les hommes (cueillant de toutes ses oreilles les paroles qu'ils essaiment tout en buvant le thé à l'ombre de la tente).

— Toudet ! Moussa m'appelle. Impérativement, Téori me prend le pilon des mains ; va manger, m'ordonne Chicha. Je n'avais pas remarqué en arrivant que Moussa, tout en faisant le thé, surveillait une marmite qui ronronne avec persévérance. Nous nous resserrons en cercle gourmand, impatients sans vouloir le montrer. Mahadi s'asseoit au centre du cercle pour être sûr au moins qu'on ne l'oubliera pas et qu'il aura sa part. Nous dégustons silencieusement de minuscules morceaux de foie et de cœur enveloppés de crépine, dans une sauce épicée où je reconnais la présence de beurre. Kader, fin palais, cligne admirativement de l'œil et puisque je suis au courant des préparatifs culinaires qui font suite, je le mets discrètement dans le secret. « Tu vas manger un de ces couscous ! Kader... je crois qu'il y a de la viande de chevreau ! ».

Tous les repas de fête que nous avons faits me laissent un souvenir de bêtes égorgées, de grillades et de brochettes, de viandes épicées et de siestes longues et béates.

Rabidine Ag Mohamed avait aussi sacrifié une chèvre en notre honneur et, pour attendre le couscous et la viande bouillie, on nous fit patienter en nous grillant sur les braises quelques côtelettes que nous dégustâmes en silence. Chez Sidi Ali, grand seigneur, ce fut un gigot entier de chevrette qui nous fut servi le matin au petit déjeuner, grillé sous les tisons. La veille nous nous étions régalés avec des brochettes de foie, du couscous fin à la viande et aux légumes. Ce matin-là, quoique nous eussions décidé de partir tôt, nous restâmes jusqu'à midi parce que, nous dit Sidi Ali, il était très mauvais de marcher l'estomac plein. A midi, il nous offrit un *aleko* si copieux que nous dûmes encore rester... Tout de même, nous nous mîmes en route en fin d'après-midi, au soleil déclinant.

Que dire du festin que nous offrit Mouloud Ag Bargali qui voulut surpasser toutes nos précédentes invitations ! Il sacrifia une chèvre dont nous mangeâmes cœur et foie en brochette, puis, connaissant la préférence de Kader et de moi-même pour la *taguella*, et celle de son frère Moussa et de Bernouze pour le couscous, il nous offrit les deux et les deux furent accueillis par des clameurs de jubilation peu orthodoxes. Je souhaite que les femmes, très loin à la cuisine nous aient entendus pour qu'elles soient assurées que les félicitations que nous leur prodiguâmes ensuite furent sincères. Dans les trous que nos cuillères faisaient respectivement dans *taguella* et couscous, Mouloud déposait un petit morceau de viande tendre, cuite à point. Ce festin resta dans nos mémoires et nous n'oublions pas qu'en partant, Mouloud nous donna un cuissot de la chèvre pour l'étape suivante.

De retour d'un mariage, nous fîmes route pendant deux jours avec Bouzine, oncle d'Abdallah. A l'embranchement des pistes où nous aurions dû nous séparer, lui vers son propre campement et nous, poursuivant notre chemin, il nous proposa la chose suivante qui fut sur le champ adoptée. Nous l'accompagnions jusque chez lui et il nous promettait une fête. Nous arrivâmes au coucher de soleil (alors que sa nièce achevait la traite) et sans tarder, il nous présenta deux chèvres... Kader leur tâta le poitrail entre les pattes. Celle-là ! Ce fut Kader qui l'égorgea après avoir aiguisé son couteau et en marmonnant les prières rituelles. Abdallah se porta volontaire au dépeçage et ouvrit la bête, en retira les entrailles que les deux chiens du campement se disputèrent, sortit le cœur, le foie, les reins et les poumons. Tandis qu'il nous préparait de fines brochettes, Kader mit à cuire sur les braises quelques côtelettes qui grésillèrent, puis encore quelques-unes... Voulez-vous de la *taguella* ? Aucune réponse ne vint et Bouzine comprit que ce soir nous ne mangerions que de la viande, en brochette, en grillade, bouillie... Nous suçâmes les os, nous les brisâmes pour en aspirer la moelle. A part une cuisse que nous avions mise de côté pour le lendemain, la chèvre entière y passa.

— Ouf ! gémit Abdallah en s'endormant.

Le festin d'aujourd'hui, outre sa haute qualité gastronomique, a le précieux avantage d'être enfin venu à bout de l'infernale turbulence de Mahadi. L'enfant nu git sur le dos, jambes et bras écartés, la bouche ouverte. Il dort profondément et si mon oreille devient attentive, elle peut percevoir un minuscule ronflement.

CHAPITRE 34

Le langage : Tamahaq

— Je « beux » ! dit Moussa tout content de pouvoir nous accompagner quelques jours et fier de ces deux mots qui veulent dire qu'il a la permission de Chicha, qu'il « peut »...

L'absence des lettres P et V dans l'alphabet targui nous réserve des surprises et Moussa, qui ne parvient pas à les articuler, s'est déjà trouvé plusieurs fois dans des situations comiques.

— *Ma tennid*, Moussa ? Que dis-tu ?

— Je beux ! triomphe-t-il encore une fois.

— Tu veux ou tu peux ?

— Je beux !

— Tu veux ?

— Non...

— Tu peux ?

— Boilà !

Je pourrais recommencer avec ce « voilà » déformé en demandant à Moussa « que dis-tu ? ». Mais il risque de me répondre : « Je sais bas bien... » ou de conclure « ça ba bas bien, ta tête ! ». Nous serions là encore demain. Bien que beaucoup de Touareg parviennent maintenant à articuler correctement P et V, tout un chacun doit s'habituer à s'entendre encore appeler Bierre, Baul ou Bascal, Sylbiane, Bibiane ou Balentine !

Moussa me regarde de travers, prêt à riposter. Il pourrait par exemple me demander de répéter après lui « *touaqin* » (+ ∴··· / qui est un lieu dit) ou « *touqqout* » (+ ···+

vomissement) dont je ne parviens pas à rendre exactement le son K très particulier (sourd, occlusif et vélaire, dit la grammaire !). S'il voulait être plus dur, il n'aurait qu'à me poser la colle du R (roulé et sonore !) ou du R (grasseyé, fricatif et vélaire !). Ces différentes lettres rendent parfois incompréhensible une belle phrase bien construite et dont je suis fière. Je le suis moins lorsque je dois la répéter devant l'œil arrondi de mon interlocuteur !

— Hein ? crie Abdallah tandis que Kader me contrefait en gloussant.

Je dois reconnaître que Moussa nous subjugue par les progrès constants et rapides qu'il fait en français. Comparativement, si Bernouze est aussi doué que lui, moi je stagne. Ecouter parler les Touareg me procure trop de plaisir pour que je puisse prêter une oreille attentive aux mots et à leur sens. J'écoute : c'est tour à tour, une poésie douce et modulée, une chanson forte et rythmée, un tintamarre violent de sons rauques et stridents. Il y a deux façons courantes de parler ; les autres ne comptent pas. La première, très douce, à voix basse, est celle des confidences et des secrets, celle des convenances. La deuxième, vibrante, ponctuée de l'éclat des T et des K, variant du son le plus aigu au plus grave, est celle qui sert à toutes les discussions, ordres et exclamations publiques dont les sujets peuvent être les chameaux, les femmes, le thé, le bois et les pluies. Moussa y ajoute invariablement le geste emporté de ses immenses mains et Mahmoud le rire. Au début, je ne comprenais pas grand chose de ce qui se racontait, surprenant de temps en temps un mot familier : *amis*, le chameau ; *tiddinin* ou *tamet*, les femmes ou la femme ; *ouksad*, attention ; *téhoseï*, jolie ; *tarik*, la selle ; *tafouk*, le soleil ; *akassa*, le pâturage... Je ne comprends toujours que très peu le langage de Mahmoud parce qu'il le rit plus qu'il ne l'articule ; les gestes véhéments de Moussa ne m'effraient plus du tout, bien au contraire, ayant le pouvoir de me mettre en gaieté. Quant à Abdallah, j'ose rarement lui faire répéter une phrase... Il condescend à l'articuler dédaigneusement du bout des lèvres.

Mise quotidiennement à l'épreuve par l'espièglerie de Moussa ou par la mauvaise volonté d'Abdallah, j'ai compris peu à peu des phrases entières, et si le sens véritable m'en échappait, je le déduisais intuitivement grâce au vocabulaire et au contexte environnant. J'étais devenue experte en la matière... Une après-midi de forte chaleur, Kader me proposa une *tamenast* (écuelle) pleine *d'aman* (eau) tout en construisant autour de ces deux choses une belle et longue phrase où il était question de *fad* (soif). J'acquiesçai un « oui » assoiffé, persuadée qu'il me proposait de me désaltérer. Au lieu de cela, il vida la cuvette avec un énorme éclat de rire.

— Quand tu ne sais pas bien, tu ne dois pas faire comme si tu savais !

Cette fois-là, je n'ai pas bu. La leçon porte ses fruits, mais très, très lentement...

Quand nous l'avons connu, Abdallah parlait déjà bien le français dont il avait appris les premiers mots à l'Ecole Nomade. Il en garde le souvenir auréolé du charme de l'enfance. Guy Tourniaire avait planté sa tente auprès de celles de la famille. « J'étais le meilleur élève de l'école, avec le frère d'Adena », nous répétait Abdallah avec beaucoup de fierté. Guy Tourniaire, lui-même, avant que nous ayons eu le temps de le lui demander, nous précisa, devant Abdallah, que celui-ci avait été effectivement son meilleur élève, avec le frère d'Adéna. Le frère d'Adéna est mort sur une piste du Sud... ; Abdallah ne voit plus l'intérêt maintenant de nous dire qu'il était le meilleur... Il n'a cessé de progresser mais je doute que Guy soit fier de ses nouvelles connaissances, immensément hétéroclites !

Nous tenons avec lui de longues conversations que presque aucun terme inconnu ne gêne. De toute façon, lorsqu'il ne comprend pas, l'explication est vite quémandée, retenue, assimilée. Doué d'une mémoire phénoménale éduquée sans doute par l'habitude de la transmission orale, Abdallah retient ce qui lui plaît. Toutefois, nous nous sommes habitués avec lui à nous contenter d'un langage simple et direct. Nous rions sous cape lorsqu'un ami lui explique que, dépendant d'une société structurée de telle sorte que..., la conjoncture actuelle faisant que..., la pollution atmosphérique étant telle... Abdallah hoche gravement la tête, baisse pensivement le front, ferme les paupières ; trois signes manifestes qui nous prouvent qu'il n'a rien « pigé » de ce langage argotique !

De l'argot véritable, les Touareg en connaissent, tout comme des mots d'anglais, d'espagnol ou d'italien, glanés le long des pistes en compagnie de voyageurs étrangers. Si nous regrettons qu'aient été rapidement retenus « dégueulasse » et « j' m'en fous » (héritage des militaires français basés à Iniker), nous nous amusons des impromptus « no problem » et « *fasciamo cosi* », comme ne manquent pas de nous surprendre « c'est évident ! » et « bien entendu ! »... Abdallah a parfois des intonations si purement parisiennes que nous devons nous assurer que c'est bien lui qui parle. Que dire d'Atankaoues qui ne connaît en français que ce surprenant « j'ai les crochetons », autrement dit « j'ai faim ! ».

Profitant pleinement du pouvoir qu'ils ont de retenir tout ce qui passe sur les langues étrangères, celles des Touareg ne se privent pas du plaisir de nous imiter. Le père d'Abdallah nous surprit lorsqu'il répondit à nos « *tanemert* » (merci), un grave et consciencieux « pas de quoi ». Pur raffinement de sa part puisque nous savons qu'en *tamahaq*, on n'utilise pas les « s'il vous plaît », on remercie rarement. Aujourd'hui, on tend à employer « pardon-pardon ! » pour remplacer l'impérieux et préventif « *ouksad* » (attention !).

« Bardon ! Bardon ! » crie Moussa en tirant sous nos fesses la couverture sur laquelle nous nous sommes installés en attendant de partir. « Bardon ! Allez, on s'en ba ! ».

Tout en pliant bagage, il me vient encore à l'esprit qu'à l'allure à laquelle Moussa apprend le français, il arrivera très certainement un jour où je ne devrai plus me contenter de boire mais de me désaltérer... Ce même jour, Bohra et Entayent n'attacheront plus la selle mais la sangleront ; Kader n'aura plus mal à l'estomac mais souffrira de douleurs gastriques... Déjà, on ne confond plus l'effervescence de l'aspirine avec l'arborescence de la végétation et ce cabotin d'Abdallah commente un paysage en le qualifiant de volcanique, de pittoresque et de génial...

CHAPITRE 35

Apprentissage des chameliers

Nous partons. Aflane et Moussa, aidés de Mélouye, finissent de seller et de bâter nos chameaux tandis que nous nous dirigeons lentement vers la berge de l'*oued*, accompagnés par presque tous les gens du campement. Les tout-jeunes enfants, Lalla, Mama et Mahadi, qui ne comprennent pas encore qui part exactement, s'accrochent en piaillant aux robes de leur mère. Nous avançons de front, à petits pas, sachant que tantôt l'un, tantôt l'autre nous prendra la main, nous tirera un peu à l'écart, nous souhaitera bonne route et nous chargera de saluer tout le monde...

— *Tehouled-în houllan eddounet...*

Bila la première nous dit au-revoir ; de guerre lasse, elle prend Mama dans ses bras pour ne plus l'entendre pleurnicher. Ensuite, c'est le tour de Ralima qui avait laissé en plan le grain et la meule. Ensuite, c'est Badloulik qui doit retourner auprès du vieux Bargali. Il ne reste bientôt plus, pour continuer les adieux, qu'Aflane et Ibrahim qui discutent âprement avec Moussa du choix de la piste, et Chicha qui n'en finit pas de se faire taquiner par Abdallah, son cousin préféré.

Au détour de l'*oued*, nous nous retrouvons seuls. Du campement, ne nous parviennent plus maintenant que les cris stridents de Mahadi qui se rend compte que son père et son frère sont bel et bien partis, enfuis, sans même lui avoir fait la joie d'un petit tour en selle ! Mélouye avait pris les devants avec nos chameaux ; il nous attend et donne à chacun la longe de sa bête. Nous voici de nouveau en selle. Les vêtements neufs réintègrent les sacs, les *chèches* s'affaissent sur le sommet des crânes, les échines s'arrondissent... Nous sommes maintenant assez loin du campement pour activer nos bêtes si nous voulons faire un bout de piste avant la tombée de la nuit. Kader pousse du pied sur l'encolure de sa monture et Abdallah, après un dernier coup d'œil en arrière, empoigne sa cravache. Il est de bon ton de ne faire preuve d'aucune précipitation pour s'en aller... Ah ! soupire d'aise Kader et je sais que ce souffle exprime la joie de se retrouver dans le désert, au-dehors, quoi ! Après tant de mondanités, chacun apprécie le silence de cette marche face au soleil couchant. De front, Abdallah et Moussa inspectent le pâturage d'un œil oisif. Kader allume lentement une cigarette. En tête de la caravane, Mélouye chantonne, tellement heureux et fier de ce voyage entre adultes ! Il ne se doute pas que son père peut l'entendre !

Mélouye monte un chameau *azelraf* (noir et blanc, aux yeux bleus) que son père lui a offert. A onze ans, il sait déjà l'essentiel que tout bon chamelier doit savoir. Il n'a pourtant que bien peu voyagé : quelques allées et venues entre son campement et Tamanrasset, quelques visites aux cousins de Taroumout, une méharée avec nous jusqu'à l'Assekrem. Mais il a tant entendu les hommes et tant ouvert ses oreilles à tout ce qui se dit sur les bêtes et le pâturage ! Abdallah m'a raconté qu'à l'âge de huit ans, lui aussi montait déjà tout seul sur un chameau. Bien sûr, personne n'en savait rien, car la chose était formellement interdite par Grand-Pêre. Mais lorsqu'on est seul au pâturage et qu'on a tout le jour la garde de chameaux paisibles qui broutent et ruminent en vous fixant d'un œil morne, mon Dieu ! comment résister à la tentation de désobéir ?

« D'ailleurs, reconnaît maintenant Abdallah, mon père devait bien s'en douter... puisqu'il l'avait sûrement fait avant moi ! ». Maintenant adulte, Abdallah a devant les yeux les réactions paternelles de Moussa qui surveille avec fierté la façon dont Mélouye dirige Azelraf. En arrivant à son campement l'autre jour, Moussa chargea Mohamed, son plus jeune frère, d'emmener nos bêtes au pâturage. Mohamed, qui n'attendait que ça, partit gravement, tenant soigneusement la longe des chameaux. Sitôt hors de vue, il fit baraquer Bourari et le monta prestement à cru, légèrement en avant de la bosse, ravi et ne pouvant s'empêcher de rire de plaisir. Mélouye, monté sur la crête, l'aperçut et nous expliqua par de grands gestes des bras que Mohamed, dans l'*oued*, montait à cru le chameau de Bernouze, et même, le faisait galoper ! Les hommes eurent un petit sourire et, loin des oreilles enfantines, ils commentèrent la nouvelle qu'enfin Mohamed était parvenu à galoper ! Chut ! Le voilà qui revient, tout rouge et essouflé. Mélouye courut à ses devants et ils retournèrent ensemble au pâturage, comme deux conspirateurs. Mohamed, le bras sur les épaules de son neveu, semblait raconter quelque chose de très très extraordinaire.

— Bon ! dit Ibrahim, en voilà deux qui vont agacer les chameaux... Mohamed ! Mélouye ! Mélouye !

Après quoi, Aflane monté à son tour en vigie sur la crête, surprit les enfants improvisant une course sur Bourari et le chameau d'Abdallah. Le sourire de Moussa plus fier que mécontent en disait long sur sa façon d'élever son fils. Après un court silence, Moussa s'enquit de savoir qui tenait la tête : son frère ou son fils ? Mais Aflane les avait vus disparaître, de front, derrière les roseaux...

Il est normal qu'un père réfrène la fougue d'un Mélouye trop téméraire. Une fois, Mélouye revint, le coude ensanglanté et la chemise dans un triste état. Rien n'échappa à Moussa. Pour toute réponse, il n'obtint de Mélouye qu'un silence affairé : son fils se concentrait sur une entrave à lier... Moussa passa la main sur l'encolure moite du chameau, sourit et se tint coi. Le soir, je surpris la nouvelle entre Moussa et Chicha que Maroki, le nouveau chameau tout jeune, donnait bien du fil à retordre à Mélouye... Chicha soupira, hocha la tête, l'air à la fois inquiet pour le fils et grondeur pour le père.

C'est une chance, dit Abdallah, lorsqu'on peut « apprendre le chameau » tout petit. A l'âge de Mélouye, il n'avait pas encore de chameau à lui et montait en cachette, sans pouvoir demander ni conseils, ni avis, se contentant d'écouter le mieux qu'il pouvait le moindre mot sur la bête, la moindre histoire de caravane. Regarde, me dit-il très souvent, regarde Bohra qui n'a eu un chameau que très tard, eh bien ! Bohra n'y connaît rien ! En général, cette phrase est dite devant l'intéressé et très fort pour qu'il l'entende bien ! Ce à quoi Bohra répond en quelque sorte que ce n'était pas la peine qu'Abdallah s'y prenne si tôt pour se classer derrière lui à l'arrivée des courses ! Ces joutes oratoires se terminent invariablement par une galopade.

Mélouye freine et m'attend. Les premiers instants d'euphorie passés, il se trouve solitaire et s'ennuie. Nous reprenons une leçon de français laissée en route...

— Toudet ! Le chameau, la chèvre, le bourricot...

— Non ! « Le bourricot » *isem-ennit ouan tidet* « l'âne ». Le vrai nom du bourricot est « âne ».

— L'âââne... répète Mélouye.

— L'âne !

— Toudet, *tamalra ?*

Mélouye coupe court à la leçon et me propose une course.

Je trouve Mélouye bien fiérot sur son nouveau chameau. Il n'avait point si bonne mine sur son âââne ! Nous avions rejoint Mélouye et son père à Taroumout mais ils n'avaient pour eux deux qu'un chameau pour Moussa et un âne pour lui. Mélouye avait eu des larmes de honte lorsqu'il avait dû, devant nous, poser le bât sur le dos de la bête, la désentraver et enfin l'enjamber. La caravane marchait vite et le petit trottinement de l'âne ne lui permettait pas de rester à notre niveau. D'un regard discret vers l'arrière, Bernouze s'était aperçu que Mélouye activait sa pauvre monture tant qu'il pouvait mais que l'âne, têtu, ne changeait pas son train. Bernouze avait invité Mélouye à monter en croupe sur Bourari et nous l'appelâmes derechef « *Sit-sit* », c'est-à-dire petit oiseau.

Aujourd'hui *Sit-sit* n'est point oiseau. Abdallah, qui a entendu l'invitation à la course, lance un cri aigu, cravache sa monture et celle de l'enfant... Tous deux me laissent sur place, envieuse au regard attendri comme celui d'une mère.

CHAPITRE 36

Dressage
des chameaux

Au bivouac, les commentaires vont bon train. Bien que les preuves de sa défaite aient été claires sur le terrain, Mélouye ne s'avoue pas vaincu. Premièrement, Abdallah est parti sans prévenir. Deuxièmement, ses cris effrayèrent Azelraf. En effet Mélouye eut beaucoup de mal à garder son chameau en droite ligne ; il tirait à droite constamment pour éviter l'affrontement, sans doute effrayé par la cravache levée d'Abdallah et les encouragements que lui vociférait Moussa.

Abdallah insulte à plaisir l'*azelraf* de l'enfant en le traitant de chameau de bât et Mélouye, qu'une telle injustice révolte, ne peut que s'écrier : *bahou ! bahou !* mensonge ! Nous rions tous et Mélouye ne trouve plus de mots pour se défendre. Alors Kader qui se souvient qu'il n'aimait pas perdre non plus, console le garçon. Dans un an, quand tu auras bien l'habitude d'Azelraf, tu provoqueras Abdallah dans cette grande plaine et tu verras bien qui de vous deux arrivera le premier à l'autre bout ! Son chameau est vieux et le tien n'a que quatre ans... Devant les éclats de rire de Mélouye enthousiasmé, Abdallah se rebiffe mais Kader continue encore...

Ton chameau, Mélouye, il faudra le soigner avec beaucoup d'affection ; si un jour tu en dresses un toi-même, tu verras, tu en seras fier comme s'il était un peu ton enfant ! Un chameau destiné à la selle subit un dressage plus soigné qu'un simple chameau de bât dont le dressage n'a pas de règle stricte. La première chose à laquelle doit s'habituer ton chameau est l'entrave : tu la choisis épaisse et solide ; tu laisses ton chameau au pâturage avec d'autres... Ensuite, tu te contenteras d'intégrer ton chameau encore jeune dans une caravane, attaché aux autres par une corde qui lui serre la mâchoire ; tu peux lui mettre aussi tout un harnais autour de la tête... Tu espères qu'il ne sèmera pas trop de désordre par ses tentatives d'insurrection ! Ainsi l'ayant habitué à suivre la caravane, à sentir ta présence, à supporter la longe, tu chargeras ton chameau d'un bât. Il devra s'habituer maintenant à sentir une présence sur son échine ; présence d'abord inerte. Mélouye, c'est à toi maintenant de grimper, en arrière de la bosse... Il va s'habituer peu à peu à ta présence et à tes mouvements. Fais attention, Mélouye, ton chameau fera des écarts brusques car il ne comprend pas quel est ce poids qui est comme une seconde vie sur son dos... Ensuite, il te faudra sangler une selle du Hoggar, plus rustique mais moins belle et moins solide que les selles nigériennes ; tu ne t'y assoiras pas, non, tu resteras sur la croupe. Ton chameau doit encore s'habituer lentement très lentement, à toi, à la selle, à la sangle, à la rêne. Enfin, tu enjamberas la selle et tu prendras la longe dans tes mains. Il te restera à lui apprendre à obéir aux ordres de la rêne, à droite, à gauche, baraque ! plus vite !, doucement... Un jour, il n'aura plus la mâchoire emprisonnée par la rêne ; tu lui auras fait percer la narine droite et mis un anneau de cuivre ; tu auras sans doute une belle rêne que t'auras fait ta mère ou une de tes tantes et tu seras tout fier de la passer dans l'anneau de cuivre ! Mélouye, on te fera cadeau d'une belle selle du Niger, avec un dossier haut et large, une croix magnifique. Ton chameau sera un bon chameau et ce chameau, dressé spécialement pour toi, pour la selle et le galop, tu le soigneras avec amour, tu verras ! Il te reconnaîtra et n'aimera pas bien que quelqu'un d'autre que toi le monte.

L'enfant sait déjà tout cela mais hoche gravement la tête. *Itbat !* C'est certain ! approuve Moussa. Ton chameau, continue Kader, n'aimera pas que tu le confies à quelqu'un qui n'est pas un très bon chamelier ; il saura désormais reconnaître la position et la poigne d'un bon chamelier. Ton chameau, il vaudrait mieux ne le confier à personne, sauf à ton père s'il te le demande (clin d'œil de Kader vers Moussa) et surtout pas à... (Kader se penche sur l'oreille de Mélouye), surtout pas à... (l'œil de Kader, noir comme le trou d'un fusil, foudroie Abdallah).

175

Mélouye s'endort, la tête sur les genoux d'Abdallah et les jambes entrelacées dans celles de son père. Plus doucement, à voix étouffées, nous continuons à parler un peu irréellement, au-dessus des flammes. Nous dissertons sur le chameau et nous voulons prouver ce qui nous tient à cœur.

Kader serait enclin à minimiser leurs qualités actuelles. Il faut avouer que les chameaux sont en général des bêtes douces, voire indifférentes, surtout par ces temps de disette où les pâturages secs et clairsemés les laissent affaiblis, les flancs creux et les jambes sans force. Kader se répète : il n'y a plus de bons chameaux, vifs et emportés, capables de s'envoler, dès qu'on les monte, en un galop soudain.

— Et, rajoute-t-il, narquois, pour des chameaux comme ceux-ci, il n'y aurait même plus de chameliers ! Les temps actuels ne sont plus comme ils étaient, avant...

Encore une fois, Abdallah n'est pas tout à fait d'accord. Il se souvient d'une fois, il n'y a pas si longtemps de cela, être resté plusieurs heures sur un rocher avec son oncle Moussa, le frère de Rabti, assiégé par un chameau en colère. En période de rut, les bêtes peuvent devenir méchantes. Si un chameau te jette à terre, explique Abdallah, et c'est facile, d'un coup de tête ou en te mordant ; s'il te met à terre, il baraque sur toi et t'écrase avec son sternum proéminent. Oui, c'est vrai, finit par convenir Kader à qui Abdallah cite encore le cas de cet Adjouh n'Téhélé unijambiste... Un étalon en colère lui a mordu la jambe et on dut la lui couper. Mais tout de même, Kader étant conservateur dans l'âme, il ne peut s'empêcher de rajouter que maintenant, on peut confier à une femme ce qu'on appelle « un bon chameau » ! Ceci vient droit sur moi, sans bavure.

Bon. Je reconnais qu'il a raison car je m'imagine assez mal en train de dompter un chameau qui m'aurait acculée sur un rocher ou dans les branches d'un acacia. Si l'histoire d'Abdallah est vraie, on en raconte trop qui sont injustes : ils mordraient, ils auraient mauvais caractère, ils seraient têtus, idiots, niais, orgueilleux... (et je passe sous silence le fameux « mal de mer » !).

Le blatèrement du chameau n'a rien d'affectueux et laisserait supposer la contestation, l'indignation ou la colère. Mais quel animal ne regimbe pas lorsqu'on l'empêche par exemple de brouter, lorsqu'on le sangle trop étroitement ou lorsque les charges sont pesantes ou mal équilibrées ? Ils mordent rarement, et s'ils donnent parfois des coups de pieds, ils le font pour se défendre. Les bénéficiaires de coups de patte dans les tibias, ou même à hauteur des côtes, reconnaissent qu'ils sont fautifs de s'être approchés des chameaux selon « un angle mort », Je courais un jour derrière le chameau de Moussa pour donner à celui-ci un objet tombé de sa selle. Effrayé par le bruit de ma course et ne pouvant juger de ce qui se passait derrière lui, le chameau botta. J'esquivai de justesse un magistral coup de sole. Je reculai précipitamment pour me fourrer maladroitement dans les pattes antérieures d'un autre chameau. Celui-ci, identiquement effrayé par mon écart brusque, me fit repartir en avant d'un formidable coup de genou dans mon derrière. Tout le monde rit beaucoup et usa plusieurs jours des mêmes plaisanteries à mon sujet...

Sur sa mauvaise mine et sa moue arrogante, j'ai moi aussi jugé très vite le chameau comme étant bête et sans attachement. J'ai doucement appris à mieux le connaître. Je n'appelle plus simplement instinct la connaissance qu'il acquiert des pistes et des points d'eau, la mémoire qu'il garde de son point d'attache, la préférence qu'il montre pour l'homme qui l'élève et le soigne, certains sentiments qui ne laissent aucun doute quant à ses états d'âme... C'était mon premier chameau et il m'intimidait ; sans doute le savait-il. Grand-Père me demanda de rajouter un sac à mon chargement. Au geste que je fis pour le suspendre, le chameau rétorqua en déplaçant son pied et en le posant sur le mien. Lorsque je faisais mine de hisser le sac, il pressait sur mon pied, légèrement ; lorsque je baissais le sac, il adoucissait la pression tout en me gardant prisonnière. Ce manège dura... Je renonçai, sous peine de garder à vie un pied en forme de palette ou de rester là tout le jour. Je déposai donc le sac et le chameau fit deux pas en avant pour brouter la tête fleurie d'un fenouil.

Moussa, qui ne veut pas qu'il y ait plus intelligent que son chameau, entre dans le jeu. Un matin, nous hissâmes sur son Azelraf Abdelkader Ag Ahmadou qui avait gémi toute la nuit ; la fièvre le rendait inconscient. Il voyagea ainsi pendant deux jours. Jamais on n'avait vu le chameau aussi calme, tranquille et prévenant. Il baraquait de lui-même en douceur, à la meilleure place ombragée des haltes, précautionneusement. Il s'arrêtait et regardait en arrière, inquiet, lorsqu'Abdelkader endormi ne le conduisait plus. Tel maître, tel chameau : affection et douceur, colère et fougue, tour à tour. Donc, lorsque les médicaments vinrent à bout de la fièvre, l'Azelraf de Moussa redevint le chameau nerveux que nous connaissons bien.

Nous sommes finalement tous à peu près d'accord. Les chameaux n'ont pas que de l'instinct. Un ami voulait faire baraquer sa monture près d'une selle qui n'était pas la sienne. Le chameau résista un peu en blatérant, puis obéit. Mais dès que notre ami tourna les talons, il se releva pour aller baraquer, cette fois près de sa propre selle...

— Ton chameau, il a plus de tête que toi ! ironisa Akoulan.

CHAPITRE 37

La prière

Je suis couchée sur l'horizon et je regarde frémir l'herbe courte contre le ciel de l'aube blanche. Il s'est vidé de toute étoile ; le vent juste levé a chassé la dernière sans doute... La fraîcheur du matin me rend consciente de la tiédeur douillette de mes couvertures et je souhaite presque qu'un frisson vienne contre moi... Je me blottirais plus profondément dans la douceur de mon bivouac.

Secrètement, s'élève du sol une silhouette qui s'étire sans bruit, hormis le frémissement des herbes alentour. Elle est grise, haute et longue : c'est Moussa. Il étire ses bras jusqu'au sommet du ciel et, lentement, face à l'Est, refait son *chèche*. Murmure. Maintenant, Moussa prie et sa prière passe furtivement comme le vent. Le simulacre de sa toilette devant Dieu (visage et mains), ce simulacre, je le devine bien que je ne voie de Moussa que le dos, porte sombre sur le ciel ouvert. Tandis que me parviennent quelques mots doux et monotones, sa silhouette se courbe sur l'horizon, puis s'évanouit à hauteur des tiges de fenouil, Dans sa prière, le front de Moussa baise la terre, cette terre froide que ne touche pas encore la lumière du plein jour.

Un souffle de vent qui court à ras de terre ferme mes paupières. J'ai droit à un sursis d'immobilité avant que s'achève, ce matin comme chaque matin, la première prière du jour. Je suis habituée au rythme des prières quotidiennes étalées du lever du jour à l'heure du sommeil ; j'aime le calme et l'immobilité que requiert chacune d'elles ; je goûte pleinement ces paisibles parenthèses, vite ouvertes et closes, dans notre train de vie bruyant. La pureté de ces moments me met en grâce, même si Kader m'assure qu'il a prié pour moi mais que je n'ai pas beaucoup de chance d'aller ailleurs qu'en Enfer !

La facilité avec laquelle les Touareg s'accommodent du lieu de leur prière et de leur environnement me surprend encore. Tournés vers La Mecque, ils effectuent indifféremment leurs prières à quelques mètres seulement de nos paroles et de nos rires bruyants ; un chameau en train d'uriner peut venir s'intercaler entre eux et La Mecque, peu importe ! Ils arrêtent leurs chameaux au bord des pistes, s'en éloignent un peu et s'agenouillent ; ils continuent de veiller distraitement sur une bête ou sur la bouilloire...

Le soir, la journée des Touareg se termine avec le murmure du rituel « *Bismillah !* » « au nom de Dieu ! », qu'ils n'oublient jamais en se glissant entre leurs couvertures. Ils auront l'âme en paix si jamais Dieu les rappelle à Lui pendant leur sommeil. La prière du soir ne suffit pas ; on doit encore à Dieu la dernière parole et l'ultime pensée avant le sommeil. Ce murmure immuable et déjà ensommeillé m'attendrit, soupir de soulagement d'en avoir terminé avec une journée pénible ; il m'amuse parfois, soupir d'aise de retrouver le confort rude des bivouacs.

— Ahhh !...

— *Bismillah !*

Ayant terminé sa prière, Moussa s'en va au fond du pâturage, l'âme en paix. D'habitude, il réveille Mélouye :

— Mélouye ! Mélouye !

— Oh ?...

Moussa est déjà agenouillé sur le sable lorsque l'enfant vient le rejoindre. A chaque prosternation, Mélouye a un petit temps de retard et d'hésitation, vérifiant du coin de l'œil les gestes de son père. Alors, il me semble que Moussa est plus grave que de coutume, plus lent et plus paisible encore. Alors, Mélouye devient un homme, tendre copie de Moussa.

J'ai droit a un sursis, encore, avant que ressurgisse, vertical et piqué sur l'horizon, cet homme matinal éloigné pour un temps par le souci de ses chameaux. Il reviendra du pâturage sans bruit, et je ne pourrai différencier son pas du souffle de l'aube montant dans les herbes ; comme je n'entendrai pas se briser dans ses mains la paille sèche, ni crépiter la première flamme... Je m'installe tranquillement dans un demi-sommeil conscient qui prendra fin quand le feu sera assez fort et crépitant. Alors, je ne pourrai plus feindre la somnolence et d'ailleurs, il ne m'en restera plus l'envie, car je sais que, les yeux ouverts, je connaîtrai cet éblouissant éclat de l'horizon qui s'embrase...

Oui, le ciel brûle. Le vent rabat sur moi un peu de fumée et quelques étincelles vives. Les mains actives de Moussa protègent les premières flammes et dans son œil brille l'affectueuse ironie qu'il a de m'entendre chaque matin soupirer de tant de contentement pour le commencement de chaque jour. C'est ma prière.

CHAPITRE 38

Savoir-vivre
de la gastronomie

Bismillah ! Au nom de Dieu ! Nous n'avons pas attendu que Kader donne le signal pour planter nos cuillères dans la partie du plat qui nous fait face... Nous avions faim depuis que nous avons quitté le plateau sombre pour plonger dans l'*oued* ; une faim terrible que nous aurions dû ne pas pouvoir avouer. Au pays d'Abdallah, « j'ai faim » et « j'ai soif » n'existent pas ; on affecte de ne pas connaître ces deux maux. Un Targui bien élevé ne s'impatiente jamais ; si le repas n'est pas prêt, il attend sans mot dire ; s'il n'y a rien à manger, eh bien ! tant pis, il mangera plus tard... Un Targui bien élevé ne se précipite jamais sur la nourriture ; à l'entendre, il mangerait sans avoir jamais faim ! Si Grand-Père par exemple était là, Abdallah ne conviendrait pas qu'il a faim ; il s'étonnerait de ma question : « Moi ? », ou l'ignorerait. L'autre jour, avant de rencontrer Sliman, le Targui Aït Loen, Abdallah disait avoir l'estomac qui lui descendait dans les talons... et puis, quand Sliman a été là, Abdallah brusquement n'a plus eu faim.

— Abdallah, tu as faim ?

— Oh ! la la ! une faim de loup !

— *Aked nek ! Houllan !* Moi aussi ! Beaucoup ! dit Moussa.

Et tous deux continuent de plonger leur cuillère dans le plat de *taguella.*

Un Targui bien élevé, n'ayant jamais faim, se nourrit pour survivre et non par plaisir... Donc, il mange rapidement et sans perdre de temps, avec parfois cet air de vouloir en finir très vite avec une corvée. Si Grand-Père était là, ou Sliman, ou un autre étranger que nous aurions invité, nous mangerions silencieusement. Alors qu'on m'a appris à réprouver un convive qui n'a pas de conversation à table, je devrais ici trouver normal que Grand-Père ne pipe mot, que Sliman fixe d'un œil morne le plat dans lequel viennent puiser nos cuillères apparemment distraites mais pourtant bien précises. Dans ce cercle de personnes bien élevées, celui qui parlerait serait un « *sounti* », c'est-à-dire quelqu'un qui ferait montre d'un manque de savoir-vivre. Actuellement, par exemple, Abdallah est un *sounti* qui fait remarquer que le pâturage n'est pas trop mauvais ici ; Moussa en est un autre qui lui répond qu'il vaudrait mieux qu'il pleuve tout de même ! ; Bernouze encore un... Peu importe ! Nous sommes entre amis intimes ; Grand-Père et Sliman sont à des lieues d'ici... La variété de nos réflexions ont souvent amusé beaucoup de convives qui ne se privaient pas de rire ouvertement, s'ils osaient, ou sous leur *chèche*... Qu'on puisse parler du temps qu'il fait devant Grand-Père pendant que nous mangeons serait une chose tellement étonnante !

Moi, je serais la plus étourdie des *sounti* si, devant Grand-Père, ou devant Slimane ou devant..., j'osais faire ce que je fais à l'instant :

— Hmmm !

Je jurerais que Kader attend ce compliment depuis au moins dix minutes. Avec Grand-Père, si je ne devrais pas parler pâturage ou pluie, je ne devrais non plus juger de la qualité de ce que nous mangerions ! Le compliment que je fais à Kader me vaut une réputation de gourmande et de gaffeuse ; lorsqu'il ne vient pas, Kader me questionne :

— Alors, quoi ?... Ce n'est pas bon ?

Je suis enchaînée : soit être délibérément une *sounti* devant Grand-Père, soit trouver le moyen de faire comprendre tout de même à Kader que j'apprécie sa *taguella* sans pouvoir le lui dire. Dans ce cas, le meilleur compliment que je pourrais lui faire serait de me taire et de manger juste suffisamment pour lui prouver que j'apprécie sans voracité. Je plongerais ma cuillère dans le plat, je prendrais du plaisir à avaler tandis que ma cuillère attendrait patiemment dans le trou...

Si nous avions invité un Aït Loen ou un Issakamaren inconnu et si j'étais une Targuia, je n'aurais pas mangé avec les hommes. Je les aurais laissé entre eux, je me serais mise en dehors du cercle et je leur aurais même tourné le dos. Je ne voudrais en rien les gêner... Eux se devraient de manger sous leur *chèche*. Devant Sliman, Abdallah a mangé en passant sa cuillère sous le tissu ; en face d'Abdallah, Sliman a aussi jonglé avec la sienne... S'il y avait ici un homme inconnu, personne n'oserait dévoiler son visage ; s'il s'agissait d'une femme... Avec des « si », on ne mangerait pas grand chose : Abdallah serait certainement parti vers les chameaux, Moussa aurait sans doute fait comme lui... Combien de fois n'ai-je pas vu Abdallah et Akoulan, ou Bohra et Entayent, ou Oukcem et Moussa, plier hâtivement les restes d'un repas, cacher les cuillères et le plat, parce qu'ils apercevaient la silhouette d'une bergère inconnue. Si une femme étrangère arrivait alors que nous nous apprêtons à cuisiner, nous remettrions tout dans les sacs et sauterions un repas. On ne mange pas pour le plaisir de manger ; un homme qui est un homme ne s'abandonne pas à ce plaisir futile devant les autres ; un homme qui est un homme, fort et solide, n'a pas besoin de se nourrir...

Je suis en compagnie de quatre hommes futiles et gourmands, qui mangent sans leur *chèche* et qui sont des *sounti*... La viande d'aujourd'hui est celle d'un gigot de chèvre rescapé du festin que nous avons fait chez les Ag Bargali. Moussa pose la marmite devant lui et déchiquette chaque morceau avec les doigts pour en déposer un fragment dans chaque trou, fort équitablement de droite à gauche. Je sais que je n'y couperai pas : comme d'habitude, ce farceur mettra près de ma cuillère le plus infâme bout de graisse et de tendon pour que je lui procure la joie de m'entendre rouspéter. Si Grand-Père était là, il aurait le plaisir démesuré de me voir faire simplement la grimace... Si Grand-Père était là, les cuillères dans le plat seraient moins désordonnées et Abdallah ne s'étonnerait pas à l'instant de me voir encore manger de la viande ! En général, je préviens assez vite que je n'en veux plus ; les autres seraient bien heureux, ayant plus grande part. Si Grand-Père était là, Abdallah n'oserait pas voler dans mon trou le morceau bien tendre que Moussa vient d'y mettre pour se faire pardonner le tendon précédant...

— Oh ! Oh ! dit Kader. L'absence de Rabti ou de Sliman, par contre, le dessert. Quand je n'ose pas décevoir mon hôte en prévenant très tôt que je ne veux plus de viande, je m'arrange toujours pour faire comprendre à Kader (à mes côtés) qu'il peut agrandir son trou vers le mien pour s'approprier discrètement ma part !

Abdallah peut se féliciter que ni son père, ni un Aït Loen ne soit là : il peut s'empiffrer tout à son aise ! La présence d'un étranger aurait obligé Abdallah à déclarer forfait très vite (s'il avait mangé avec nous !), comme il l'a fait l'autre jour en présence de Sliman. Il devrait poser sa cuillère dans le sable, se lever et partir ou bien se reculer hors du cercle... Le principe de « rester à table avec les autres » ne m'a pas marquée à vie. J'ai toujours trouvé désagréable de devoir regarder manger les autres et d'attendre poliment qu'ils aient fini de mastiquer... tout comme je déteste qu'on me regarde finir ce que j'ai dans mon assiette. Donc, cette nouvelle règle de bienséance vite apprise me convient parfaitement. Je pose ma cuillère à côté du plat...

— *Ekch !* Mange ! me dit encore Moussa en m'offrant un morceau sans graisse.

— Ah ! non ! s'écrie Abdallah. Elle a fini !

En principe, si j'ai déposé ma cuillère, je ne devrais pas repiquer au plat. Le morceau est trop tentant et trop forte l'envie d'agacer Abdallah. D'ailleurs lui-même ne se gène pas (lorsque ni Grand-Père ni Sliman ne sont là) pour revenir au plat avec un air fautif !

Kader à son tour dépose les armes. Il n'a plus faim. Etant notre hôte puisque notre cuisinier, Kader, s'il nous respectait suffisamment, devrait attendre pour se retirer du cercle que le dernier de ses convives ne se sente plus l'envie de puiser dans le plat ; il nous tiendrait compagnie très poliment. Au lieu de cela, le voilà qui s'active déjà auprès des théières... Si nous étions en visite chez Sliman, Moussa ne mettrait pas autant d'opiniâtreté à ronger l'os du gigot, ni Abdallah à nettoyer le fond du plat avec son index... Ce doigt est appelé « *eler ikassen* », celui-qui-lèche-les-marmites. Si nous étions chez Sliman par exemple, nous aurions dû laisser un peu de nourriture au fond du plat, pour sa femme et ses enfants. Nous lui prouverions qu'il aurait prévu assez large. Le surplus laissé retournerait en cuisine après qu'on en ait égalisé la surface. Aujourd'hui, nous sommes entre nous et en voyage ; on ne gaspille pas. Après avoir remercié Dieu *(el ramdoulillah !)*, on rôte discrètement, simple preuve d'allégresse stomacale.

Kader se rince les mains. Le rituel du thé lui est coutumièrement laissé car il s'en charge avec une éducation parfaite. Il ne se trompe jamais dans la distribution des verres qui retournent trois fois aux mêmes lèvres comme à la même trace ronde dans le sable. Kader me tend mon verre. Pas de « merci » mais simplement un geste qu'une éducation toute autre m'avait jusqu'ici contrainte à ne jamais faire : je porte le verre à mes lèvres et... je bois « en faisant du bruit », ostensiblement. Je sais vivre. Nous aspirons bruyamment nos thés avec délice.

Sans attendre que Kader ait terminé la vaisselle des verres et des théières, nous nous installons pour la sieste. Il ne se vexera pas, heureusement ; il sait déjà qu'il a à faire à des goujats... On se doit de ne sortir du cercle que lorsque l'officiant a fini de mettre de l'ordre dans son matériel à thé. Certains prennent d'ailleurs un malin plaisir à faire durer la vaisselle... Ce n'est pas très gênant lorsque l'obscurité permet la somnolence dans un coin.

— Oh ! Oh ! s'exclame Kader en réveillant Abdallah.

Passe encore que nous dormions pendant qu'il essuie les verres, mais, que nous ronflions, et avec autant de plaisir, non ! Kader ne supporte pas que nous soyons des goujats, et des goujats heureux !

CHAPITRE 39

Lait,
beurre et fromage

Au centre de la plaine que ne ferme aucun horizon si ce n'est un miroitement fluide de chaleur montant de la terre elle-même, nous apercevons la semence éparpillée d'un troupeau de chèvres. Chacune jumelle une touffe rousse de verdure sèche. Ces grains de charbon sur le sol font paraître plus pâle l'or en fusion de la plaine. Doucement, progressivement à notre approche, le troupeau somnolent s'éveille. Les chèvres qui sont debout tournent la tête vers nous sans bouger de place ; quelques-unes, lovées à l'ombre des fenouils, se lèvent péniblement et plusieurs que nous n'avions pas vues surgissent ainsi de leur cachette, le cou tendu par-dessus les tiges étroites. Une chevrette minuscule trottine à petits pas rapides et chevrote plaintivement... Alors, tout le troupeau secoue les restes de sa somnolence avec désordre et incohérence.

La bergère, une servante de Bouzine, surgit de l'ombre et rit en nous reconnaissant. Tout en venant vers nous, elle défait son voile dont elle s'était entourée la taille et le remet précipitamment sur la tête. Bonjour ! Nous nous asseyons pour cinq minutes sous l'acacia que nos chameaux broutent sans tarder. Kader lui offre une pincée de son tabac à chiquer. Abdallah et Moussa lui demandent des nouvelles de Bouzine. *Alrer ras...* Tout va bien... Elle rit et me tend sa petite outre :

– *Essou* Toudet ! Bois !

Aucune bergère ne part le matin derrière ses chèvres sans emmener un peu de lait aigri coupé d'eau. A Tarlalt, Rarma emportait un bidon au goulot duquel nous nous désaltérions toute la matinée. A midi, nous allongions encore le mélange avec l'eau de la halte de Tit n'Oudad, en prévision des heures chaudes du retour. Tous les matins, j'étais réveillée par Raguida de corvée au barattage. Quand j'ouvrais les yeux, elle me souriait comme pour excuser tant de tapage mais n'en continuait pas moins son ouvrage. Tenant l'outre à deux mains, elle la secouait brusquement d'un geste saccadé à droite et à gauche ; j'écoutais le choc sourd du lait contre les parois du récipient. Le soir, Rarma et Raguida se partageaient les tâches. L'une barattait de nouveau tandis que l'autre surveillait une cuisson ou écrasait le blé à la meule. Les bavardages filaient bon train... Ils s'animèrent tant un soir au passage d'un prénom masculin, que Raguida manqua son barattage, ayant négligé le rythme et la force. Après une demi-heure de barattage irrégulier, il n'y avait pas la moindre motte de beurre ! Rarma, résignée, lui prit l'outre des mains et s'éloigna un peu pour que nos discussions et nos rires ne viennent pas la distraire. A demi dans l'ombre, éclairée par le feu comme une sorcière pour un rite magique, Rarma secouait la baratte à gauche et à droite avec des gestes courts, brusques et saccadés. Quand elle eut fini, elle versa le lait dans une écuelle ; un petit bouchon très blanc de beurre crémeux flotta à la surface. Un petit morceau vint agrémenter la *taguella*. Que c'était bon !

Que c'est frais ! La bergère rit de ma gourmandise. J'aime le lait aigri, encore plus que le lait tout frais de la traite, tiède, léger, doux comme de la crème chantilly.

Alors que je m'absorbe dans la fermeture de la petite outre, la conversation dévie sensiblement entre la bergère et les hommes... Il n'est plus question d'échanger des nouvelles anodines ; les hommes orientent leurs questions, je sais vers quoi. Plusieurs fois déjà ils ont regretté le manque de beurre dans la *taguella*, dans le couscous, de nouveau dans la *taguella*... Ils avaient ce matin un petit air nostalgique en mangeant leur *taguella* au beurre du Soudan. Pour le connaisseur, quelle différence entre beurre du Hoggar (lait de chèvre) et beurre du Soudan (lait de vache) ! D'aucuns le prétendent un peu fort, voire un peu rance. Je ne suis pas d'accord ; il a un fumet tout particulier qui donne du goût à n'importe quelle bouillie fade ou qui fait même pardonner une *taguella* ratée, trop cuite ou pas assez. Lorsqu'il y a du beurre, le plaisir est contre le palais et au creux de l'estomac. Pour moi, le beurre du Hoggar est mieux que du beurre, c'est de la crème !

Lorsque les chèvres donnent un lait abondant et gras, on parvient à faire de petits fromages avec ce qui n'est pas consommé ; on fait des provisions... Alors, au passage des campements bénis de Chadika ou de Chicha, on nous offre parfois quelques tommes sèches. Lorsque la piste est longue entre les haltes, Oukcem ou Rassi nous appelle comme s'il nous invitait à une conspiration ; il tire des profondeurs de son sac un fromage que nous nous partageons. Ces petits fromages blancs et secs sont la preuve de l'abondance et du bonheur, d'un troupeau bien portant, d'un pâturage prolixe poussé après de lointaines pluies. C'est ainsi que, tout l'hiver 1975, on nous fit cadeau de petites tommes, conséquences lentes des pluies de septembre.

Alors, sans avoir l'air de rien, les hommes se renseignent auprès de la bergère. « Les pâturages sont-ils bons ? Les chèvres donnent-elles beaucoup ? » Heureux qui en voyage possède sa petite outre à beurre, souvent remplacée par un bidon ! A la halte, on le dépose près du feu ; on cuit la *taguella*, on l'émiette tandis que le beurre tiédit auprès des flammes. Lorsqu'on ouvre le bidon, l'odeur du beurre rallie les convives autour du plat et on regarde en silence couler le mince filet jaune-vert pâle...

— *Sit, sit ! Ajoute !* proteste Moussa.

On se régale.

Alors, sans se douter qu'elle donne des renseignements très importants, la bergère explique que ses trente chèvres ne donnent pas trois litres de lait par jour...

— Mince ! dirait Abdallah s'il l'osait.

Nous avions les rêves de Perrette et voilà que le pot-au-lait est prêt à se briser. Me revient en mémoire ce matin où, nous rendant à un mariage dans une ambiance d'euphorie indescriptible, l'insouciance était devenue telle que nous avions fait une débauche de beurre sur la *taguella* du petit déjeuner. Un luxe ! Du plus vieux au plus jeune, de Bouzine soixante ans à Mélouye dix ans, nous plongions nos doigts dans la cuvette avec une joie peu commune, heureux de cette aubaine. Chacun tentait de ramasser le plus de sauce possible avec le morceau de *taguella* le plus petit. Qui nous aurait dit ce matin-là que nous nous disputions pour du beurre rance, se serait entendu traiter de menteur et d'ignorant ; nous ne lui aurions certainement pas permis d'approcher une deuxième fois sa main du plat !

Las ! Le pot-au-lait se brise. De plus, dit la bergère, le lait de mes chèvres est tout maigre, tout fluide, de l'eau !... Kader en a appris assez long et se lève, aussitôt imité par Moussa, Abdallah et Bernouze. Passer chez Bouzine ? Pour quoi faire un si grand détour s'il ne possède pas une once de beurre à nous céder ?...

Merde ! Merde ! répète Moussa en s'éloignant. Son dépit me fait rire mais je n'en montre rien ; je me rappelle d'une colère qu'il avait faite un jour où il avait cru perdre son bidon de beurre (que nous lui avions caché).

— Merde ! Merde ! Merde !

— Merde ? *Ma imous ?* Qu'est-ce que c'est ? questionne Mélouye.

CHAPITRE 40

Les jurons

Nous ne pouvons plus cacher à Mélouye ce que veut dire « merde », mais c'est drôlement embêtant de devoir avouer à l'enfant que son père est grossier. Ça n'est même pas possible.

— *Ma imous ?* Qu'est-ce que c'est ?

— *Oul andaren !* lui répond Moussa qui ne manque pas de toupet. Rien du tout !

— *Aoual yen dar frança.* Un mot de français, précise gentiment mais inutilement Bernouze.

Abdallah ricane. Kader reste sérieux ; il a avec sa propre progéniture les mêmes problèmes que Moussa.

« Merde », dis-je à Mélouye, c'est comme « *imzad* » ou « *tassoukalt* ». Ce que je dis ne prête pas à conséquence, vu que l'*imzad* est un violon et la *tassoukalt* une cuillère. Je connais ces mots-là pour les avoir appris en priorité lorsque nous échangeâmes avec les Touareg nos jurons respectifs. Pour un geste maladroit, une colère rapide, un moment d'impatience, on crie tout simplement « *imzad !* » ou tout bêtement le prénom d'une femme « Fatimata ! » ou « Raïcha ! », comme nous lâchons nos inconséquents « flûte ! » ou « zut ! ».

— *Bechchân* « merde » ma *imous ?* insiste Mélouye. Mais « merde » qu'est-ce que c'est ?

Les Touareg employèrent nos jurons sans se douter de leur terminologie exacte. Ils excellèrent vite dans la répétition des « merde », pour ne citer que celui-ci parmi les plus usités. Lorsqu'ils en découvrirent la signification scatologique, ils se contentèrent de vociférer de tonitruants « bon sang ! » et « mince, alors ! ». On répugne à se montrer grossier en société, sans toutefois être excessivement prude ; on ne voudrait surtout pas laisser échapper une grossièreté quelconque en présence d'une femme ou d'un ancien. Si Moussa se permet encore une chaine infinie de « merde » allant en décroissant, nous considérons qu'il l'égrène de la même façon dont Abdallah récite, en chargeant un bagage par exemple :

— On va faire comme ça... Comme ça... Voilà !... Comme ça... O.K. ! Terminato !

Pour Entayent, la litanie classique est : oh ! la-la ! la-la ! la-la !

Mais, vite lassés de nos jurons qui étaient, soit trop grossiers et inutilisables, soit anodins et sans intérêt, ils ont repris les leurs dont le plus courant est « *ma-k !* », ta mère ! Je connais une femme, que je ne veux pas nommer, qui se permet devant tout le monde de s'écrier impatiemment « *akadyl !* », le vagin ! Mais celle-ci peut se permettre tant de choses ! On en rit sans la déconsidérer.

— Mélouye !

Moussa, par une longue phrase où il est question de surveillance des chameaux, envoie son fils voir à l'autre bout de la plaine s'il y est...

Elemtaye Ag Rissa monte à cru Azelraf, un peu en avant de la bosse, le pied gauche sur l'enco lure, le pied droit contre le flanc de la bête pour s'équilibrer. Durant la course qui va l'oppose à Melouye, l'entrave lui servira de cravache. La rêne, en position de course, passe de part et d'autre de la tête de l'animal.
Page précédente : Ibrahim Ag Rissa, 18 mois...

Course (à cru)
entre Elemtaye (13 ans) et Melouye (10 ans)
qui a pour l'instant le dessus.
L'Azelraf d'Elemtaye perdra certainement du terrain
pour contourner la grosse touffe d'herbe par la droite.

Ci-dessus : en course, le chamelier (ici, Bernouze)
ne garde souvent qu'un pied sur le cou du chameau.
L'autre pied lui permet de s'équilibrer.
Avec le talon,
il peut aussi donner des coups
sur l'épaule du chameau pour l'activer.

Ci-dessus : façon classique de monter sur un chameau, celui-ci étant baraqué. S'approcher du chameau par la gauche. Mettre le pied gauche sur la rêne. En se tenant à la base de la croix et au dossier, passer la jambe droite par-dessus le siège. Se rétablir. Une fois assis, poser les pieds sur l'encolure et reprendre tout le mou de la rêne. En principe, le chameau consent à se mettre debout, et pas trop rapidement s'il a bon caractère !

Ci-dessous : façon classique de descendre d'un chameau. Le chameau ayant baraqué, passer la jambe droite par-dessus la croix (sans accrocher son pantalon), sauter à terre

On peut aussi monter
sur un chameau en ne le
faisant pas baraquer
complètement. Cela lui
évite de se blesser sur
les cailloux et permet de
gagner du temps.
Prendre la rêne assez
courte dans sa main
gauche et tenir le
chameau par la lèvre
tandis qu'avec la main
droite on s'appuie à la
selle. Poser le pied
gauche sur l'encolure, se
rétablir en se tirant sur
la selle, passer la jambe
droite par-dessus
l'assiette. C'est fait !
Il faut agir vite car le
chameau se relève très
brusquement. On
n'emploie cette méthode
qu'avec un chameau
bien dressé.

Méthode pour monter sur un chameau sans le faire baraquer. Prendre la rêne et les naseaux du chameau dans la main gauche. Mettre le pied droit sur la callosité du genou. Poser le pied gauche sur le cou et se tirer avec le bras droit sur la base de la croix. Surtout, ne pas lâcher la bonne prise de la main gauche ! Passer la jambe droite par-dessus l'assiette. Le chameau ne bouge toujours pas puisqu'on le tient fermement ; il blatère de mécontentement. Opération terminée : la théorie est simple. — Veux-tu essayer ? propose Abdallah.

A droite : la montagne Oul (Le Cœur) vue du col Bederguemou situé à l'est de l'Assekrem, sur la ligne de crêtes de l'Atakor.

Départ. Les bagages doivent être prêts avant que les chameaux soient amenés sur l'emplacement du bivouac. On prépare tout d'abord les chameaux de selle pour éviter de faire attendre les chameaux de bât avec leurs charges sur le dos. On fait baraquer le chameau entre les deux bagages qui constituent sa charge. Ensuite, on dispose le bât sur l'échine de la bête et on arrime les charges de part et d'autre de celui-ci. Elles sont donc en équilibre sur l'échine du chameau. On peut consolider cet équilibre par une corde qui passe sous le ventre de l'animal. Mais si la piste est difficile, on ne prend pas cette précaution car, si le chameau butait, il courrait le risque

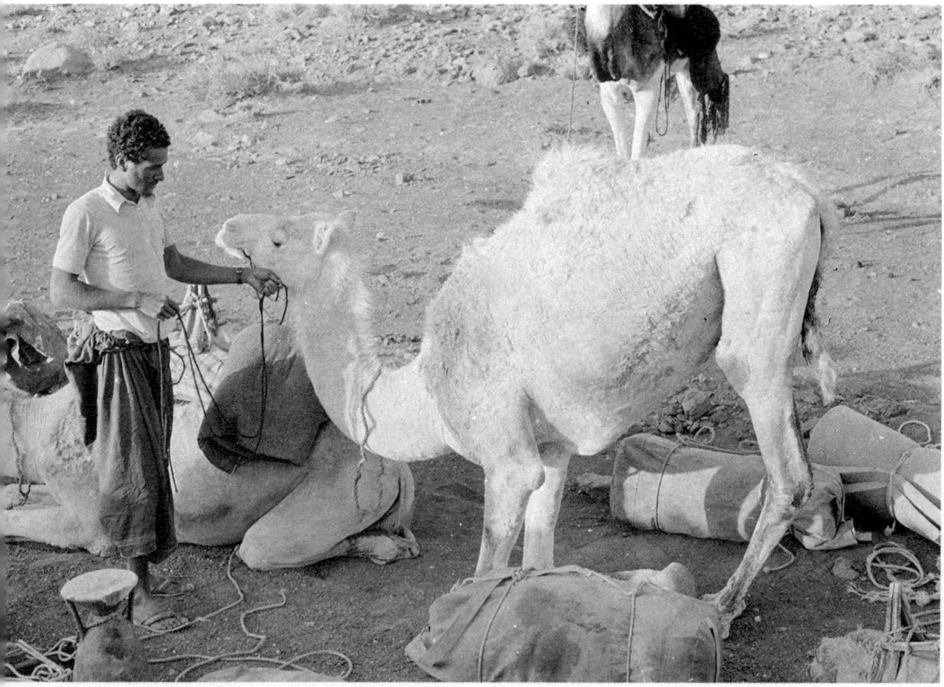

'être entraîné par sa charge. En cas d'incident, la charge glisse au sol.
Le chargement terminé, on aide le chameau à se relever en soutenant la charge. Ici, le chargement est relié à l'entrave passée autour du cou de la bête. Ceci évite un glissement vers l'arrière.
On peut agir de même, pour le mouvement inverse, en passant une corde sous la queue de l'animal. Les petits bagages annexes (bidon d'huile, mortier) se placent en prime sur les charges. L'outre
est accrochée au flanc d'un sac.

Le chèche, façon targuia : des bandes de tiss
soigneusement aplaties et ordonnées. Un pli des
cend jusqu'aux sourcils. Un pan de voile couvr
la bouche et le nez jusqu'à sa naissance. Seuls
les yeux...
Comment faire un chèche targui ?
1/ Poser le tissu sur la tête, comme un foular(
Rejeter une extrémité vers l'arrière en la faisar
passer devant le visage (on peut la maintenir e
la serrant entre les dents).
2/ Enrouler le tissu en prenant soin de l'aplat
autour du crâne. Il est plié pour cela trois ou qua
tre fois dans sa largeur.
3/ Terminer l'échafaudage en fixant enfin l'extré
mité sous un des plis. Descendre le pli du fron
très bas sur les sourcils. Remonter le voile libr
sur l'arête du nez : s'il glisse, faire un revers.
C'est bien. Ou alors, il faut tout recommencer

Chèche de fête ou *aléchou*. Ce tissu indigoté, importé du Nigéria, est constitué de fines bandelettes de 2 à 3 cm de large cousues entre elles. Après la fête, on le roule soigneusement dans un papier car il est fragile et très cher. Ici, cette façon de faire le chèche, ancienne, ne se pratique presque plus. Parfois, on préfère poser l'*aléchou* sur un autre chèche blanc, pour augmenter le volume.

Les jeunes garçons portent le chèche entre quinze et dix-huit ans. Lorsqu'il en est encore démuni, l'enfant pactise comme il peut avec les rigueurs du climat !

Ramrane Ag Kourbi, familièrement surnommé Riquet.

A droite :
Borha Ag Kourbi, Adjouh n'Téhélé.
Sa mère Tima était la sœur de Taboubert,
et Bohra est donc le cousin d'Abdallah.

Entayent Ag Mana, Adjouh n'Téhélé.

Ci-dessus :
Akoulan Ag Amerlouk,
Adjouh n'Téhélé.
Un poète, un rêveur...

Page suivante :
Akekkemaze,
Adjouh n'Téhélé,
en février 74.

CHAPITRE 41

Les dattes

Après les agapes que nous avons faites chez Moussa, un peu de jeûne nous ferait du bien. Les morceaux de chèvre cuits de toutes les manières, les savoureux plats de crêpes, couscous et *taguella*, nous laissent aujourd'hui encore, sans désir et sans rêve, sans faim. Seul Mélouye dont l'appétit est insatiable, s'étonne de notre apathie et du manque d'entrain de notre halte. Il est en effet onze heures et bien que nous ayons terminé la dégustation d'un thé-apéritif, personne ne semble vouloir empoigner la queue d'une casserole ni le sac de farine. Mélouye, sans oser rien dire ni suggérer, recherche au fond de sa poche une poignée oubliée de dattes sèches. Elles sont dures comme du bois et leurs noyaux bougent à l'intérieur avec un petit bruit sec et fêlé. L'enfant grignote patiemment.

La datte, cette douceur pour Mélouye, cette gâterie de fond de poche, cet amuse-gueule en attendant mieux est pourtant une denrée de survie pour l'homme en voyage. Quand nous étions partis avec Chouchou, un Adjouh n'Téhélé que nous ne connaissions pas (et qui n'acceptait rien qui sortit de nos sacs), nous avions été surpris par le peu d'importance de ses bagages : un peu de sucre et du thé, deux kilos de farine, trois ou quatre kilos de dattes... Chouchou nous apprît à choisir les meilleures, à les ramollir entre les doigts avant de les mordre ou à les réchauffer sur un caillou près du feu jusqu'à ce qu'elles deviennent tendres comme du caramel. Nous ne partons plus sans en emporter une bonne provision. Il nous arrive de nous arrêter à midi le temps d'un thé suivi d'une poignée de dattes. Abdallah les aime molles et pâteuses ; il fait son achat en conséquence.

Au bout de trois jours, les dattes s'agglomèrent tant et si bien que nous pouvons les manger à la cuillère ! Kader préfère aussi les dattes molles, un peu par égard pour ses vieilles dents. Mais rien ne vaut ce mélange de dattes sèches et de fromages durs, concassés ensemble, dont il emporte toujours une petite provision. Si l'étape devient longue ou la faim insupportable, il nous en distribue une poignée qui nous aide à patienter. Il m'arriva de devoir voyager très vite avec lui et de me contenter, aux haltes très courtes (cinq, dix minutes, le temps de boire) d'une portion congrue de ce mélange curieux qui nous faisait très bien oublier la faim.

Le soir, en arrivant au bivouac, chacun apprécie que le sac de dattes soit ouvert et s'offre à discrétion... On y puise selon sa faim ou sa gourmandise. L' « *adémendéma* », l'agité au travail comme Moussa plonge rapidement la main dans le sac et grignote sans cesser de défaire une ficelle de bât ou de courir à travers le camp. Akoulan, lui, se sert et met les dattes dans sa poche ; il préfère les déguster paisiblement tandis qu'il pétrira la *taguella.* Kader ne se contente pas de plonger la main ; il ouvre bien le sac, regarde attentivement et choisit...

C'est ce qu'il fait actuellement. Après avoir attiré à lui le sac de dattes, il a appelé Mélouye dont il devine la faim, et tous deux, silencieusement pour ne réveiller personne, plongent la main, trient, choisissent... Il y a entre eux un air de connivence malicieuse. J'ai réclamé ma part, mais un peu trop fort. Le monde s'éveille, s'agite et s'étonne d'avoir faim.

— Eh ! *igdah dimar !* Ça suffit maintenant ! dit Moussa en s'appropriant les dattes et le mortier. Tout un programme !

Pour faire de l'*aleko*, Moussa embauche tout le monde. Qui pile grossièrement les dattes, qui en retire les noyaux, qui les pile plus finement, qui prend quelques fromages secs, qui broie le tout et ajoute lentement de l'eau pour obtenir une mixture de couleur brunâtre peu ragoûtante. Abdallah laisse retomber régulièrement le pilon au fond du mortier... Le mélange devient lisse et onctueux, prêt à être distribué. Nous surveillons jalousement le partage car chacun essaie de tricher sur sa part. Moussa suggère que celle d'Abdallah soit plus petite puisqu'il a goûté le mélange tout au long de sa préparation. Abdallah prétend le contraire puisqu'il a dépensé ses forces à manier le pilon. Bernouze, qui sans doute ne se sent pas frustré, se retire déjà avec son écuelle ; il se prépare pour une longue sieste entrecoupée de longues gorgées *d'aleko*. Le liquide est frais, désaltérant et, si on le laisse reposer un moment, on peut manger à la cuillère le fond qui se dépose, petits fragments de dattes et de fromages. Chacun s'endort bientôt ayant à ses côtés sa part de boisson bien protégée des mouches par un couvercle ou un pan de *chèche*. Durant les grosses chaleurs, c'est le repas que nous préférons. Lorsqu'on allait très loin en caravane, dit Kader, on ne s'arrêtait pas à midi et on buvait un mélange reconstituant. Dans cette boisson, il pouvait y avoir du mil, du fromage et de l'eau, ou du lait, ou des dattes par-dessus le marché. Maintenant on trouve rarement du mil et rien n'est plus comme avant...

Avant de m'installer pour la sieste auprès de mon écuelle, je vérifie qu'aucun noyau ne soit tombé dans les braises. Abdallah m'accuserait encore de l'avoir fait exprès (je n'arrive pas à me défaire de cette habitude qui me tient de jeter dans les flammes tout ce qui traîne). Les noyaux de dattes dégagent en brûlant une odeur très désagréable ; on me reproche de n'avoir pas un odorat bien fin... Et puis, en laissant trainer un noyau ailleurs que dans les braises, peut-être aura-t-il une chance de germer... Nos haltes et nos bivouacs transformés en ilots de palmeraie !

CHAPITRE 42

Les Kel Essouf
gens de la solitude

J'aurais froid si Moussa ne me faisait mener ce train d'enfer. Il fait encore nuit, je n'y vois rien et j'accroche mes sandales à tous les cailloux. Nous nous sommes mis d'accord hier soir pour nous lever très tôt et aller à son ancien campement. Il l'a quitté au printemps pour des pâturages plus frais, laissant là quelques effets dont il a maintenant besoin. Il fait nuit et Moussa va trop vite... et je ne suis pas de bonne humeur. Pourquoi m'a-t-il réveillée en me bourrant les côtes de coups de pied ? Sous le prétexte de ne pas faire de bruit pour ne pas réveiller les autres ? Rester silencieuse. Je n'ai même pas pu me plaindre ou protester.

Moussa l'a sûrement fait exprès, persuadé que je ne pourrais pas ronchonner déjà de si bon matin. Je ne suis pas prête à le lui pardonner, moi qui prends toujours grand soin de ne pas brusquer ses réveils ! J'ai appris qu'on ne doit pas réveiller les Touareg brusquement ; il faut les appeler doucement, très doucement par leur nom, et le temps qu'il faut. Après un réveil brutal, l'instant de transition entre l'inconscience et la lucidité suffirait aux *Kel Essouf* pour pénétrer dans leur esprit. Les *Kel Essouf*, les Gens de la Solitude, sont les génies auxquels on impute les bizarreries de la nature, les caprices du climat et les malheurs de la terre entière. On n'en parle jamais mais on fait en sorte de ne jamais les offenser. J'ai appris à percevoir leur présence dans les choses et les événements lorsqu'on me répond péremptoirement « c'est comme ça ! », lorsque Bohra s'embrouille dans ses explications, lorsque Kader feint de ne pas avoir entendu ma question, question qu'Abdallah qualifie alors de « bête ». Je conclus à part moi que les *Kel Essouf* ont bon dos, étant responsables des tourbillons de terre comme de la non-venue des pluies, d'une outre qui crève ou d'un chameau qui se blesse, d'un bagage qui tombe, d'un objet qui s'égare tout seul et, pour Mohamed, d'une *taguella* ratée...

Pour en revenir à ce matin, Moussa aurait pu me réveiller plus gentiment. Cet instant de panique que j'ai eu à mon réveil aurait pu laisser mon esprit ouvert à tous les souffles maléfiques. A ma place, il en ferait une véritable maladie ! Outre les Gens de la Solitude, on craint ancestralement l'ennemi quel qu'il soit, qui nous surprendrait dans la pleine innocence du sommeil ; on redoute l'attaque du guerrier embusqué. On a tant vécu dans cette crainte des générations durant, qu'il reste encore le réflexe de se défendre à tout moment. J'ai vu des Touareg sortir de leur sommeil comme des ressorts parce que je les avais seulement effleurés par maladresse ; ils bondissent sur leurs pieds, prêts à donner des coups. Le sommeil des Touareg est exceptionnellement tenace. Malgré l'agitation, personne ne bouge : pluie, chameaux ou ânes traversant le bivouac, appels de Kader quémandant un médicament pour son estomac barbouillé, gémissements d'Abdelkader sous l'emprise de la fièvre, ronflements bruyants... rien n'y fait. On dort à poing fermé. Nous tentions depuis plusieurs minutes de réveiller Abdallah en l'appelant doucement :

— Abdallah ! Abdallah ! Abd...

— Attends, dit Kader, tu vas voir !... Il prit un long bâton, nous fit signe de nous éloigner et toucha le pied du dormeur. Abdallah fut debout avant même que Kader ait eu le temps de jeter son bâton. Si Abdallah ne l'accusa pas de vouloir favoriser l'entrée des *Kel Essouf* dans son esprit, c'est que nos fous rires ne lui en laissèrent pas le temps. D'autre part, il valait mieux qu'il se taise que de parler de ceux qu'on craint trop... Il aurait pu leur donner des idées pour la prochaine fois ! La prochaine fois, ils pourraient épier le réveil d'Abdallah avec plus de patience...

Le jour se lève et Moussa ne ralentit pas l'allure, drapé dans son vêtement et chéché jusqu'aux yeux.

— Toudet ! *Séddouenet andoukan !* Il me demande de lui parler un peu... Je n'en ai pas envie ; je me suis levée du pied gauche, réveillée brutalement par un *kel Essouf* sans éducation.

— Toudet ! Moussa éclate de rire et me bourre (encore !) le dos de grandes tapes amicales. Moussa me demande pardon à sa façon. Ma mauvaise humeur s'envole devant ce *Kel Essouf* dégingandé qui me secoue comme un prunier ; qui sait tout, comprend tout, voit tout, et qui n'est pas si malveillant qu'il voudrait le faire croire.

Une aube nouvelle se lève pour moi. Je change d'humeur. Je suis prête à respecter les exigences de tous pour lutter contre des Gens de la Solitude. Je prends la ferme résolution, ô Moussa ! de mettre à l'envers les gamelles vides ou de les couvrir lorsqu'elles sont pleines pour qu'un génie de passage n'y vienne pas trouver asile. Je promets de rincer la marmite avant de m'en servir, de reboucher le bidon de beurre et de dire à ceux qui l'oublient de dormir la bouche fermée... Ces précautions auront au moins l'avantage de me préserver des insectes, des poussières et du sable, et de faire ronfler certains peut-être un peu moins fort ! Autre chose encore, je promets de ne plus me moquer de Bohra qui certifie que le tourbillon de poussière est une horde ambulante. Je ne mentirai plus à Mélouye en prétendant avoir importé des *Kel Essouf* français dans ma pile électrique... Jamais plus, Moussa, lorsque nos discussions tourneront aux considérations métaphysiques, jamais plus je ne pousserai personne au bout de ses croyances. Je promets de laisser les *Kel Essouf* tranquilles.

CHAPITRE 43

Les peintures rupestres

Le soleil à l'horizon me fait oublier les *Kel Essouf* de l'aube. Ma bonne humeur complètement revenue me permet de marcher allègrement aux côtés de Moussa qui pourtant ne cesse d'allonger le pas.

Je devine l'emplacement de son ancien campement avant même d'y parvenir. Pourtant vieilles de plus de trois mois, mille traces de chèvres courent dans l'*oued* qui nous conduisent droit sur l'emplacement des tentes. Deux piquets restent en place auxquels sont suspendus quelques ballots hâtifs ainsi qu'une bouilloire et un trépied à feu. Les crottes de chèvres noircissent les alentours. Moussa traverse le camp sans ralentir, escalade quelques blocs, disparait dans un trou pour reparaître ailleurs, traînant une malle en fer quelque peu bosselée. Il entreprend de faire jouer le cadenas : il réfléchit un moment sur les chiffres de la combinaison puis, victorieusement, les fait tourner jusqu'à obtenir « 0000 ».

Cette simplicité ne prouve pas que Moussa ait craint un manque de mémoire... Les Touareg ne connaissent pas les chiffres arabes et ne comptent pas comme nous. Lorsqu'on doit compter par exemple les têtes de son troupeau, on fait pour chaque bête une petite marque sur le sable avec l'index ; au bout de dix, on efface tout et on reporte un peu plus loin un signe représentant cette dizaine... On continue. On possède deux dizaines de chameaux, plus deux ; ou quatre dizaines de chèvres, plus trois... Moussa trouvait simplement très jolie la combinaison 0000 (ce n'est ni sa date de naissance, ni son numéro de téléphone !).

La cantine recèle des bijoux qu'il me fait admirer, un pain de sucre rongé par les fourmis (colère de Moussa) et beaucoup de tissu. Je l'aide à compter les coudées de toile qu'il faut pour un vêtement pour Mélouye. Le petit grandit si vite et prend si peu soin de ses affaires ! Nous ramenons aussi le pain de sucre entamé. Un peu plus chargés, nous repartons, laissant derrière nous, non pas des biens abandonnés comme on pourrait le croire, mais bien une « maison » parfaitement close. Moussa n'a pas de clef ni de paillasson ; il laisse là sa bouilloire, son trépied, ses ballots... Personne ne les lui dérobera sauf un inconscient ou un vandale. Qui serait assez fou pour laisser sur le sable une trace de voleur imprudent ? La porte est bouclée ; la combinaison 0000 sert uniquement à fermer le cadenas mais non à déjouer le plan d'un vandale...

Moussa s'arrête brusquement, pose ses bagages et, sur un ton de confidence, me dit de le suivre. Il m'entraîne dans les blocs surplombant le campement. Il me conduit par un dédale de boules de granit bien spécifiques du relief d'Aléheg, jusqu'à la gravure d'un magnifique troupeau de bœufs grandeur nature. Ce sont les bœufs de Tiset n'Ouazen que m'avait décrits Bernouze. Comme promis, ils sont beaux et me plaisent. Devant ce succès, Moussa me conduit encore devant quelques pâles peintures de mouflons et d'antilopes bien délavés. J'admire encore, un peu pour lui faire plaisir. Alors, me tirant timidement par le poignet, Moussa me montre du doigt, plus bas sur la roche, un grossier chameau au trait charbon de bois noir et épais. A ma grimace, il éclate de rire et s'accuse :

— *Nek ! Nek !* Moi !

Je lui dis que c'est mauvais, peu flatteuse et sans un regret pour le peu d'encouragement que je lui prodigue !

Partout où il y a une gravure ou une peinture, il y a toujours un Targui pour nous la faire découvrir. Que ce soit Moussa, Abdallah, Akoulan ou Entayent, il nous conduit d'un pied ferme devant l'œuvre d'art et nous laisse seuls juges ; à part l'un d'eux qui nous avait appris qu'il y a deux catégories de peintures, les bovidés, et les... vilains vidés ! Avec chacun nous avons droit aux moindres graffiti, à la moindre trace, au moindre soupçon d'expression artistique. Au Tassili, Hosseini n'était content que lorsque nous avions dit enfin « c'est beau » et « merci » sur un ton recueilli et ému. Moktar nous forçait l'admiration par une remarque de son crû (ou du nôtre ?) : « C'est pas dégueulasse, hein ? ». Mais seul Aberor savait nous conduire crescendo de la plus modeste à la plus belle, insouciant pour les allées et venues supplémentaires, les détours et crochets superflus dans le dédale de blocs de la Téfédest. Nous voyant nous pencher sur les mortiers et les pilons de pierre, les Touareg s'étonnent de notre si grande curiosité pour des objets qui sont encore pour eux d'une utilisation courante. Entre les pierres, on moud encore le blé et on pile la tomate sèche...

Tout, peintures, gravures, graffitti, objets laissés au sol, tout est mis au compte des Issabaten, les premiers habitants du Hoggar. *Irou ! Irou !* Il y a très longtemps !

Moussa ? Ça... ce ne sont tout de même pas les Issabaten qui l'ont écrit ? Le texte en *tifinar* s'étale sur au moins un mètre carré, en caractères gras, épais, baveux. Moussa rit aux larmes. Il me laisse entendre que ce sont les femmes de son campement (Chicha, Bila, Ralima) qui se sont distraites de la monotonie des heures de bergère. Moussa (qui n'a pourtant pas froid à la langue) refuse de traduire...

CHAPITRE 44

L'écriture : Tifinar

« Il ne manque de toi que les yeux... ». Nous signons au bas de la feuille. Ce message, qui semblerait d'amour, n'est qu'un grand billet d'amitié à l'ami Atankaoues dont nous avons trouvé porte close ou du moins campement décampé.

Ecrite en *tifinar* après maintes cogitations (Abdallah a sucé plusieurs fois la mine usée de notre crayon), la missive dit ceci : » On regrette beaucoup de ne pas te trouver. On s'amuse bien, moi, Kader Chellali, Moussa, Toudet et Bernouze. Tout va bien. Tu serais venu avec nous. On s'amuse bien. On rentre à Tam. On regrette bien. Il ne nous manque de toi que les yeux ».

Abdallah se relit. Le « moi, et les autres » est tout à fait normal ; la politesse veut de se citer en premier. Moi, Kader, Moussa et les Bernouze. S'il est facile d'écrire en *tifinar* puisque seules les consonnes se transcrivent, en faire la lecture est d'autant plus délicate. Abdallah relit sans hésitation le texte qu'il connaît. Satisfait, il plie le message puis rajoute au crayon bien appuyé « Atankaoues » (+/∴ : ⊙). Il passe et repasse la mine grasse sur les caractères car il sait que sa lettre va aller de mains en mains, de facteurs en facteurs occasionnels. Elle arrivera (Inch Allah ! et quand ?) sans doute repliée et réduite encore, un peu écornée, les hiéroglyphes +/∴ : ⊙ cernés d'une légère ombre charbonneuse.

J'imagine la tête d'Atankaoues prenant connaissance du courrier. Il lui faudra du temps pour reconstituer le texte. A mi-voix, il déchiffrera le sens d'un mot en essayant les sons voyelles ; d'un mot découvert éclatera le sens de la phrase... A « on s'amuse » ne peut faire suite que « bien » !

Certaines lettres de Kader et d'Abdallah nous demandèrent de longs moments d'étude pour parvenir à dénouer les fils du code secret. Cet état de fait n'est pas déshonorant. Les Touareg reconnaissent souvent leur impuissance à lire un texte, le sens d'une phrase restant parfois très ambigu. Plusieurs mots ayant la même transcription une fois privés de leurs voyelles, il est bien difficile parfois de donner un sens exact à la phrase ! Et je ne mets pas en cause les fautes d'orthographe... Mais pour ce message, nous faisons confiance à Atankaoues, d'autant plus que le texte ne brille pas par sa finesse intellectuelle. « On s'amuse bien », répète Abdallah, car c'est l'essentiel de notre vie quotidienne. D'ailleurs, nous n'avons jamais trouvé trace de grande littérature ni fait preuve nous-mêmes de beaucoup d'originalité. Nous avons appris à déchiffrer ce qui est monnaie courante sur la pierre : « *aoua nek*, moi, Amerlouk ou Rissa, je salue bien mon cousin Moussa ou la belle Ralima ». Plus d'une fois, les Touareg renoncèrent à nous traduire des inscriptions qui n'étaient pourtant pas très anciennes, soit qu'ils ne trouvent pas le code, soit que ce soit du vieux *tifinar* dont certains mots n'existent plus. Le code est difficile à résoudre à cause du manque de voyelles mais aussi parce que l'écriture *tifinar* peut s'écrire absolument dans tous les sens. Il y a seulement quelques lettres orientées qui peuvent donner un sens à l'écriture...

Nous croisons au bord des pistes de grandes signatures qui veulent dire « c'est moi », « petit bonjour » et « tout va bien ». J'ai déjà lu au hasard des graviers et des sables de grandes lettres de Bernouze qui se bornent à sa simple signature (⌀ ⊙ / #). Il me dit ce que je veux bien y lire, que tout va bien, qu'on s'amuse bien et qu'il ne lui manque de moi que les yeux... La signature de Kader (∴ V O) près du tas de bois abandonné d'un bivouac veut dire, « c'est moi qui l'ai ramassé et je te le laisse ».

Et moi, je signe aussi parfois Toudet (+ V +) sur un talus d'oued pour prévenir Akoulan que je suis passée près de chez lui sans avoir eu le temps de lui rendre visite, ou sur le sable humide pour dater mon passage après une averse. Moi, Toudet, je suis passée là, le jour d'après la pluie... L'orthographe n'étant pas mon fort, je n'ai pas besoin de m'appliquer trop. C'est simple ! « Toudet »... et on comprend au choix, amitié, bonjour et tout va bien. Malgré la simplicité de mes messages, certains entêtés ne veulent pas voir que le nom des fous est écrit partout. Rassi prétendit un jour n'avoir pas vu mon petit mot d'amitié. « Non, m'avait-il répondu, je n'ai rien vu... J'ai vu *tidet* (vérité : + V +) mais pas Toudet. »

Pour l'heure, nous imaginons aisément le rire énorme d'Atankaoues et les railleries salées qu'il ne manquera pas de proférer à notre égard. Pour l'heure, très sincèrement, il nous manque les yeux d'Atankoues.

CHAPITRE 45

Incongruité

Le chameau de Kader a la colique, il a trop bu après avoir mangé de l'orge. Le chameau pète tant qu'il peut à la moindre pente un peu forte. Au premier prout, Adballah s'est écrié, d'un air indigné :

— *Ma imous oua ? !* Qu'est ce que c'est que ça ? !

J'ai ri et tout le monde après moi a ri. Maintenant, personne n'y fait plus attention.

— Kader, tu nous paieras une chèvre en rentrant à Tam...

C'est le prix. Kader ne s'en tire pas trop mal.

Qu'un chameau se laisse aller, ce n'est pas grave... Mais Abdallah cherche, cherche bien, mais ne peut citer une seule personne de sa connaissance qui ait pu se conduire aussi mal. On ne tolère ni un bruit, ni une odeur ; lorsqu'on en a le besoin, on quitte l'assemblée et on s'éloigne discrètement pour revenir sereinement quelques instants plus tard. Chez nous aussi, pourrais-je dire, mais enfin, à l'histoire que nous conte Abdallah, nous ne pouvons en mettre aucune en parallèle.

L'histoire dite « du Péteur », même si elle est en partie imaginaire, explique bien le sentiment des Touareg à ce sujet. Un homme laissa échapper un « vent », chez lui, en présence de sa femme. Se sachant déshonoré, il se leva sans un mot, dans le silence consterné et réprobateur. Il partit et on n'entendit plus parler de lui. Plusieurs années après, il revint, espérant qu'on aurait oublié l'infamie. Parvenu au lieu où il avait laissé son campement, il avisa une bergère et lui demanda le nom de l'*oued.* Il voulait s'assurer que c'était bien là et se renseigner par la suite sur l'emplacement actuel de son campement. La jeune femme, qui était sa propre fille, lui répondit : « *Ouan Tourrit* », « Celui du Péteur ». On ne le revit jamais plus.

CHAPITRE 46

Mariage

Les mouches se sont tues pour laisser la parole aux hommes qui n'ont de cesse que tous leurs souvenirs leur soient revenus en mémoire. Tous les hommes de Tahifet sans doute sont regroupés ici dans la fraîcheur hospitalière de la maison de Bachir pour un thé fameux qui n'en finit pas. Bachir lui-même connaît beaucoup d'histoires et, comme le dit très justement Kader, l'homme sérieux ne fait qu'une chose à la fois... Le thé n'avance pas lorsque Bachir parle ! M'orientant mal entre ces phrases qui me jettent de l'un à l'autre sans ordre, je me déplace vers Abdallah pour glaner quelques explications.

Dans l'ouverture de la porte s'encadre la stature d'un homme très grand pour lequel le cercle de l'assemblée s'élargit. Quand il s'avance pour croiser quelques mains, une silhouette menue de femme s'avance aussi, modestement. Un visage pur et régulier, un front large et des yeux immenses aux paupières douces, quinze ans à peine... Abdallah se lève rapidement et la salue ; d'autres l'imitent. Elle me sourit et s'asseoit derrière la barrière haute du cercle des hommes. Je croise le regard de Kader qui me semble pareil au mien, empreint d'ironie légère envers l'empressement et la dignité avec lesquels Abdallah a salué la jeune fille. Le silence dure quelques secondes à peine ; les hommes rient d'une plaisanterie du nouvel arrivant. Dans un coin d'ombre, la femme n'a d'yeux que pour Abdallah ; elle le regarde sans timidité, sans paraître se soucier de personne ni de rien. Je me retourne vers Abdallah et, lui mettant sournoisement un bon coup de coude dans les côtes, je lui murmure : « Cette femme est vraiment jolie ! ». Je comprends qu'il sourit sous son *chèche*.

Il lève les yeux vers la femme et me rend ce chuchotement : « Fatimata, c'est ma sœur... ».

Ah ! bon... Moi qui pensais qu'Abdallah venait de soulever un cœur et qui imaginais déjà que le sien battait la chamade ! Je me lève aussitôt et, avant d'aller m'asseoir auprès d'elle, je plonge sur l'oreille de Kader : « C'est sa sœur... ». Il pouffe de rire, tire une mèche de mes cheveux, ce qui veut dire : « on est deux à s'être fait rouler ! ».

Il y a au moins huit mois qu'Abdallah n'a pas vu sa sœur qui vit chez Tamou, sœur de Rabti (donc Dag Rali mais mariée à un Adjouh n'Téhélé) et dont le campement se situe dans un *oued* où nous n'allons jamais. Fatimata est venue quelques jours à Tahifet en visite chez un oncle qui... Je suis perdue ; Abdallah, explique-moi. Il n'a rien à expliquer, c'est tellement simple ! Fatimata, que tout le monde appelle Ademma parce qu'il y a sans doute trop de Fatimata aux alentours, Ademma donc est le prêt de Taboubert à sa belle-sœur Tamou qui n'a pas d'enfant et manque de bras jeunes et solides qui puissent l'aider au campement.

C'est en effet tout simple ; simple comme l'histoire de Sidi Ahmed qui, bonhomme de quatre ans, prête ses petites mains et ses pieds déjà marqués par le caillou des pâturages. Il arriva chez son oncle Rabidine Ag Mohamed voici deux ans et sa présence adoucit le camp parfois austère malgré celle de deux femmes et du petit serviteur Djebba. Mais Djebba, pour la garde des chèvres, s'éloigne tout le jour et, quand Rabidine prépare un thé, c'est donc Sidi Ahmed qui attend l'ordre de chasser de l'enceinte un chevreau effronté, de souffler sur le feu ou d'aller chercher un peu de bois, de l'eau, une théière... Les femmes le chargent maintenant de la garde des chevreaux, dans un petit *oued* à cinq minutes de la tente. Mais Sidi Ahmed fait des histoires lorsque nous sommes là et pleurniche un peu pour ne pas y aller : il sait qu'en restant, il bénéficiera avec nous de quelques bonbons ou autres douceurs. Et parce qu'il fait ces histoires, nous l'appelons Charlala... Sidi Ahmed Charlala est gourmand ; Rabidine lui réserve les feuilles de thé qui ont bouilli longtemps, toutes imbibées de sucre. Il les mange à même la cuvette ; Rabidine rit et l'appelle « son petit chevreau ». Au printemps, Ronchi fut hospitalisée et tous les gens du campement émigrèrent chez des amis à Tamanrasset où

Charlala (quatre ans) se perdit dans les rues. Il pleurait toutes les larmes dont il était capable lorsque les gendarmes le recueillirent. A leurs interrogations, Sidi Ahmed Charlala se borna à répondre que son père s'appelait Rabidine.

— Rabidine Ag Mohamed ?

— Rabidine...

— Rabidine du campement de Taroumout ?

— Rabidine...

— Mais voyons, Rabidine Ag Mohammed n'a pas de fils !

On convoqua néanmoins Rabidine.

— Rabidine, as-tu un fils ?

— Moi ? Non...

Rabidine Ag Mohammed sait maintenant qu'il a un fils.

Fille de Taubouret et nièce de Tamou, Ademma est en âge de se marier et Abdallah nous confie qu'il aimerait beaucoup que ce soit Bohra l'heureux élu, ce qui serait logique puisque Bohra est cousin germain d'Ademma. La mère de Bohra, Tima, était la sœur de Taboubert.

— Ce serait un grand mariage ! songe Abdallah, les yeux brillants. Oui, ajoute-t-il, entre Dag Rali et Adjouh n'Téhélé...

Un tel mariage permettrait à chaque tribu de rivaliser de richesse et d'élégance ; on ne pourrait faire autrement que d'essayer de s'y montrer le plus beau et le mieux monté sur chameau bien dressé ; on ne pourrait concevoir autrement cette fête que comme une occasion magnifique de montrer que les femmes sont belles et expertes dans l'art du chant et les hommes forts et valeureux sur leurs chameaux.

— Abdallah, les enfants d'Ademma et de Bohra, ils seraient quoi ?

— Quoi « quoi » ?

— Dag Rali ou Adjouh n'Téhélé ?

— Ben... comme Bohra, Adjouh n'Téhélé. Mais, Adjouh n'Téhélé ou Dag Rali, c'est pareil...

Alors, envisageons que le mariage d'Ademma et de Bohra se fasse, comment la fête se déroulerait-elle ? Abdallah souffle « fffou ! », ce qui veut dire, « que de soucis pour moi ! ».

« Le mariage aurait lieu à Tagmart ; les anciens serviteurs qui sont maintenant à Outoul viendraient nous aider à rouler du couscous (des kilos de couscous !), à piler de la tomate sèche, à égorger chameaux et chèvres (au moins trois chameaux et trente chèvres !) et à cuire la viande... Moi, il faudrait que je m'occupe d'envoyer les enfants chercher du bois, d'acheter du thé et du sucre, et que je trouve des théières et des verres pour au moins deux cents personnes ! Mon frère Bourari irait à Tam acheter de l'huile... Il faudrait monter des tentes un peu aux quatre coins de Tagmart, une pour Bohra et sa proche famille, une pour les Adjouh n'Téhélé de Téhé n'Oudi ; d'autres pour les Dag Rali de Térhénanet, une pour ceux d'Essouf Mellen ; une autre encore de secours pour les invités imprévus... A Tagmart, il n'y a pas assez d'ombre dans les *oueds* pour qu'on laisse nos invités s'installer tous seuls ; ils seraient obligés d'emporter une tente. A In Dalag, l'année dernière, le monde de la fête s'était disséminé dans la nature, sous les arbres. Tu sais, ce n'est pas commode de trouver un bon emplacement pour un mariage ! Il faut assez d'espace ; assez d'eau pour désaltérer deux cents personnes et il faut que le puits ne soit pas trop éloigné ; assez de pâturage pour nourrir plus de cent chameaux. A Tagmart, il y aurait un homme qui puiserait de l'eau sans arrêt pendant trois jours, deux autres au moins feraient le va-et-vient entre le puits, Tagmart et les tentes pour remplir les outres. Il faudrait que les enfants parcourent les pâturages alentours pour tenir les invités au courant des meilleurs endroits et les avertissent qu'il vaut mieux mettre leurs chameaux là pour la nuit plutôt que là... Et puis, il faut un bon emplacement pour l'*ilougan*, vaste, aéré, pas trop éloigné de Tagmart pour que tout le monde puisse y assister... Il nous faudrait au moins trois jours de travail pour tout préparer avant que les gens arrivent, le jour fixé. »

« Ils arriveraient, les hommes superbement montés sur des chameaux fringants, les femmes sur des ânes et chantant déjà peut-être. Ils s'installeraient sous les tentes et, de Tagmart, nous leur porterions leur premier repas d'invités. De la cuisine de ma mère, partiraient de grands plats de couscous et de viande vers chaque tente ; la cuisine de Taboubert serait le vrai cœur de la fête. Moi, Bourari et mon père irions sous chaque tente faire un thé... Ainsi pendant trois jours, nous nous devrions de soigner nos invités, dix comme cent ! Pour moi et Bourari, pour mon père et ma mère, il y aurait plus de travail que de fête ; je ne mettrais pas mon « *chèche indigo* ». Notre rôle serait de veiller au bien-être de nos invités ; la fête est pour eux... Moi, dit encore Abdallah, je n'aurais peut-être même pas le temps de monter en selle ! »

Pour les invités, le mariage est avant tout une fête de chameaux, de courses, de chants, de bons repas et de rencontres. Quelle effervescence chez les invités ! On s'habille du mieux qu'on peut. Les hommes mettent leurs plus beaux *chèches* et harnachent magnifiquement les chameaux ; les femmes montrent tous leurs bijoux, se fardent les lèvres et les joues, se coiffent longuement et... espèrent qu'elles auront la voix claire jusqu'au bout ! Enfin, à l'heure de l'*ilougan*, tout et tous sont prêts. L'*ilougan* est en quelque sorte la cérémonie d'ouverture du mariage. Les femmes se réunissent en bordure d'un *oued* ; elles quittent les tentes par petits groupes ; on les entend chanter de très loin et on voit leurs voiles briller au soleil couchant. Maintenant, dans l'*oued* près de Tagmart, on entendrait résonner le *tindé* et le chant des femmes se ferait plus cohérent. Les hommes arriveraient de tous côtés, deux par deux, trois par trois, ou par petits groupes, au pas rapide d'un petit trot majestueux. Ils regardaient droit devant eux, immobiles dans leurs vêtements superbes... Dans l'*oued*, il y aurait un monde fou : les chanteuses en groupe serré autour du *tindé* ; les spectateurs (enfants, gens âgés et hôtes de Tagmart) éparpillés sur la berge pour ne rien perdre de la scène ; les hommes et leurs chameaux rendus nerveux par cette ambiance tendue et excitée.

Enfin, par petits groupes de deux ou trois allant de front, les hommes longeraient l'*oued* et paraderaient d'un bout à l'autre devant les chanteuses, de plus en plus près... Ils iraient ainsi à tour de rôle en se croisant, tenant très court les chameaux par la rêne et leur relevant la tête contre la croix des selles. Les femmes continueraient de chanter ; de temps à autre, elles pousseraient de stridents « ouloulouloulou ! » Que de poussière, que de cris, que de chants, que de regards étincelants entre les pans de *chèches* et sous les voiles ! Il faudrait, mais cela est très difficile, il faudrait qu'un homme à chameau parvienne à voler le voile d'une femme... C'est difficile parce que les femmes ont peur des chameaux, les chameaux peur de ce groupe bruyant de femmes et les hommes peur de se ridiculiser en tombant ! Et puis, il n'y a parfois aucune célibataire parmi les femmes ou personne parmi les hommes qui se sente concerné et qui ait assez d'audace... Ah ! si l'un d'eux y parvenait, alors, ce serait une galopade de tous les autres à ses trousses ! Quelle fête !

« La nuit serait tombée ; chaque groupe aurait rejoint sa tente, avec un peu de fatigue et beaucoup d'excitation. Les commentaires iraient bon train. De Tagmart, les grands plats des repas partiraient dans toutes les directions vers les tentes des invités. Quel travail ! Après le thé, les hommes se réuniraient pour une longue prière. Enfin, on emmènerait Bohra qui serait jusque-là resté sous sa tente. Il feindrait la timidité et la crainte et peut-être serait-il véritablement intimidé... Les hommes l'entoureraient et, très lentement, sous le clair de lune, on l'emmènerait en chantant des prières. En même temps, les femmes seraient allées chercher Ademma qui aurait attendu depuis plusieurs jours dans la *zériba* de mes parents, sans sortir, sans bouger, se contentant de manger pour prendre des forces. Toi, Toudet, tu aurais pu aller un peu lui tenir compagnie et la distraire... Bohra et les hommes, Ademma et les femmes arriveraient chacun d'une direction en chantant (sauf Ademma et Bohra !). Ils se dirigeraient vers la place où les cousines d'Ademma et ses meilleures amies monteraient une tente, sous les quolibets des hommes qui ne manqueraient pas de trouver qu'elles sont lentes, qu'elles n'ont pas de force, pas de méthode... On chanterait et on rirait. »

« Mais voilà, il y a un cousin d'Ademma qui ferait semblant de n'être pas d'accord. Comment ? Mais c'est lui qu'Ademma devait épouser ! Le groupe de femmes serait brusquement arrêté par le contestataire fictif ; on parlementerait... (Ademma étoufferait littéralement sous ses voiles).

— Et pourquoi Ademma n'épouserait-elle pas Bohra ? Elle sait coudre, faire la cuisine et saura élever ses enfants...

— C'est moi qu'elle devait épouser ! s'entête le vilain cousin.

— Bon ! Tiens, c'est pour toi ! Et on lui offrirait de la part d'Ademma une belle paire de sandales pour lui prouver qu'elle n'est pas fâchée avec lui bien qu'elle épouse Bohra. »

Le cortège des femmes se mettrait en route et on installerait bientôt la mariée sous la tente, à gauche ; Bohra à droite ; tous deux séparés par un tas de sable recouvert d'un tapis. La fête se prolongerait jusqu'à l'aube ; les mariés immobiles, écoutant les prières, puis les chants, les chants, les chants et les « oulouloulou ! ».

Ainsi pourraient s'écouler trois jours ; les matinées un peu amorphes à cause des longues veillées ; les fins d'après-midi, on recommencerait le chant et la parade avec les chameaux ; les soirées autour de la tente des mariés : thé, chants, conciliabules... Toute la journée, les époux, eux, resteteraient sous leur tente, apparemment fâchés et se tournant le dos lorsqu'ils auraient des visiteurs. On viendrait sans arrêt leur rendre visite et leur tenir compagnie par petits groupes. Mais jamais ni l'un ni l'autre n'irait au milieu de la fête, pour le *tindé* ou l'*ilougan*. Peu à peu, les invités partiraient et au bout de trois jours, il ne resterait bientôt plus personne. Ademma et Bohra devraient rester ainsi une semaine... Bohra retournerait ensuite à Taroumout et viendrait voir sa femme de temps en temps ; elle resterait avec Taboubert qui lui apprendrait les dernières ficelles pour devenir une excellente maîtresse de maison.

« Au bout de trois jours, dit Abdallah, enfin je pourrais un peu souffler, ainsi que Bourari, Rabti et Taboubert ; nous n'aurions plus que les nouveaux époux en charge et les frères de Bohra. Au bout de la semaine, continue Abdallah, je prendrais mon chameau et j'irais me promener n'importe où, enfin seul ! »

CHAPITRE 47

L'amour

Ce soir, de nouveau livrés à nous-mêmes, loin de l'excitation de Tahifet que nous avons quittée en fin d'après-midi, heureux d'être sous le ciel, nous nous laissons aller à converser paisiblement autour de nos dernières braises.

Au sujet d'Ademma, il a été question de mariage, donc d'amour. J'ouvre mes oreilles tant que je peux : ce sujet étant d'un abord délicat, je pose rarement des questions directes à Abdallah et les réponses que j'obtiens de Kader frisent trop souvent la grivoiserie pour que je puisse honnêtement les prendre au sérieux. J'ai en Bernouze un fameux agent de renseignements. Il parvient à obtenir, auprès d'Abdallah et des autres, des réponses nettes et précises quoique d'aucuns sachent taire les noms et les lieux sous un silence qui fait honneur à leur discrétion si ce n'est à leurs sentiments... Les réponses qu'il obtient sont unanimes : on préfère épouser une fille « sérieuse » et de « bonne réputation », qui n'a point couru la prétentaine auparavant (car malgré les silences, tout finit par se savoir !), ce qui n'empêche pas les uns de courir assidûment après les autres et à ces autres de se laisser complaisamment courtiser.

— Comme chez nous, répliquons-nous à Abdallah.

Et, on oublie magnanimement que l'épousée n'était pas vierge...

— Comme chez vous ? s'enquiert Abdallah.

Chaque fois que nous évoquons ce sujet de femme, donc d'amour, Abdallah se désole. « Tu sais, nous dit-il, ce n'est pas facile tous les jours ! » On a raconté que les *tindé*, où se réunissent les jeunes des deux sexes en âge de convoler sont d'excellentes occasions pour faire connaissance. Eh bien,

Abdallah n'est pas tout à fait d'accord ; c'est à la fois trop simple et par trop difficile. Pourtant, il certifie qu'un Targui n'a besoin d'aucune invitation pour se rendre à un *tindé* ordinaire (mortier de bois sur lequel est tendue une peau) qu'il entend résonner. Parfait ! Mais il n'est pas évident qu'il y puisse faire une heureuse et galante rencontre.

— Je les connais trop, dit Bohra en parlant de ses cousines qui offraient une soirée-*tindé*. Aucun intérêt pour lui que ces jeunes filles pourtant jolies mais considérées comme des sœurs et avec lesquelles il a toujours vécu.

— Je n'osais même pas bouger, nous confia Abdallah après avoir été entraîné par Mahmoud à un *tindé* lklan Taousit, cette même réunion galante qui en favorisa un qui n'était pas étranger aux femmes, ni trop proche parent de l'une d'elles...

— Moi, je n'y vais même pas ! dit tel autre, sachant qu'il y serait allé en pure perte de temps, d'effet et d'élégance.

Je comprends bien les difficultés d'Abdallah : les femmes tiennent le centre autour du *tindé* et chantent ; les hommes font un cercle environnant et confus. La plupart du temps, point de lumière si ce n'est celle d'un minuscule feu ou d'un clair de lune ; et, si cette obscurité favorise quelques galants qui connaissent les lieux et les silhouettes, le commun des invités craint trop de commettre un impair et de se ridiculiser. Les Touareg n'ont pas le prétexte d'une danse comme nous en pratiquons et qui permet de lier connaissance. Bref ! les difficultés sont les mêmes que les nôtres, la principale étant pour l'homme de se risquer, et pour la femme de plaire suffisamment pour faire prendre à l'homme le risque d'oser ! On n'est point gagnant d'un cœur à chaque fois et on fait aussi chou blanc, comme chez nous.

« Ce n'est pas chaque fois très facile », se plaint Abdallah. Sans parler de la concurrence, il a dû souvent s'abstenir de toute tentative à cause de la présence d'un ancien, d'un vague parent devant lequel il se devait de rester honorablement correct. Le comportement de chacun dans ces réunions fait ou défait une réputation ; la femme se doit de bien chanter jusqu'au bout ; l'homme est obligé de garder un maintien correct, quoiqu'il sente le sommeil le gagner. Il ne doit pas être toujours facile de se montrer vaillante au chant ou brillant dans son allure lorsqu'on s'aperçoit que l'ambiance de la fête n'est pas celle qu'on aurait aimée ! Abdallah admet tout de même que, quelquefois, tout va bien. Après avoir joué de l'œil, du cil et de la paupière, ensuite un peu des mains peut-être, il faut se jeter à l'eau... Méthode universelle. Rien d'inaccoutumé, d'exceptionnel ni de bizarre.

— Tu essaies, dit Abdallah. Si ça marche tant mieux, si ça ne marche pas tant pis !

— Mais il vaut mieux que ça marche ! éclate de rire Kader.

Si ça marche, chez nous aussi, après le bal, la fête continue...

« Le plus dur, affirme Abdallah, est de faire connaissance. »

— Et après ? demande Kader que cette conversation met en joie.

Après, après, on rend visite à sa belle, la nuit de préférence, c'est tellement plus commode. Durant nos voyages dans le Hoggar, il n'est pas rare que nous ne plaisantions l'un ou l'autre pour son retour au petit matin, les traits tirés, la paupière lourde et le pied poussiéreux. Je ne citerai aucun nom, fidèle moi-même au secret. Nous savons que ce soir, sous Tenemrout par exemple, quelqu'un demandera une lampe électrique, n'étant pourtant pas de corvée à la garde des chameaux. Il y a un campement de bergères pas très loin, à deux heures aller-retour en marchant vite et bien éclairé ! Un autre soir, on nous emprunte une paire de chaussures confortables pour courir plus vite à un rendez-vous (dont on ne dit rien !) et pour ne point laisser de trace qui soient trop personnelles ! Nous surprîmes parfois le galant en train de sortir silencieusement de ses couvertures, de mettre ses sandales et de filer en douce dans la nuit pour ne revenir qu'aux premières lueurs de l'aube, ne sachant pas qu'un regard éveillé l'épie. L'insomniaque du matin lui laisse quelques instants de sommeil, impatient néanmoins de le plaisanter plus tard avec quelques sous-entendus grivois dont le moindre est le surnom *d'Amali*, le chameau mâle. En général, lorsqu'on part ainsi secrètement, on prend soin de s'éloigner à l'opposé de la direction dans laquelle on a bien l'intention d'aller... En général, dit-on, on a rendez-vous avec une femme qui connaît bien la *tifinar* (on a échangé avec elle un petit billet)...

Du côté femmes, c'est identique. J'en ai eu la révélation lorsque je séjournais à Tarlalt avec les bergères. Raguida attend une occasion favorable pour plaire à Machin ; Adada joue du mieux qu'elle peut de tous ses charmes pour attirer l'œil enjôleur de Truc et Mékeltou confie à la servante qu'elle aimerait mieux que ce soit Lui qui la courtise plutôt que ce Grand-Benêt-Que-Voilà ! Une Telle s'en alla un soir découcher tout près du campement, dans l'*oued*, en emportant sa couverture ; les chiens nous réveillèrent la nuit par de furieux aboiements et les plaisanteries au matin furent longues. On m'expliqua qu'on se contentait de coucher à l'entrée de l'enceinte de la tente... Je ne sais si cette habitude est utile tous les jours, mais tous les jours, ce geste matinal est accompli dans les campements : on efface d'une main rapide la moindre trace au sol qui prouverait une éventuelle visite nocturne...

A l'exemple de ce soir, je n'exagère pas si je prétends que le sujet de conversation le plus tenace entre les femmes et les hommes tourne invariablement autour de l'autre sexe. Pour les hommes, il prime autant que celui des chameaux ; quant aux femmes, elles n'en possèdent point d'aussi capital. Mais il est inutile que je m'attarde à de telles considérations, vu que je suis habituée avec les hommes à n'entendre parler, partout et à tout moment que de chameaux ou de montagnes, et... de femmes, invariablement !

Abdallah aurait un autre motif de se désoler si seulement il osait le faire. Après un long silence de contemplation pour les braises, Kader, que décidément passionne le sujet, laisse tomber :

— Et celle-là, que tu connais bien, et que tu aimes bien, celle-là, tu ne l'épouses pas...

Abdallah comprend d'où vient le vent et se contente de hausser une épaule peu vindicative. Kader veut dire que, par contre, on ne touche pas à sa future femme. Sachant qu'on doit épouser une de ses plus proches cousines, on ne va pas courtiser cette promise. D'abord parce que ça ne se fait pas ; ensuite, on craindrait trop d'avoir maille à partir avec sa future belle-mère ; enfin, peut-être a-t-on conscience qu'il vaut mieux profiter d'autre chose pendant qu'il en est encore temps ! Mais pourquoi doit-on épouser sa cousine la plus proche ? Afin que les richesses (chameaux par exemple) ne sortent pas de la famille, c'est là la raison principale. Nous

217

nous sommes réjouis, Bernouze et moi, en apprenant que Fatimata-Ademma était réservée à Bohra, parce que nous les trouvons sympathiques tous les deux, mais, et l'amour dans ce projet ? Bohra ne peut rien dire, ni d'ailleurs Ademma. Trouve-t-elle comme nous Bohra jeune, beau, très gentil, travailleur et courageux ? Les amis de Bohra pensent qu'Ademma a de la chance qu'on ne lui offre point un vieillard, un laid, un méchant, un égoïste, un fainéant... et tout le monde se réjouit pour Bohra qu'elle ne soit point ridée, tordue, boiteuse, avare, acerbe... Mais, et l'amour ?

Dans certaines tribus (notamment chez les Dag Rali), sachant que l'unique désaccord d'un membre de la famille (excepté celui des futurs époux !) peut faire échouer un mariage, nous nous étonnons que les mariages se fassent encore aussi facilement ; la famille est tellement vaste ! Malgré cela, qui parmi les Touareg que nous connaissons a choisi librement son épouse et quelle femme eût pu refuser son conjoint ? Il faut croire que le choix se fait judicieusement et ne donne pas sujet à controverse ; on ne passe pas non plus son temps à divorcer... L'amour vient-il peut-être après coup ? Nous connaissons des couples qui semblent s'entendre à merveille, pour ne citer que celui de Moussa Ag Sori et sa femme Kanna. Par contre, nous connaissons aussi quelques Touareg qui préfèrent n'être que rarement chez eux, peu désireux semble-t-il de partager leur vie avec une femme qui les laisse indifférents. Que dire de cette jeune femme à laquelle on donna pour époux un vieillard déjà bien édenté ?

Abdallah, bien sûr, a épousé sa cousine Koda, et puis, il a divorcé (non sans quelques difficultés)... « Je n'avais rien à lui reprocher, nous a-t-il dit en nous annonçant la nouvelle, je l'aime bien, elle s'occupe bien des enfants, elle travaille bien, elle est gentille..., mais je n'ai rien à lui dire ! » Il leur manquait l'amour. « C'est de ma faute, nous avait dit encore Abdallah, j'aurais mieux fait d'attendre. » C'est lui qui voulait se marier. On lui offrit Koda ; il n'y a pas beaucoup de femmes et il devait se marier dans la famille... Il aurait mieux fait d'attendre comme Moussa Ag Bargali, l'âge mûr, où ses parents lui auraient laissé choisir, parmi ses nombreuses autres cousines, une femme à son goût. Plus âgé, il aurait eu une richesse personnelle dont il aurait pu user à sa guise. En divorçant, Abdallah avoue qu'il n'a pas su, d'un mariage de raison familiale, faire un mariage d'amour.

Bien que notre provision de bois soit maigre, Kader ranime les braises pour la énième fois, trop content que les langues se délient sur un sujet qui met toujours la sienne en verve. Ce qui se dit maintenant entre hommes, je l'ai maintes fois entendu, et pas toujours sous le ciel du Hoggar. Ce qui se dit maintenant tient du corps de garde et je n'y prête plus attention, sachant qu'il faut parfois laisser aller l'imagination et la langue des hommes.

De l'acte sexuel, de l'aspect physique de l'amour chez les Touareg, je ne sais pas grand chose, n'ayant jamais eu l'effronterie de pousser mes questions aussi loin avec les hommes et n'ayant point assez de familiarité avec les femmes. D'ailleurs, n'aurait-on pas risqué de me répondre un « comme toi » laconique, empreint d'ironie ou de réprobation ? D'après Bernouze qui peut se permettre avec l'un ou l'autre des conversations plus éclectiques, il ne semble pas qu'il existe d'autres façons de faire l'amour... Comme il ne semble pas qu'il existe une grande science amoureuse ni de philtre d'amour très répandu, mais apparemment, pour le commun des mortels, les aphrodisiaques seraient inutiles... à moins que nos amis répugnent à en parler et gardent pour eux ce qu'ils savent ; ce qui m'étonnerait, connaissant la vantardise des uns et l'étourderie des unes !

J'avoue avoir écouté passionnément ce qui se redit ce soir entre les trois hommes parce que mon esprit est ainsi fait que, lorsque les choses ne me sont pas dites tout simplement, j'imagine l'inhabituel, l'extraordinaire, le typiquement ou exotiquement différent... Depuis longtemps je ne prête plus attention à tout cela car, tout compte fait, rien ne semble différent de ce à quoi je suis habituée, et, j'ai appris à mes dépens que les Touareg eux-mêmes, en vivant avec nous, ne peuvent pas cacher ce qui mutuellement nous différencie.

— Toi, tu n'es plus bonne à rien, avait ricané Rassi gaiement en constatant que la peau de mon nez partait en lambeaux.

J'ai compris ainsi pourquoi le rhume est une catastrophe et les coups de soleil sur le nez un motif d'impuissance : le baiser amoureux est un baiser de nez, narine contre narine.

Depuis, je me suis mise à copier les femmes : d'un geste pudique de ma main, j'essaie parfois de dérober aux regards masculins cet attribut précieux de ma grâce... Malheureusement, lorsque je crois parvenir à pratiquer cette coquetterie, il se trouve toujours un homme pour me demander si je suis enrhumée !

CHAPITRE 48

Les serviteurs

Djebba se tient devant nous, timidement, un pied recouvrant l'autre et les mains dans le dos. Il refuse de s'asseoir, sans doute à cause de sa *gandoura* neuve, propre et raide, à larges raies blanches et bleues. Il s'enquiert de notre bien-être. « Comment avons-nous passé la nuit ? N'avons-nous pas eu froid, pas eu chaud, ne sommes-nous pas fatigués ? » Et puis, Djebba se dandine sur son pied, ne sachant plus quoi dire. C'est que, Djebba est en visite. Hier soir, nous avons fait un détour pour saluer Rabidine et, ce matin, Rabidine nous envoie Djebba en messager pour nous inviter à manger. Djebba sourit de l'accueil joyeux que nous faisons à cette bonne nouvelle, qui le gonfle d'importance. Il est heureux. Ayant reçu une tape affectueuse de la main de Kader sur ses mollets, il se sauve vers ses chèvres, non sans prendre grand soin de relever le bas de son vêtement neuf, cadeau de Rabidine. Djebba, serviteur noir de dix ans, fils d'une ancienne servante, s'en va au fond de Taroumout.

Il y a longtemps, mais pas si longtemps tout de même, les Touareg possédaient des esclaves, Noirs achetés ou razziés, déportés devenus hommes et femmes à tout faire. Cet esclavage était une coexistence qui pouvait englober maints degrés dans le rapport domination-soumission et qui pouvait être appliquée sous de nombreuses formes, allant de la dureté la plus inhumaine à la plus affectueuse des symbioses... A l'indépendance de l'Algérie, la liberté des serviteurs fut hautement proclamée. On choisit de partir pour vivre de sa propre initiative ; on savait tout faire, manier pioche ou pelle, cultiver la terre, soigner chameaux et chèvres. On trouva du travail sur des chantiers ou sur un bout de terre. Ou bien, on décida de vivre comme les anciens maîtres, adoptant définitivement mœurs et coutumes qui étaient déjà les seules en vigueur. La majorité des serviteurs décida donc de vivre librement, au grand regret bien sûr de la majorité des Touareg. Leur départ ne fit qu'accroître le déséquilibre économique déjà amorcé par la diminution des échanges devenus inutiles, ainsi que par la raréfaction des pâturages et des troupeaux. Mais dans certains cas, on fut heureux du départ de ces bouches à nourrir devenues une charge... Un mode de vie jusque là assez bien équilibré fut remis en question par l'arrêt brutal d'une symbiose sans doute moins bénéfique aux Noirs qu'aux Touareg.

Restèrent avec leurs maîtres, ceux qui ne savaient où aller, qui ne possédaient rien d'autre que la vie au sein du campement targui ; ou bien tout simplement, ceux qui n'avaient encore pas l'âge de partir, fils et filles de serviteurs laissés aux maîtres comme des paquets dont on ne veut pas s'encombrer dans l'inconnu d'une vie neuve et difficile, enfants abandonnés dont on ne savait exactement qui était le père. Ceux-là, attendent de partir, vers où ? et avec quoi ?

Djebba, providence du campement qui n'avait plus de jeunes jambes pour courir après les chèvres, Djebba s'en va descendre Taroumout jusqu'au point d'eau où il abreuvera son troupeau. A midi, nous mangeons chez lui, et ce soir, il écoutera Rabidine commenter notre visite. Silencieux, l'oreille tendue, il apprendra le grand appétit de Bernouze, la préférence de Toudet pour le lait de chèvre plutôt que le thé, le toupet de Kader qui a dit qu'il avait trop mangé ! Sidi Ahmed, dans l'ombre, lui racontera pourquoi Bernouze l'appelle Charlala ; comment il le prend entre ses genoux et le serre, le serre jusqu'à ce que lui, Charlala, pleurniche un peu pour faire rire tout le monde ; comment je lui frotte les oreilles entre mes mains... Sidi Ahmed partagera avec lui de notre part quatre bonbons gluants qu'il aura serrés dans sa poche... Tous les soirs, lové sous une couverture, grignotant un petit bout de *taguella* en attendant la soupe, il écoute et apprend les nouvelles de la journée. Il part le matin quand le soleil déjà haut a réchauffé la tente et le troupeau, après que Ronchi et Hessa aient tiré sur la mamelle des chèvres. Il s'en va après avoir regroupé pour Sidi Ahmed les petits chevreaux pendus au pis des chèvres. Notre Charlala le voit partir avec envie ; il aimerait aller aussi au pâturage, loin, et ne pas rester dans ce pli de l'*oued* avec les chevreaux qui ne savent encore pas bien poser leurs pattes là où il le faut... Le grand Djebba de dix ans part donc tout seul pour le fond de Taroumout ou le vallon de la Saouinan. Tout le jour, il marchera doucement, grondant une chèvre, encourageant l'autre ; il jettera une pierre à un corbeau, taquinera un scarabée, retressera un vieux bout de ficelle, somnolera sous un rocher à l'abri du soleil ou du vent, fera un feu pour se réchauffer... Parfois, il conduit ses chèvres jusqu'à la belle vasque d'eau de Séguika et, pendant qu'elles s'abreuvent, il fait dans l'eau des dessins de rides et de vagues. Parfois, les mains en auvent au-dessus des yeux, il scrute la Saouinan, les Tézouiag ou la Taridalt pour tenter d'apercevoir des grimpeurs comme Bernouze et moi, et qui sait, peut-être ces deux-là justement... Le soir, quand le soleil devient rouge, il rentre lentement. Nous l'avons quelques fois rencontré sur le chemin du retour, l'hiver quand les jours sont trop courts pour qu'il s'éloigne beaucoup, pieds nus, enroulé dans une *djellaba*, grelottant mais attendant patiemment que la dernière chevrette ne se sente plus l'envie de musarder. Mais aux beaux jours, le crépuscule n'en finit plus d'arriver et Djebba revient de très loin... Il est sans doute heureux, ayant au campement comme un père, une mère, une grande et jolie sœur, un petit frère un peu tracassier, mais qu'importe !

Aroua, jeune serviteur également d'une dizaine d'années aurait eu bien de quoi l'envier ! Aroua fut amené un jour par son maître à l'infirmerie de Tazrouk, complètement paralysé et incapable de dire une phrase un peu longue, effarouché comme une bête sauvage. L'homme le laissa là, regrettant bien qu'on ne puisse le guérir tout de suite. Il viendrait le reprendre le plus tôt possible car il en avait grand besoin au campement... Aroua, qui se rétablit et parla librement, raconta qu'il partait tous les matins derrière les chèvres de ses maîtres, avec un petit morceau de *taguella* au fond de l'estomac... La solitude toute la journée, la fatique le soir qui endort avant que le repas soit prêt, le silence quotidien qui force à oublier les mots... Aroua retrouva vite santé et bonne humeur. Pour avoir le plaisir de le voir en colère et bien prêt à se défendre, Kader l'appelait «*Akli*», « Esclave ».

— Esclave toi-même, finit-il par lui répondre sans en

prendre ombrage. Quand le Targui revint le réclamer en l'appelant « son fils », Aroua ne voulait plus repartir.

Kader, avec sa philosophie habituelle, avait dit qu'il y avait de bons et de mauvais maîtres mais uniquement de bons serviteurs... Les mauvais sont partis !

Et ceux qu'on garde, dit-il, ont une place de roi ! Au campement de Sidi Ali Ag Moussa, dans Tahalra, plus d'un homme devait en effet envier la place de Rali, serviteur Noir d'une quarantaine d'années. Pendant que les hommes étaient réunis sous la tente pour siroter un thé en notre honneur, Rali, lui, pérorait en cuisine, entouré de toutes les femmes. Pouvant presque tout se permettre, ne craignant ni la vieille Ouani dont il est comme le fils, ni la très jolie Rambéchicha qu'il a vue naître, en marge des statuts figés et des règles de bienséance, Rali tirait partie au mieux de sa situation privilégiée. Il se moquait d'une maladresse, tapait sur une main gourmande, subtilisait un voile, agaçait l'une et amadouait l'autre... Il pouvait se permettre mille petites choses que n'aurait pas pu envisager Sidi Ali. Il n'aurait pas donné sa place à un autre, et j'en connais un, au moins, qui l'aurait prise pour avoir le plaisir de croiser le regard de la séduisante Rambéchicha. Bernouze et Abdallah me demandèrent avec qui on s'amusait tant en cuisine.

— Avec Rali, l' *«Aménokal n'Emdan»*, le « Roi-de-Tout » !

Si le savoir-faire des serviteurs les rend indispensables et leur confère une autorité incontestée, les servantes, elles, aussi, ont une place très particulière. Au campement de Tarlalt, les bergères Dag Rali se laissaient volontiers conseiller et diriger par Tékelouet, jeune Noire d'une quinzaine d'années seulement. Sous son aspect juvénile, Tékelouet cachait tout un savoir héréditaire touchant bêtes et choses. Les autres femmes, qui n'avaient point entendu parler leur mère de traite et de naissance, étaient fort aises de s'en remettre parfois à elle. Tékelouet trouvait le moyen d'être présente partout à la fois, d'obéir aux ordres non formulés et de rendre service avec naturel et l'air de penser : « heureusement que je suis là ! ».

Chez Akoulan et Rassi Ag Amerlouk, c'est Rhada qui dirige tout ce qui touche au travail ancestral des servantes ; qui va là aujourd'hui avec les chèvres, qui reste ici avec les chevreaux... C'est elle qui soigne les museaux griffés et qui retire les épines ; c'est elle qui a la main la plus experte pour traire et baratter. Lorsque nous passons la soirée chez Akoulan et Rassi, il ne se passe pas une fois sans que Rhada n'agrandisse le cercle avec autorité et chante. Nous écoutons de très vieilles chansons que plus personne ici ne connaît ; c'est la meilleure joueuse de *tindé* de tout le campement. Belle, elle l'est, et gracieuse, et enjouée... mais négroïde sans contestation possible ; jeune et en âge de convoler très justement... mais servante noire. Ayant dit une fois à Rassi que je la trouvais jolie, celui-ci me regarda avec un air incrédule et lâcha finalement un « oh ! » de désapprobation pour mon mauvais goût. Pourtant je sais que Rhada plaît, malgré ses lèvres un peu épaisses, ses joues trop rondes et le blanc un peu jaune de ses grands yeux... Quand nous allons chez les frères Ag Amerlouk, Abdallah pose sur son crâne un *chèche* propre. Je ne pense pas que ce soit pour éblouir Adda, Chadika ou Tamou, femmes de ses cousins, mais plutôt à cause de Rhada, non pas pour la séduire, mais pour prouver que...

La libération des serviteurs a entraîné des changements importants dans les rapports entre Noirs et Touareg. Les serviteurs imitent les coutumes et les mœurs des anciens maîtres ; dûment imités, les Touareg se voient dans l'obligation de faire mieux. Bien sûr, il y aurait la solution de jouer en sens contraire. Par exemple : adopter une tenue débraillée devant les serviteurs pour leur prouver qu'on fait peu de cas de leur présence. Mais tout de même, ce serait sacrifier à l'honneur beaucoup du plaisir d'élégance et de coquetterie ! Et puis, une femme reste une femme, Noire ou pas... Rhada pourrait accuser Abdallah d'avoir adopté un laisser-aller de mauvais aloi !

Au campement de Rabidine vers lequel nous nous hâtons maintenant, il n'y a pas de jeune servante à qui prouver que... Pourtant, les *chèches* de mes compagnons sont impeccables, irréprochables. C'est qu'il y a la jeune et belle, si belle Hessa ! Bon ! Ils m'accusent en cœur de jalousie.

— Eh ! n'oublie pas un sac pour la *takamezout* ! m'a crié Kader avant de partir.

Lui aussi, comme moi, s'est habitué à la fidélité de Djebba qui n'oublie jamais la petite poignée d'herbe cueillie pour nous le long de la piste.

CHAPITRE 49

Tindé.
Invitation. Hospitalité

Ce soir, Kader ne se tient plus de joie. Est-ce le soulagement de nous avoir vu échapper aux dangers de la piste ou l'heureuse perspective de son retour à Tamanrasset ? Il trône, assis en tailleur devant le feu, le *chèche* en équilibre sur le crâne, une marmite renversée coincée dans son giron, ses larges mains battant le rythme sur le fond noir de ce *tindé* improvisé. Il chante et la rapidité de ses mains sur la marmite nous hypnotise. A part lui, nous sommes tous nonchalamment allongés face aux étoiles, sans contrainte ni souci, avec aux oreilles une inlassable mélodie.

— Eh ! s'interrompt Kader, debout ! Un peu de tenue...

— ...

Personne ne bouge. Kader s'allonge lui aussi sur le côté, repousse la marmite dans l'ombre et ricane un « mon vieux ! ».

— Quoi, « mon vieux ! » ? demande Abdallah.

— Mon vieux ! reprend Kader, vous n'êtes pas présentables...

Et il s'ensuit un long discours qui lui permet de se moquer d'Abdallah. Si par exemple un homme ou une femme s'invitaient à l'appel du *tindé* ?

— Tu en ferais un saut, Abdallah, pour te rechécher !

Il est étonnant d'apprendre que les Touareg n'ont pas besoin d'invitation pour se rendre à l'appel du *tindé* ; le premier son est à lui seul une invite suffisante. En territoire Iklan Taoussit, où, mal à l'aise et sur un qui-vive épuisant, Abdallah voyageait en notre compagnie et celle de Mahmoud, nous entendîmes un soir battre un *tindé* et, tout naturellement, Abdallah se rendit à la fête avec nous. La réunion avait lieu en plein air, assez loin des tentes, ce qui explique sans doute que les étrangers que nous étions à l'exception de Mahmoud puissent répondre sans gêne à l'invite. A notre grand étonnement, Abdallah avait répondu que, même seul, il aurait pu s'y rendre sans avoir besoin de la garantie de Mahmoud ou du prétexte d'accompagner des touristes.

— Tu arrives, dit à nouveau ce soir Kader, et personne ne sait qui tu es ni d'où tu viens, et tu restes... Et tu peux t'en aller sans avoir dit bonjour, au revoir et merci.

On ne rend de compte à personne dans les bals publics. En fait, ce principe n'est que rarement appliqué mais alors, gare ! On ne doit faire montre d'aucune défaillance et se conduire en parfait gentleman.

L'été dernier, nous nous rendîmes à un mariage dans l'*oued* In Dalag, accompagnés de nos meilleurs amis auxquels se joignirent parents et amis. Ce groupe d'une quinzaine de personnes ne possédait en poche ou en mémoire aucune invitation et aucun d'entre nous n'était attendu. On imagine les difficultés des hôtes à prévoir les repas de la fête !

— *En benan !* C'est sans importance ! nous dit Abdallah.
— On s'en fiche, surenchérit Kader.

C'était vrai. Se rend au mariage qui veut et le nombre des visiteurs atteste de la popularité des mariés et de leurs familles. Craignant le trop d'affluence, d'aucuns se gardent bien de faire connaître la date précise de la fête !

— Mais, dis-je, si quelqu'un venait, maintenant ?
— Qui, quelqu'un ?
— Je ne sais pas, moi, quelqu'un qui voyage, de passage...
— Ici, je le connaîtrais sûrement !
— Abdallah, imagine un moment que nous sommes en territoire Aït Loen, par exemple, et qu'arrive un homme que personne ne connaît, qu'est-ce qu'on fait ?

Les avis de Kader et d'Abdallah sont unanimes, On élargit le cercle autour du feu. Après, le déroulement de l'affaire est un peu flou. S'il veut bien dire qui il est, tant mieux. S'il ne dit rien, à nous d'essayer de savoir, par le truchement de petites questions sournoises mais discrètes. Si nous ne parvenons pas à acculer l'homme à décliner son identité...

— Moi, je surveille les bagages, dit Bernouze.

— Moi, je surveille les chameaux, dit Abdallah.

— Moi, dit Kader, je lui dis que je suis Abdelkader Ben Ahmed Chellali, de Tahaggart. Et toi, qui es-tu ?

Nous rions.

— Moi, dis-je, je pense qu'il pourrait te répondre qu'il est un Kel Essouf et toi, un mal élevé !

— Pfeee !

La discussion s'envenime. Abdallah prétend qu'on ne peut refuser, à qui que ce soit, le gîte et le couvert... On ne rejette pas un voyageur, surtout s'il s'agit d'un vieillard, d'une femme ou d'un pauvre. Refuser l'hospitalité, c'est trahir la bonté d'Allah qui se sert de notre main pour venir en aide ; c'est aussi se mettre superstitieusement en butte contre le mauvais œil éventuel du voyageur.

— Oh ! doucement, doucement, dit Kader, attends...

Il nous explique que cette hospitalité, tacitement réciproque, et qui est chose normale, porte en soi un notion d'échange et de service rendu. Lui, Kader, n'oserait pas s'installer chez quelqu'un sans pouvoir lui rendre le même service et surtout, surtout, s'il peut faire autrement. Lui, n'est pas un profiteur... Et pour conclure, il assure que, pour ses prochaines vacances, il ira s'installer chez Abdallah ! Abdallah se rebiffe et assure à son tour qu'il sait pertinemment que Kader est riche et qu'il lui dira d'aller voir ailleurs s'il y est...

— Ou bien, les vacances d'après, c'est moi qui vais m'installer à Tahaggart !

Un nuage noir vient de passer devant la légende d'hospitalité saharienne. Que s'éclaire la lanterne des voyageurs insouciants ! Nous avons parfois rencontré des touristes installés depuis plusieurs jours dans un campement, heureux et reconnaissants envers un accueil sympathique. Ils ne savent pas que malgré les petits cadeaux qu'ils peuvent faire, ils représentent une lourde charge pour l'hôte qui, tenu par les canons de l'hospitalité, ne peut les chasser. Les gens d'Ihérir (Tassili), qui hébergèrent plus de quinze jours deux touristes bien gentils mais sans le sou, eurent-ils en échange la moindre compensation pour remplacer dans les greniers le blé et le mil, sans parler du thé et du sucre, toutes dépenses imprévisibles dans le budget ? Les deux « profiteurs » insouciants et heureux nous firent l'éloge des gens d'Ihérir et nous apprirent qu'ils étaient si gentils qu'ils se proposaient de leur fournir un guide et deux chameaux pour rentrer à Djanet !

Maintenant... si c'est une jolie fille qui vient ! Kader se redresse, empoigne la marmite, tire son *chèche* au bout du nez. Abdallah s'assied aussi, tire le buste en hauteur, élabore un *chèche* élégant et frappe dans ses mains au rythme du *tindé*, taptaptap-taptap-tap-taptap-taptap... Nous chantons à tue-tête sous les étoiles pour attirer l'inconnue dans nos filets, aléli-lélou-lélilou-lala-lilélou-ou-lali...

CHAPITRE 50

Rabti, Taboubert et Abdallah passé, présent, avenir

Avant de boucler notre voyage, Abdallah tient à ce que nous passions chez lui où nous attendent ses parents. Aujourd'hui, nous sommes les invités de Tagmart. Nous y sommes arrivés en fin de matinée, précédés par Abdallah levé à l'aube et nous avons surpris le village dans l'immobilité de l'été. Entre les *zéribas*, pas âme qui vive à part un chat qui saute de flaque d'ombre en flaque d'ombre. Sur le murmure en fond du vent dans les roseaux secs des *zéribas*, nous parviennent les bruits familiers et vite reconnus du pilon dans le mortier, de la cuillère contre une marmite, de l'eau qui s'écoule... A l'ombre clair-obscur de sa *zériba*, Abdallah, enfant revenu, fait le thé ; Rabti et Taboubert écoutent l'histoire de notre voyage jusqu'à Tin Tarabin. Mon âme vadrouille...

Pour moi, Rabti n'est plus seulement ce vieux Targui de la tribu des Dag Rali auquel nous avions confié notre premier voyage. En le connaissant mieux, il est devenu la silhouette de tout un peuple qui a connu les grandes caravanes sur les longues pistes vers le Niger, In Salah et Rhat, les grands troupeaux en pâturage au Tamesna, les serviteurs nombreux... La vie de Rabti, soixante-dix ans, couvre les années de disette mémorable et les années, où, curieusement opposées aux précédentes, on pouvait récolter deux fois par an l'*afazzou* poussé après des pluies providentielles. Rabti, c'est une évolution sans doute irréversible : la *takouba* toujours prête à sortir du fourreau pour se battre contre un ennemi targui, arabe, noir ou européen, l'ocupation française, Inîker et sa bombe, la scolarisation, l'indépendance, la libération des serviteurs, les frontières rigoureuses, le travail sur les chantiers, la sécheresse des pâturages et les chameaux qui meurent, les pluies qui ne veulent tomber, la sédentarisation... Rabti mourra d'une autre façon qu'est mort son père.

L'amrar, le vieillard dans le sens de sage et vénérable, le vieux Rabti fut pour nous la main tendue qui nous invita dans la tribu des Dag Rali, traitant bientôt Bernouze d'égal à égal, non par correspondance d'âge mais par titre *d'amrar* et de chef. *L'amrar* est à la fois l'âge, l'autorité et la sagesse. Il manquait à Bernouze les années mais son rang de touriste privilégié et dispensateur de travail, donc de bien-être, lui permit de se tenir sur pied d'égalité avec lui. Rabti offrait une garantie chez les Dag Rali et les Ajouh n'Téhélé, deux tribus rapprochées par le lien de multiples mariages, et permit ainsi à Bernouze des contacts faciles. Rabti sut vite quel apport bénéfique serait Bernouze, notamment sur le plan financier et une amitié qui n'était toutefois pas entièrement d'intérêt s'installa entre eux. Jouant honnêtement carte sur table, Bernouze obtint la confiance de Rabti tout en sachant que ce dernier possédait néanmoins l'esprit rusé. Mais il n'y a dans sa ruse aucun sentiment qui soit vraiment répréhensible ; elle est naturelle en pays targui et motivée par une perpétuelle obligation à la survie : conscient de la clairvoyance de Bernouze à son sujet, Rabti tentait de tirer un maximum de profits de leur collaboration.

Nous connûmes Rabti alors que, âgé et usé, il entendait profiter d'une civilisation qui le concernait peu mais qui se devait de lui offrir beaucoup. Pour concrétiser ce sentiment, je dirai qu'il entendait acquérir les chaussures confortables et la cuvette en émail, tout comme il y a moins d'un demi-siècle, ce thé vert dont il ne sait plus se passer. Etant des temps modernes, n'a-t-il pas les mêmes droits que nous ? Rabti ne put cacher très longtemps l'attrait qu'exerçaient sur lui poignards, couteaux, canifs, moindres lames. Quand un de ces objets sortaient de nos poches, il s'en emparait pour le détailler scrupuleusement, caressant du doigt le tranchant de la lame, faisant parfois le geste de le plonger dans sa poche. Quand la ruse réussissait, la convoitise de Rabti restait assouvie quelque temps... jusqu'au jour où nous-mêmes démunis de tout objet tranchant, nous dûmes avoir recours à un prêt de sa part. Depuis, nous sommes inflexibles ; à nous aussi la civilisation moderne doit de bonnes lames tranchantes !

Rabti ne manque pas d'humour et s'il nous dit encore bonjour sans sourire, il se fait souvent pardonner la séche-resse de son premier contact par quelque parole ironique. Sérieux devant les jeunes Touareg parce que « respectable », il devient farceur hors de leur présence et nous l'avons si bien découvert que nous n'hésitons pas à l'appeler Grand-Père, avec d'autant plus d'affection qu'il est père d'Abdal-lah. Bien qu'il nous ait jugés avec sévérité dès le début, nous avons compris qu'il était normal qu'il nous considérât toujours comme des ignorants à propos des chameaux et de la vie du désert, ce en quoi il n'a pas tort. Nous étant rendus compte qu'il craignait autant pour nous que pour ses bêtes, nous comprîmes l'affection qu'il nous portait... Depuis, Bernouze l'a conquis par son intérêt pour les chameaux ; moi, je suis une femme qui commet l'erreur de se promener à chameau...

Grand-Père connaît les chameaux mieux que personne et les Touareg le citent en référence. Abdallah très souvent, pour prouver qu'il a raison, conclut : « C'est mon père qui l'a dit ! » On ne peut ni ne doit rien changer, ce serait sacrilège. Rabti acquit cette connaissance d'abord lorsqu'il était enfant, ayant gardé les troupeaux au Tamesna durant une grande partie de sa jeunesse, ensuite, lors des grandes caravanes vers l'Amadror, le Tidikelt, le Tamesna et le Niger. Cette connaissance, jamais Bourari, son second fils ne l'obtiendra ; à vingt ans, il n'a pas eu l'occasion de faire partie d'une expédition sur ces pistes. Rabti maintenant reste à Tagmart, faisant pour Abdallah la navette entre le village et Tamanrasset pour y amener les chameaux tandis que son fils repart déjà sur d'autres pistes. Nous avons dû nous séparer de lui, qui n'était d'ailleurs pas mécontent de prendre un peu de repos. Il devenait gênant car trop âgé par rapport aux jeunes Touareg pourtant souvent de sa famille, de son village, de sa tribu ; il empêchait l'ambiance de devenir gaie et décontractée ; il obligeait à une contrainte de sérieux car il est établi dans les rapports humains qu'on ne plaisante pas devant un jeune et réciproquement, même et surtout lorsqu'il s'agit de pères et de fils, de frères aînés et de cadets, d'oncles et de neveux. Abdallah restait muet des jours entiers, effacé et prévenant, tandis que son père taisait son rire. Désormais, une symbiose ancestrale se perpétue : les anciens comme Rabti ou El Mouden restent à leur campement, partageant avec les adolescents la garde des chameaux au repos dans les *oueds* des environs, veillant sur les foyers sans hommes. Grand-Père est notre meilleur agent de liaison entre Tamanrasset et les pâturages de Tagmart, entre la demande et l'offre. Grand-Père me manque bien un peu le soir autour du feu...

Je vois en Taboubert l'image floue d'un souvenir qui s'estompe sans qu'on n'y puisse rien. Comme pour Rabti, rien pour Taboubert n'est plus pareil qu'avant ; qu'avant le lent chambardement des gens et des choses. A l'exemple de tant d'autres, cette grande et sèche Adjouh n'Téhélé d'une cinquantaine d'années connut les interminables absences des hommes, les longues attentes et les jours de solitude, élevant ses enfants avec l'autorité naturelle que lui conférait l'absence de Grand-Père. On parle de matriarcat. Pouvait-il en être autrement à une époque où le père restait parfois huit longs mois sur les pistes ?

J'éprouve pour Taboubert un sentiment complexe : admiration, crainte, affection, confiance... La force qu'elle a pour prendre les choses en main et agir, fait de Taboubert un personnage important. N'avait-elle pas dit que, Rabti faisant le guide des hommes, elle, elle ferait celui des femmes ! Cette boutade explique Taboubert. On l'écoute beaucoup et il m'a parfois semblé que Grand-Père lui-même n'osait pas trop la contredire ; mais, connaissant la puissance de Rabti, il est un fait d'autorité qu'il ne serait pas de bon ton d'affirmer. Femme de poigne mais aussi de cœur, Taboubert parle, parle en criant souvent, accompagne ses emportements de gestes vifs, se fait pardonner par un éclat de rire et s'emporte à nouveau.

Je crains Taboubert pour les gestes de reproche dont elle m'entoure, tirant sur une mèche mal peignée, me montrant fort désobligeamment une tache à ma robe, me fourrant entre les mains une cuillère ou quelque autre ustensile avec l'air de ne plus pouvoir supporter ni mon inaction, ni ma maladresse. Pourtant, quelle douceur n'a-t-elle pas dans son sourire quand, après avoir raccommodé un accroc à mon vêtement, elle affirme que maintenant, je suis belle, comme une mère rassure son enfant d'un quelconque complexe. Et j'aime Taboubert un peu comme une mère, malgré sa langue de vipère, sa curiosité sans limite, son autorité parfois blessante, et, tour à tour, ses tendresses et ses désintérêts narquois et calculés. J'aime Taboubert pour son naturel, cette façon de vivre acquise avec l'âge, de ne plus jouer une comédie, riant quand elle en sent l'envie, nous dévoilant ses mauvaises humeurs en sachant déjà se faire pardonner.

Taboubert travaille le cuir mieux que toutes les autres femmes de Tagmart et son talent lui viendrait, dit-elle avec orgueil, de son ascendance Adjouh n'Téhélé. Son fils prétend qu'elle fait tout mieux que tout le monde et le sac à chameau qu'elle m'a offert force l'admiration des meilleurs connaisseurs. Abdallah dit aussi qu'elle a été la plus belle femme de sa génération. Moussa Ag Bargali qui avait quinze ans quand Taboubert en avait trente, dit la même chose, avec cette différence qu'il doit être plus impartial qu'Abdallah.

Taboubert ne se déshabitue pas des grands espaces et de son nomadisme. Aussi, lorsqu'elle veut fuir Tagmart-la-Sédentaire, elle s'échappe sans scrupule vers Téhé n'Oudi ou Taroumout, ce campement où vit sa sceur Adda, vers les tentes de Badloulik, femme de Bargali, ou celle de Chicha, femme de Moussa. Nous la voyons quelques fois à Tamanrasset, accompagnée de Bourari, de son neveu Rabidine ou d'un autre. Ne tenant pas en place elle vient à Tamanrasset rendre une visite, faire une emplette ; elle profite d'une caravane, d'une occasion de chameau-stop. C'est à Tamanrasset que je la vis pour la première fois, étant venue avec Grand-Père sous un quelconque prétexte. Elle me dévisagea un long moment sans vergogne, l'air sévère, toute à son étude. Elle souleva mon foulard pour examiner mes cheveux raides et, me prenant par l'épaule, me fit brusquement pivoter sur mes pieds. Elle m'administra une grande claque sur l'omoplate ce qui eut pour effet de me redresser impeccablement le dos, puis, elle vint se planter devant moi et éclata d'un rire sonore à la vue de mon ébahissement.

— Toudet ! dit-elle pour la première fois.

Elle venait de décider de m'appeler *Toudet*, la Mouflone, plutôt que *Oudad* (déformation de Odette), le Mouflon, quoiqu'elle se demandât sûrement si je n'aurais pas mieux fait d'être un garçon.

Mon âme vadrouille de Rabti à Taboubert, du village sédentarisé aux lointains pâturages où ils plantèrent leurs tentes, des pistes qu'ils parcoururent à cette fraîche *zériba* où bruit la respiration du vent. Rabti et Taboubert se laissent raconter notre épopée, et moi, je n'ai cure de remuer des souvenirs qui ne sont même pas à moi.

... Et vivre en sédentaire le reste de ses jours. « Tu sais, nous dit souvent Abdallah, si un jour il pleut vraiment, tout le monde repartira dans les montagnes... » Il a plu en septembre et Tagmart s'est vidée de tout ce qui était jeune et fort, capable de courir les pistes. Tout Tagmart a explosé dans la nature, gardant sous ses *zéribas* seulement quelques vieillards, quelques femmes fragiles et des enfants trop jeunes ; dans ses alentours, on ne vit plus un seul berger, ni chèvre et ni chevreau ; on conduisit les chameaux vers les pâturages de l'Atakor faits d'oseille, puis d'asphodèle...

— Tu vois ! jubilait Abdallah.

Il avait repris espoir, un peu. Mais il y a trop de choses qui font que tout change lentement, et sans revers possible. Alors que Rabti possède maintenant plus d'argent palpable que du temps où il subvenait aux besoins de sa famille par le procédé des échanges, Taboubert elle, se plaint d'avoir plus de travail que du temps où ils avaient encore de nombreux serviteurs. Avant leur libération par la jeune République Algérienne, les serviteurs étaient chargés de presque toutes les besognes que doivent maintenant se partager Rabti et Taboubert. Sous le toit de paille de la *zériba*, comme autrefois sous la tente, le travail ne fait pas défaut autour des chèvres et des chameaux ; le travail demeure le même et rares sont les serviteurs qui sont restés. Alors que les jeunes s'éloignent à tour de rôle des campements pour veiller sur les troupeaux ou travailler sur des chantiers, les plus âgés demeurent seuls pour assumer les tâches quotidiennes. J'ai vécu de nombreuses fois dans un campement, et non pas uniquement en invitée. La première fois, je craignais de me lasser vite d'une vie oisive... Je suis une femme robuste et pourtant, chaque soir me trouvait dans un état de fatigue tel, que seul un sommeil rapide et profond parvenait à me rendre solide pour le lendemain. Peu de problèmes artificiels, mais des soucis tellement élémentaires ! Pour vivre, pour simplement calmer sa faim, on met en branle tout un système d'efforts et de vicissitudes : moudre le blé, pétrir, trouver de l'eau, trouver du bois, cuire... Ou bien : se lever à l'aube, pousser les chèvres en criant tout le jour, et traire, enfin, quand le soir tombe en même temps que s'abat la fatigue.

Grand-Père, Taboubert, vaut-il mieux regretter, souhaiter ou espérer ? On vieillit et on voit grandir des enfants différents de ceux qu'on a été, et on désire qu'Abdallah, Bourari et Ademma ressemblent encore un peu à nos images de jeunesse. Quand Abdallah travaille avec les chameaux, c'est une façon traditionnelle de se maintenir sur ses terres et de vivre. Mais, dans le cœur de Rabti, Bourari ne déchoit pas s'il manie pelle ou pioche sur les chantiers de la Sonarem ou de l'APC, bien au contraire, car il n'est point de bien plus précieux en ce monde qu'un peu d'argent, un grain de blé, une bouchée de *taguella*. Homme sur qui s'abat la honte que celui qui maintenant a faim...

Nous n'avons pas connu Abdallah en même temps que son père puisqu'en automne 1969, il cheminait sur la longue piste qui conduit au Niger, en compagnie de quelques autres Dag Rali et Adjouh n'Téhélé, avec les derniers chameaux qui restaient. Ils prirent en passant leurs chameaux en pâturage au Tamesna, les chargèrent de mil au Niger et retournèrent chez eux. Ce fut jusqu'à ce jour la dernière caravane d'un peu d'importance. Les années suivantes, nous comptions sur les doigts d'une main les hommes partis au Niger : les chameaux meurent sur les pâturages qui s'assèchent ; les graines coûtent plus cher qu'à Tamanrasset si l'on tient compte du temps passé sur les pistes, de la fatigue des hommes et des bêtes.

L'homme de vingt-cinq ans que nous présenta son père était timide, réservé, tout en respect et déférence pour les plus anciens, non qu'il ne le soit plus maintenant, mais en six ans, Abdallah a vieilli et pris conscience de lui-même. Il nous devint très vite indispensable, porte-parole et trait d'union entre les anciens et nous. Intelligent et éveillé, il comprit où était son propre intérêt. Sculpté sur le même modèle que son père et respectueux, comme les autres de son âge, des traditions et des coutumes, Abdallah se voit forcé de les abandonner une à une, ne regrettant pas de profiter du bon côté des choses nouvelles qui lui sont offertes mais avec une nostalgie certaine pour tout ce qui fut son enfance, même s'il la juge misérable. D'autres Touareg de son âge, dont son frère Bourari, sont déjà sur des chantiers et, s'il n'avait pas quelques chameaux à faire travailler (les siens et ceux de sa famille), il lui faudrait partir, ainsi d'ailleurs que Bohra, Entayent, Akoulan, Rassi... Il s'y résignerait. Sa tristesse de devoir quitter une vie de voyage et de nature, certes parfois dure, cette tristesse que nous imaginons sans peine nous arrache le cœur. Abdallah est en sursis, mais quel sursis heureux !

Malgré tout, Abdallah ne peut cacher les moments noirs qui l'assombrissent parfois, le forçant à des silences mornes et tendus faisant suite à des fous rires et des déchaînements de gaieté. Capricieux dans ses humeurs comme dans ses amitiés, nous mettons sur le compte de sa position transitoire le déséquilibre de sa personne et de ses sentiments. Tout en lui est regret, nostalgie, appréhension enchevêtrés. On ne peut se tromper sur le sens de ses regards ni sur le ton de sa voix lorsqu'il raconte son enfance, les courses derrière les chèvres ; les campements déménagés épisodiquement au printemps, lorsque le vent chasse le pollen des plantes en vagues poussiéreuses, au début de l'hiver lorsque la terre gèle. Oh ! la tristesse de ce soir où nous avions bivouaqué sous les montagnes Ekneouen ! Abdallah allait de murette en murette de pierres sèches, énumérant ainsi : « Ici, c'était nous ; ici l'emplacement des Dankouchi ; ici la tente des parents de Raïcha, tu sais bien, la femme d'Adéna (j'étais amoureux d'elle, dit-il en souriant)... Ici, Rer le poète... » Et Rer devait raconter des histoires aux enfants du campement jusqu'à ce que leurs yeux et leurs oreilles se ferment de la fatigue des journées passées à courir les pâturages. Maintenant, les pâturages sont trop secs ici pour permettre un rassemblement de quatre tentes, ou même l'emplacement d'une tente unique. Désormais, gens et bêtes sont groupés dans le village sédentaire de Tagmart. Cette nuit-là, sous Ekneouen, Abdallah arpenta l'*oued* sous prétexte que les chameaux devaient brouter sans arrêt... Le lendemain, il ne fallut rien moins que la prestigieuse escalade de la montagne Ilaman pour lui faire perdre ses idées noires.

Abdallah est d'autant plus conscient que quelque chose meurt actuellement et ne reviendra plus, qu'il est informé de ce que nous sommes nous-mêmes, de cette vie que nous lui faisons toucher du doigt. Le seul projet de l'emmener en vacances en France déclencha une avalanche de questions auxquelles nous dûmes faire front, si bien qu'il n'ignore rien des frontières, des monnaies et des changes, des autoroutes, des heures de pointe et du métro, de la folie des bruits et d'agitation dans laquelle nous passons notre existence. Les caravanes loin de Tamanrasset lui avaient ouvert l'œil et bien que nous l'ayons préparé et averti, son récent séjour chez nous en France le força à avouer qu'il était loin d'imaginer la vérité. Il n'est pas le seul à s'étonner et à questionner. Bohra, Entayent, Akoulan, Rassi, nous mettent à l'épreuve à tour de rôle : pourquoi viens-tu ici ? Tu n'as pas de chaise, pas de table, pas de lit ; il faut marcher ; le soir tu dis « je suis fatiguée » et le matin tu dis « j'ai eu froid cette nuit » ; tu pestes contre le soleil, tu trouves l'eau sale... alors ? Nous n'avons rien à rajouter à ce que n'importe qui pourrait répondre : moi, je fais tous les jours deux heures de route pour aller à mon bureau ; moi je ne dors pas à cause des bruits de la ville ; je n'ai plus le temps de me promener ne serait-ce qu'un instant ; je ne peux plus regarder le ciel tranquillement... Abdallah, affolé par ce que nous lui racontions de Grenoble-la-Provinciale (les voitures, les feux, le bruit) nous avait fait promettre de le tenir par la main ! Après tant de récits noirs et d'explications tristes sur les grandes capitales, il n'y a pas de pire infortune que d'être parisien et, ironie, lorsqu'on se montre maladroit à vivre simplement les deux pieds et les fesses sur la terre, les Touareg demandent avec commisération si l'on habite Paris !

Il est certain qu'Abdallah redoute plus notre existence qu'il ne l'envie, mais sait-il qu'il n'aura pas le temps de profiter du meilleur et qu'il risque d'en supporter le pire et le plus triste ? Bien qu'il sache aussi pourquoi nous aimons sa terre natale et sa propre façon de vivre, je ne crois pas qu'il soit conscient de l'importance que lui et ses frères ont pour nous. Un soir d'hiver, serrés autour du feu avec lui, Bohra, Akoulan et Oukcem, je parlais de la vie familiale en France.

— Si Bernouze meurt, dit l'un d'eux à brûle-pourpoint, toi, qu'est-ce que tu fais ?

— Moi ? Je continue...

— Hommes et Montagnes du Sahara ? Tu ne peux pas, dit catégoriquement Abdallah.

— Et pourquoi je ne pourrais pas ?

Qu'il me juge de si peu d'importance vexait mon amour-propre.

— Peuh ! Tu ne peux pas, tu es une femme !

— Et alors ?

J'étais au bord de la colère et prête à me défendre chèrement.

— Hommes et Montagnes du Sahara ! fit-il, excédé. Hommes ! hommes ! hurla-t-il, ne supportant plus ma bêtise.

Ignorance d'une subtilité de vocabulaire, bien sûr, mais surtout, suprême modestie de ne pouvoir imaginer qu'ils aient une quelconque incidence sur notre vie ou sur les objectifs de toute notre activité.

Je dois reprocher à Abdallah de ne pas savoir devancer nos questions ou de ne pas vouloir y répondre. Sachant que notre ignorance ou notre incompréhension pour une chose nous mettent dans l'obligation de forcément commettre des erreurs, il ne nous met que fort rarement en garde. Lorsque nous en venons aux questions précises et à l'ultime « pourquoi ? » auquel nous forcent ses réprimandes ou sa réprobation, nous obtenons difficilement de véritables explications mais bien plus souvent un « c'est comme ça ! » qui n'admet point de réplique et ne nous fait pas progresser beaucoup. Croit-il donc que va nous venir un sixième sens ? Abdallah est de ceux, parmi les Touareg, qui n'aiment pas se démunir de leurs connaissances, ayant peur d'entamer un capital trop personnel et transmis de génération à génération. Après que nous ayons dit une dizaine de fois :

— Je demanderai à Bohra...

Abdallah changea de méthode.

— Peuh ! Bohra ne connaît rien ! dit-il sans méchanceté de son cousin, je vais te dire, moi...

Ainsi, sommes-nous parvenus à franchir quelques marches de plus.

J'ai encore le reproche à faire à Abdallah de donner bien trop souvent raison à Bernouze à mes dépens, et trop partialement. Bernouze est son copain, dit-il en secouant vigoureusement l'épaule de Bernouze, ravi. A un Targui qui lui demandait dans une rue de Tamanrasset qui était ce

Français, il répondit laconiquement « mon ami » et entraîna Bernouze plus loin, peu désireux semble-t-il de courir le risque de partager son bien...

Abdallah Ag Rabti (Fils de Rabti) ne s'appelle plus Ag Rabti. Le gouvernement algérien a décidé que les Touareg devaient adopter un patronyme définitif et commode en remontant le plus loin possible. Le septième aïeul d'Abdallah, de fils héritier en père légateur, portait le nom d'Atanouf : Abdallah Ag Rabti, Ag Abahag, Ag..., Ag..., Ag..., Ag Atanouf enfin pour le septième. Quelle mémoire ! Sept générations avant nous, Bernouze et moi ignorons quels étaient nos aïeux. Est-on bête ! Bernezat et Frölich bien sûr ! L'honneur est sauf vis à vis d'Abdallah, mais... leurs prénoms ?

Les papiers officiels d'Abdallah l'identifient ainsi : Abdallah Atanouf.

CHAPITRE 51

Bohra Ag Kourbi

En partant ce matin de Tagmart, la caravane s'allonge plus que de coutume. Grand-Père nous accompagne jusqu'à Tamanrasset afin de récupérer nos chameaux tandis qu'Abdallah filera juste avec le sien vers quelque campement ami, celui d'Akoulan ou celui d'Atankaoues. Taboubert fait une heure de route avec nous, puis, dans l'*oued* Tarlalt, bifurquera vers l'Est pour se rendre à Taroumout chez les Kourbi. Taboubert va voir Bohra qui, nous a-t-on dit, est malade.

Dans mon cœur, Bohra est le concurrent direct d'Abdallah. J'aime Abdallah pour sa vivacité, sa disponibilité amicale, sa fierté frisant l'orgueil ; et Bohra pour sa réserve et sa douceur, pour la façon qu'il a de nous prouver son amitié, sans un mot... Moins vif qu'Abdallah, il est sans doute plus fin et tout aussi sensible. Alors qu'Abdallah serait facilement cabotin, nous savons Bohra incapable d'une ruse et du moindre mensonge. Bohra, fils de Kourbi, sensible et affectueux Bohra...

Du même âge, cousins germains par leurs mères qui étaient sœurs, ils se considèrent frères mais tout de même rivaux en tout. Bohra est Adjouh n'Téhélé de père et de mère ; Abdallah, de père Dag Rali et de mère Adjouh n'Téhélé, est Dag Rali.

— Les Adjouh n'Téhélé sont les plus laids !

— Les Dag Rali sont les plus jolis (ou les plus gentils, suivant le cas) !

Ce petit couplet en français fait sourire Bohra, au si bon caractère qu'il ne croit pas à la méchanceté des autres. Le même couplet contre lui ferait bondir Abdallah qui s'écrierait :

— Qu'est-ce que je t'ai fait ? Pourquoi dis-tu ça ?

Et ne l'oublierait pas. Bohra Ag Kourbi, lui, se tait et sourit, et au pire, secoue d'une main amicale l'épaule ou le dos de son cousin.

Le campement de Bohra est maintenant fixé, sédentarisé sous forme de *zéribas*, sur le promontoire d'un méandre de l'*oued* Taroumout, en vigie sur un bouquet de palmiers et un minuscule jardin où pousse ce que les chèvres du campement ne parviennent pas à dévorer. A Taroumout vivent les familles de trois frères, El Mouden, Hennou et Kourbi, père de Bohra. Orphelin très jeune de sa mère Tima, Bohra eut la charge de ses trois frères et, dans ce foyer sans femme, il fit face aux vicissitudes de la vie quotidienne qu'ignore habituellement (souvent le plus délibérément du monde) l'homme de tous les foyers. Cette responsabilité qu'il eut tout jeune de ses frères, de l'organisation du campement et du troupeau de chèvres, donna sans doute à Bohra ce sérieux qui le personnifie, la tendresse que nous lui connaissons pour les enfants, la compréhension, la prévenance, la douceur qu'il a pour tous. et qui sont celles de la mère qu'il remplaça.

Nous nous étonnions que le premier argent que Bohra gagna avec nous ne lui procurât pas le plaisir de quelques achats coquets, vêtement ou *chèche* neuf... C'est, nous dit-il, qu'il devait rembourser ses dettes, avant. Ayant à payer de sa poche quelques chameaux pour son père à l'occasion du remariage de celui-ci avec Rarma, il remboursait lentement ses dettes, aidé par ses frères. Kourbi, presque aveugle et impotent, se remaria sur le tard, plus pour s'assurer une servante dévouée à ses vieux jours qu'une véritable épouse. Les fils réglèrent les frais de ce « mariage d'affaires » et, depuis que Rarma vit à Taroumout, nous comprenons, par quelques réflexions de notre ami, qu'il mène au campement une vie de château bien méritée.

Sachant les conditions précaires dans lesquelles vivent les quatre fils Kourbi, nous engagerions volontiers les frères de Bohra mais Bohra prétend qu'il vaut mieux se partager ainsi le travail. Lui-même avec nous ; Akacem sur un chantier ; Ramrane, dit Riquet, à la garde des chameaux au repos ; Rissa au troupeau de chèvres. Répartition équilibrée qui permet à la fois, une entrée sûre d'argent (par le contrat certain d'Akacem et par l'éventuelle embauche de Bohra dans nos rangs) et le placement de cet argent (quand il en reste suffisamment) en chameaux et chèvres. Cette distribution du travail admet le tour de rôle et Ramrane remplace Bohra fatigué ou Akacem assiste Ramrane qui veut essayer la construction. De toute façon, nous explique encore Bohra, nous les Kourbi, nous ne connaissons pas bien le travail des chameaux... Patiemment et sans honte, il nous apprend pourquoi lui et ses frères n'ont pas eu l'occasion de faire l'apprentissage dont rêve chaque garçon. Bien que son père possédât des chameaux en pâturage au Tamesna, les circonstances firent que jamais Kourbi ou un oncle n'emmena avec lui un des quatre garçons. « Moi, j'ai eu plus de chance, renchérit Bohra, étant l'aîné, je me suis un peu promené dans le Hoggar avec mes oncles. » Il avoue humblement qu'il ne connaît pas grand chose en matière de chameau. Ses cousins le plaisantent d'ailleurs à chaque occasion et des paroles venimeuses s'envolent aux quatre vents le long des caravanes :

— Ce touriste, il monte comme Bohra !

— N'écoute pas Bohra, il n'y connaît rien...

— Bohra ! Où est-il, le touriste Bohra ?

Bohra n'en prend jamais ombrage puisque ces médisances ne l'empêchent pas de gagner parfois une course.

Akacem nous accompagne parfois ; son manque de brio chamelier (encore faut-il être au courant !) rend sa gentillesse encore plus désarmante. Akacem nous prouva que la gentillesse peut remplacer n'importe quelle défaillance. Elle est le lot véritable des fils Kourbi. Ramrane, dit Riquet, en a hérité aussi, lui qui peut amuser des jours durant les jeunes enfants du campement de Taroumout ; ainsi que Rissa, le dernier des fils, si prompt à rendre de menus services, inaperçus mais combien appréciés ! Lorsque nous disons à Bohra qu'il a réussi l'éducation de ses frères, comme modelés sur lui-même, il répond par un modeste : « C'est normal ! ».

— Oh ! C'est pas rien ! s'exclame Abdallah qui montre parfois des tendresses inattendues.

Au mois de juin, Kourbi est mort d'une vieille tuberculose. Taboubert nous laisse ici pour se hâter vers Taroumout où son neveu est malade, dit-on.

— Taboubert, salue pour nous Bohra et porte lui nos plus sincères amitiés !

CHAPITRE 52

Le campement des bergères à Tarlalt. Les femmes

En traversant l'*oued* Outoul, l'envie m'a prise de dire aux hommes « je vous laisse... ». Je sais qu'en remontant l'*oued*, je tomberai sur le campement de Tarlalt où les femmes de Tagmart gardent les chèvres. « Les garçons ! Je vous laisse, je retourne chez moi, je rentre à Tarlalt ! ». C'est à Tarlalt pour la première fois, enfin, que je sentis que je pouvais être quelqu'un d'autre qu'une femme qui-monte-sur-un-chameau ou qui-vit-comme-un-homme... Menant forcément en méharée une vie de garçon, ne rencontrant les femmes qu'au hasard de nos passages dans les campements, je gardais de leur contact bref et rapide la désagréable impression d'être une fille bizarre qui n'est pas complètement femme, une visiteuse ou une invitée qu'on honore de mille délicatesses et prévenances mais pour laquelle on modifie l'ordre naturel de la vie quotidienne.

Les femmes venaient à moi pour me saluer et souriaient en m'accueillant. Elles me conduisaient à petits pas sous leur tente et s'en allaient quérir une couverture ou un coussin pour que je puisse confortablement me délasser des fatigues de la piste. Lorsqu'il n'y avait point d'homme trop étranger à elles, elles restaient à mes côtés, me dévisageant sans vergogne ou à la dérobée, et nous parvenions à grand peine à échanger quelques banalités. Pendant que circulaient les petits verres de thé qui interrompaient un instant les conversations, les enfants s'appuyaient épaule contre épaule et ne me quittaient pas des yeux. Quand je partais, on me glissait souvent dans la main un petit cadeau, en général une *tasetfart* brodée...

Nos arrêts dans les campements se faisant plus fréquents et prolongés, j'appris à les connaître mieux en les suivant dans leurs cuisines, derrière l'*esseber* ou à l'ombre de quelque acacia. Je les regardais moudre le grain, rouler le couscous, tourner une sauce, coudre un vêtement, broder une *tasetfart*, tailler dans le cuir une paire de sandales, allaiter un enfant, rire et se disputer. Un jour, j'ai dit aux hommes « je vous laisse » et Abdallah m'a conduite à Tarlalt pour me confier aux mains des femmes, dans un méandre ensoleillée de l'*oued* où elles gardent les chèvres. Affectueusement accueillie par ces femmes célibataires, veuves, divorcées ou délaissées pour un temps, je m'y suis tout de suite trouvée bien, enfin libérée de la poigne des hommes, heureuse et insouciante volontaire à un célibat momentané.

La première femme qui fit abstraction de ma qualité d'étrangère et me mit à l'aise, naturellement et sans histoires, fut Rarma, sœur d'Adéna. et qui devint plus tard l'épouse du vieux Kourbi. J'avais fait sa connaissance à Tagmart, alors qu'elle était malade ; elle guérit et disparut du village : veuve et célibataire, elle était d'office recrue pour le travail des chèvres dont le troupeau cantonnait à Tarlalt, sous la montagne Tenemrout, tout près de Tit n'Oudad (la Source ou l'Œil du Mouflon). A quarante cinq ans, elle vibrait d'exubérance ; ses cris et ses « hou ! hou ! » éclataient avec joie lorsqu'elle poussait le troupeau au pâturage. Le soir malgré tout, elle rentrait plus fatiguée que les jeunes. Les chèvres enfin dans leurs abris, acceptant de s'asseoir, elle massait longuement ses jambes endolories et ironisait sur sa propre misère. Je l'accompagnai un jour à Tit n'Oudad où nous fîmes boire le troupeau. Du matin au soleil couchant, sur le chemin de l'aller comme sur celui du retour, nous poussâmes lentement les chèvres devant nous, les excitant par des « hou ! hou ! » aigus, veillant à ce qu'une bête ne reste pas en arrière pour brouter encore les dernières épines d'un acacia. Tout en cheminant, surveillant le troupeau d'un œil exercé, elle tressait de fines lanières de cuir pour en faire un collier. J'admirais ses doigts qui trouvaient instinctivement le bon geste. Ainsi s'écoulaient les jours à Tarlalt. la veille poussant les chèvres dans l'*oued* Outoul, aujourd'hui·vers Tit n'Oudad, demain dans Iguenda ouan Tataït (la Plaine des Fenouils) ; et puis, après-demain, serait une journée moins fatigante, Rarma étant de garde aux chevreaux qui ne s'éloignent pas trop du campement ; et encore, après-après-demain son tour de rôle viendrait de repos à la tente. Son remariage avec le vieux Kourbi interrompit cette existence paisible mais dure. Mais avant de planter là les chèvres, elle attendit à Tarlalt que s'écoule le temps, nécessaire et légal, de pouvoir enfin emporter ses bagages à Taroumout, chez Kourbi.

Quand finalement le bêlement du troupeau se taisait dans la nuit noire, les huit bergères se réunissaient autour de moi et nous bavardions à bâtons rompus malgré le sommeil et la fatigue. La conversation tournait immanquablement autour des hommes, les plaisanteries fusaient de l'une à l'autre ; j'entrevoyais maintes jalousies et concurrences et je devais user de beaucoup de diplomatie pour parler des fils Kourbi ou Rabti, de Moussa Ag Bargali ou de Rassi Ag Amerlouk. Mais je n'appris jamais si Rarma était heureuse de quitter les bergères et les chèvres, cette vie sans hommes et sans contraintes sociales. Lorsque je prononçais le nom de Kourbi, Rarma reprenait son sérieux et me faisait taire, « tutt ! tutt ! ».

L'été suivant, chez Kourbi, je retrouvai Rarma, méconnaissable. Celle que j'avais connue avec des éclats de voix percutants et des gestes fougueux, dont m'avait amusée la façon de retrousser sa robe jusqu'à mi-cuisses pour mieux courir ou la désinvolture pour un voile de tête tombé à terre ; celle-là faisait place à une Rarma digne et posée, hôtesse attentionnée, commandant à ses nouvelles nièces avec aplomb, étant presque sur pied d'égalité avec ses belles-sœurs ; une Rarma grande dame et bourgeoise... Tout de même, quand elle m'avait aperçue au tournant de l'*oued*, j'avais su qu'elle était là en entendant ses répercutants « hou ! hou ! » qu'elle poussait à mon intention et ce rire de gorge qui n'appartient qu'à elle. Elle vint vers moi en riant, mais à l'approche des hommes, elle rectifia son voile, apaisa ses enjambées et cligna de l'œil à mon intention :

— *Dimar tamrart* Kourbi ! Maintenant je suis la femme de Kourbi !

A Tarlalt, je connus aussi Adada, sœur de Sidi Mohamed et de Fédoudou, grande femme tour à tour austère et triste, belle et gaie. Etait-ce un veuvage précoce et l'absence d'enfant qui lui laissaient ces longues rêveries nonchalantes ? Ou simplement les fatigues du jour ? Je me souviens que, comme Rarma, Adada était partout à l'ouvrage, avec une rapidité déconcertante qui la rendaient plus efficace que Raguida et Mékeltou réunies, par exemple.

Adada, si brusque dans son travail, mettait une douceur inattendue dans ces gestes envers le bébé de Raïcha qu'elle enlevait prestement des bras de sa mère avec une autorité fébrile ; envers les jeunes chevreaux qu'elle séparait de la mamelle des chèvres.

Adada n'avait de cesse que je parle des hommes. « Toudet, parle ! ». Je devais alors lui raconter nos étapes avec untel et untel, la promptitude de celui-là, les progrès en français de cet autre... Je comprenais par ses sourires à chaque nom prononcé qui elle aimait le mieux. Quand j'avais fini le tour de nos connaissances masculines, elle se levait en bâillant, s'étirait et me remerciait d'un grand éclair de son sourire qui la rendait si belle :

— *Tanemert houllan !* Merci beaucoup !

Je suis prête à parier que lui pèse cette sorte de mise en quarantaine entre femmes, à trois heures de Tagmart, sans un homme pour aider à supporter la peine des jours ; et pour plaire, pas un regard qui ne soit autre que féminin !

Raguida, quinze ans à peine, vivait aussi à Tarlalt des jours de quarantaine, loin de l'animation du village, du passage des visiteurs et des nouvelles qui tiennent les cœurs en haleine. Sœur de Mohamed Ag Dankouchi, elle a une ressemblance avec lui, faite de réserve, de timidité, de tristesse. Menue et faible mais nerveuse, elle avait envers les chèvres, pour se défendre, l'habitude de leur taper des doigts sur le museau ou entre les cornes. Mais les chèvres étaient si nombreuses à l'assaillir que malgré tout, sa robe était grignotée petit à petit et pendait, toute effrangée sur ses mollets maigres. Elle tira une fois si brusquement sur le tissu pour l'enlever des dents d'une chèvre, que sa robe se fendit jusqu'à la taille. Elle eut pour cacher sa cuisse un geste pudique d'adolescente et un sourire contrit éclaira son visage tandis qu'elle excusait sa chèvre :

— *Tirsé téloz...* La chèvre a faim...

Le soir, elle se contentait d'écouter nos paroles d'aînées, nos petites histoires d'adultes et nos commérages. J'avais appris à me taire sur un seul nom jusqu'au bout de la soirée pour enfin avoir le plaisir d'entendre :

— *Toudet, issalân* n'X... ? Toudet, quelles sont les nouvelles de X... ?

Cette mendicité timide nous faisait éclater de rire et nous plaisantions Raguida sur ses sentiments secrets, et Raguida, les yeux baissés, ne pouvait s'empêcher de rire avec nous. Raguida n'a pas épousé X..., mais un autre beau garçon.

Qui n'avait pas la langue dans sa poche à Tarlalt était Tékelouet, fille d'anciens serviteurs, servante elle-même de Tagmart, au service de je ne sais qui, tant son aide était requise à tout moment, pour n'importe quoi et par n'importe qui. Du même âge que Raguida Oult Dankouchi, elle était mille fois plus rieuse, effrontée, ironique et bavarde. Donnant un coup de main pour tout, le bébé, le feu, la mouture du grain, le barattage, les chevreaux et la traite des chèvres, il me semblait qu'elle était parfois responsable du campement entier. Elle était indispensable, poussant Mékeltou d'une bourrade impatiente pour souffler sur le feu, parvenant à calmer, ô miracle ! le bébé vagissant, enlevant expertement une épine dans le doigt de Lalla, volant au secours de Raguida contre une chèvre, offrant à Rarma dès son retour une écuelle de lait coupé d'eau ; capricieuse et finalement plus indépendante que toutes, car n'appartenant à personne bien précisément et se réservant le droit d'être à quelqu'un selon son intérêt. Au début de mon séjour à Tarlalt, elle vint habiter chez Rarma, sachant qu'il y aurait en mon honneur plus de beurre dans la taguella et moins d'eau dans le lait. Puis, tout redevenant normal, elle retourna chez Raïcha où l'amusait le bébé.

Dans nos bavardages du soir, Tékelouet s'excitait plus que tout le monde mais pour le compte des autres. Avec une indiscrétion comique qu'elle était seule à pouvoir se permettre, ne parvenant pas à retenir des paroles qui, une fois lâchées la faisait se cacher sous son voile pour étouffer les gloussements de son rire, elle envenimait à plaisir les situations en demandant par exemple, de qui Untel avait été le meilleur ami, de Rarma ou de Adada ?

Tékelouet semblait être la plus heureuse, indifférente à notre solitude féminine, héréditairement prête à vivre austèrement et sans se plaindre, ayant dans les veines ce sang de serviteur qui la faisait ici reine. A l'âge de Rarma et d'Adada, comme d'ailleurs au mien, que de choses à oublier et à réapprendre pour vivre comme Tékelouet !

Quand Abdallah revint me chercher, ce fut un peu la fête. Il fut assailli de questions et on ne lui ficha la paix que lorsqu'il eut donné nouvelles et petits cadeaux de la part des gens de Tagmart. Une boîte de lait sucré pour le bébé, du tissu pour une robe neuve à Raguida, une peau de chèvre à Lalla pour qu'elle y taille une paire de sandales, une poignée de thé pour Rarma de la part d'Adéna et beaucoup de nouvelles plus fraîches que les miennes, toutes désormais épuisées et qui avaient même resservies plusieurs fois. La plus importante concernait Raïcha qui pourrait bientôt rejoindre le village. On avait entendu dire que son mari précédait de plusieurs jours la caravane de retour du Tamesna...

Nous quittâmes Tarlalt au soleil déclinant, avant que ne revienne le menu trottinement des chèvres harcelées par les « hou ! hou ! » de Mékeltou. A Abdallah qui voulait savoir si j'avais appris beaucoup à Tarlalt, j'eus envie de répondre oui, qu'il ne sert à rien d'abandonner les hommes si on veut les oublier car, de quel bord que ce soit, homme ou femme, rien n'a plus d'importance dans le cœur que le sexe opposé.

— Oui... beaucoup !

CHAPITRE 53

Les amis

C'est Bernouze et moi qui avons décidé de coucher ce soir encore dans la campagne pour reculer de quelques heures notre rentrée dans Tamanrasset. Notre vœu est exaucé malgré l'impatience de Kader à retrouver sa famille et bien que cette dernière nuit dans le désert ne soit, pour Rabti et Abdallah, qu'une nuit parmi tant d'autres... Donc, bien avant le coucher du soleil (nous avions largement le temps de toucher les portes de Tamanrasset), nous avons fait baraquer nos bêtes à Tin Irlalen et nous nous prélassons à l'ombre oblique d'un acacia bienveillant. L'heure est à la mélancolie, avec ses ombres mourantes et ses couleurs de pastel doux. Kader dort ou fait semblant ; Rabti promène un regard vigilant sur le pâturage ; devant son père, Abdallah tait ses plaisanteries habituelles ; Bernouze qui n'est pourtant pas un grand romantique reste muet et rêve... Ma tête à moi est ouverte à tous les vents, à cent et cent et plus de cent kilomètres à travers un, deux, trois territoires. La douceur mélancolique de l'heure m'apporte le souvenir de noms et de visages, de regards reconnus et de silhouettes apprivoisées... Mon cœur possède une mémoire infaillible.

Je pense à Mouss-mouss que je croyais voir hier à Tagmart... Il est si minuscule, si léger, qu'il a le droit de se jucher souvent sur la croupe des chameaux, en arrière de la selle. Lorsque j'ai la chance de l'avoir ainsi derrière moi, les heures passent, rapidement. Je l'écoute jacasser dans mon dos et peu importe si je deviens sourde ou si je ne comprends rien. Moussa-mouss-mouss pérore, sur tout, le ciel, le chameau, la selle, « ton père », la piste ; « quand est-ce que tu t'en vas ?, et dis-moi, connais-tu le nom de cette plante ?, non, pas celle-là, celle-là ! » Si Moussa Ag Sori était moins bavard, il parlerait français depuis longtemps. Mais trop pressé d'en dire beaucoup, il doit l'égrener en tamahaq... Gentil Moussa qui a la miniature de mille gestes prévenants et qui possède femme Kanna, belle et solide, enfants joyeux aux yeux de jais ronds, chèvres et chameaux capables de travail. Heureux Moussa, Moussa-la-Jacasse, Moussa-la-Pie, Mouss-mouss.

Pour être une pie, Bourari Ag Rabti en est une aussi. Bavard et curieux à la fois, il parvint à parler français en deux mois de voyage avec nous. « Comment s'appelle ça ? Et ça ? Et ça ? Qu'est c'est ça ? Qu'est-ce tu dis ? Pourquoi ? » Pourtant, nous avions eu des craintes pour son avenir linguistique. Chapeauté par Abdallah, il n'ouvrait jamais la bouche, capable de silence pendant des heures, tant que durait la présence de son frère, prévenant silencieusement chacun de ses désirs, ayant mille soins attentifs pour son aîné de sept ou huit ans seulement. Et puis, une fois Abdallah hors de vue et d'ouïe, Bourari retrouvait sa langue. Nous l'encourageâmes tant, le trouvant si drôle, qu'il aurait tourné au gavroche sans la présence inquiétante d'Abdallah toujours à proximité. Le port du *chèche* l'année suivante lui donna l'assurance d'un homme mais, malgré cela, restait entre eux cette contrainte qui les faisait se taire et entrer dans leur coquille dès qu'ils étaient ensemble. Car Abdallah bien sûr se taisait aussi, fraternité oblige. Le dénouement se fit tout seul. En accord avec Grand-Père, Bourari prit de l'emploi sur un chantier, avec pelle ou pioche, en compagnie de quelques cousins. Là, loin de la tutelle de son aîné, Bourari peut être lui-même, tout comme Abdallah, lui aussi libéré, laisse vagabonder avec nous ses humeurs fantaisistes.

Le même sort attendait Mohamed Ag Dankouchi, mais lui, ce fut le souci de sa famille qui le retint sur un chantier de Tamanrasset. Fixé, une pioche ou une pelle en main, il préférait l'être, plutôt que de courir les pistes, sans nouvelle de Tagmart. Entre Tamanrasset et Tagmart, les liaisons ne manquent pas et les nouvelles se propagent vite. Sa femme Haïcha, affable et souriante, et sa progéniture pourtant rieuse et en bonne santé, semblent occasionner à cette grande ficelle de Mohamed tous les soucis qu'on peut imaginer. Pour avoir raté une fois, une seule fois, la *taguella* qu'il nous faisait, Mohamed s'est vu attribuer le surnom d'Ame*nokal n'Taguella*, le Roi du Pain !...

Sidi Ahmed Ag Dankouchi est malheureusement un des soucis majeurs de Mohamed. Devenu aveugle tout jeune à la suite d'une rougeole... On n'ose pas questionner plus, de peur d'attirer la malveillance des Kel Essouf. Silhouette immobile assise contre une *zériba*, un *chèche* lui couvrant entièrement le visage, Sidi Ahmed reste soudé à Tagmart, Sidi Ahmed reste à l'écoute du village. A notre approche qu'il devine, il tend sa longue main étroite et maigre, et nous invite à nous asseoir auprès de lui. Sa voix claire atteste de sa jeunesse, celle d'Abdallah environ ; ses mains trop fines prouvent son inaction forcée. Sidi Ahmed nous questionne sur les étapes écoulées, sur les pistes futures, sur l'état de nos troupes et la forme des chameaux... Surprise ! Cet homme immobile et sans visage qui nous interviewe parle un français presque correct. « Oui, nous explique Abdallah, il aime bien parler en français ; il était avec moi à l'école nomade... Alors, quand je suis à Tagmart, je lui tiens compagnie, ou bien c'est Adéna, Rabidine ou son frère Mohamed... ». Sidi Ahmed vit intérieurement sa vie de nomade, par les autres.

Adéna, lui, ne veut pas travailler aux chameaux. Il a une raison, une raison bien simple : il se méfie ! Dans Taessa, en aval du lieu-dit Tédékelt (la Paume de la Main), une portion *d'oued* s'appelle Place d'Adéna en mémoire d'une dent qu'y laissa un petit garçon... Adéna fit là une chute mémorable, du temps où il désobéissait en faisant courir les chameaux dont il avait la garde.

Un jour Adéna nous annonça avec fierté que sa femme Raïcha habitait maintenant sous sa tente ; elle était venue avec toutes ses affaires, des sacs neufs, des couvertures, des tapis... Nous appelâmes cet homme comblé : Grand-Riche. Il se veut de posséder plus et mieux que tout le monde et, lorsque nous passons à Tagmart, nous le sentons orgueilleux de sa femme, la plus belle ; de son bébé, le mieux réussi ; de sa *zériba*, la plus confortable... Adéna est partout à la fois ; à Tagmart, très souvent, et à Tamanrasset. Lorsque nous rentrons de voyage, impatients de boire un thé tout juste installés, nous nous étonnons qu'Adéna n'ait pas encore frappé à notre porte. Ah... le voilà ! Adéna fait donc partie de nos murs et de ceux de Tagmart tout à la fois. Pourtant, Adéna trouve régulièrement de l'embauche à la pioche ou la pelle ; on se demande bien quand il en a le temps ! Mais Grand-Riche se débrouille et n'a pas son pareil pour sauter dans une voiture occasionnelle et filer sur Tagmart, ou revenir vers Tamanrasset, partageant ainsi très vite sa vie en travail, visites qu'il nous rend, retour dans son foyer dont le souci le tenaille.

— Adéna, as-tu creusé beaucoup aujourd'hui ?

— Oui, un trou assez grand pour Bernouze ! Quand il sera en Enfer, je tournerai la broche !

Rabidine Ag Moussa, écolier le plus brillant parmi ceux de Tagmart, étudie le calcul, l'arabe et le français, l'orthographe et le Coran. Sa taille, petite mais râblée, ne porte pas ses quatorze ou quinze ans. Pensionnaire à Tamanrasset, il nous rend de fréquentes visites, l'internat étant en face de la maison. Il s'émerveille et s'étonne devant les trésors de notre « magasin » : cordes d'escalade, lampe à gaz, conserves diverses, potages et œufs en poudre. Pour nos goûters, nous l'envoyons acheter un ou deux kilos de dattes selon le nombre de visiteurs. Elles seules parviennent à le faire taire et, pendant qu'il mange, en récréation, il écoute les hommes qui parlent enfin de chameaux et de pâturages, de Tagmart et des gens de Tagmart. Ainsi passent pour lui les jours d'hiver en attendant de retourner « en vacances » au village où il est tout heureux de reprendre sa place au travail des chèvres ou des chameaux. Lorsqu'il est seul avec nous, Rabidine se documente sur une autre façon de vivre que la sienne, sur Alger, sur la France et sur François. Il s'inquiète de savoir si son correspondant grenoblois a bien reçu la cravache et la paire de sandales ; il attend à son tour avec impatience un ballon de foot...

— Que feras-tu plus tard, Rabidine ?

Il se tourne vers moi, inquiet et me demande :

— Qu'est-ce que c'est : « feras-tu ? ».

— Tu feras...

— Ah ! bon ! « Qu'est-ce que tu feras ! ».

Et il éclate d'un rire si jeune que nous en oublions la question.

C'est en comparant son fils Mélouye à Rabidine, que Moussa Ag Bargali nous avait déclaré que, tout compte fait, Mélouye n'irait pas à l'école puisqu'il en savait autant sinon plus que Rabidine. En ce qui concerne le chameau, sûrement ! En arabe ou en calcul, non, Moussa, non ! Pour une fois, Moussa ne s'était pas mis en colère.

Des yeux de braise, une voix basse, des gestes secs et brusques, une démarche longue et saccadée font de Moussa un personnage inquiétant. Pourtant, qui le connaît mieux ne peut oublier ses farces pleines d'humour et sans l'ombre d'une méchanceté, son rire silencieux qui ne s'arrête plus, ses gestes de tendresse pour son fils Mahadi. J'eus moi-même très peur de Moussa au début, pour m'être fait bousculer sans ménagement alors que je restais plantée inutilement au milieu des bagages, les bras ballants. Moussa, le Grand-Moussa en opposition à Mouss-mouss, fait preuve dans le travail d'une activité sans temps morts sur un rythme rapide. Le travail avant tout : il ne supporte pas les palabres inutiles, écarte les empotés et agit. Quand les autres s'amusent à le contrefaire, il me semble assister à un film accéléré...

Fortes mais courtes sont ses colères, toutes en gestes plutôt qu'en paroles. Nous savons qu'il ne pend pas sa *takouba* à sa selle par simple souci de coquetterie ; depuis qu'une dispute éclata entre lui et un autre chamelier de tribu différente (la moitié du prétexte à litige !), il ne s'en défait plus et nous redoutons qu'il s'en serve un jour, porté trop loin par un éclat de colère. Que faire ? Peser nos mots et nos gestes, calmer tout le monde et veiller sur chacun. Fort heureusement, son travail l'occupe assez pour qu'il n'ait pas le temps de se faire des ennemis et, lorsqu'il se rend compte par exemple qu'il me fait peur, il se radoucit comme pris de honte, se calme définitivement pour éclater de rire.

Cet homme tout en os fut surnommé *Essemed* (qui a froid) car, les jours d'hiver, il collectionne sur son dos nos chandails, enfile chaussettes sur chausettes, remonte son *chèche* sur le nez, se camoufle du mieux qu'il peut contre le vent et le froid. Le soir, il nous pousse en riant et simule de grands frissons pour obtenir la meilleure place auprès des flammes. Ce surnom risquerait fort de lui rester, divulgué par mon bavardage auprès des femmes que ce trait de son caractère amuse.

Akoulan Ag Amerlouk est notre poète, poète dans sa façon d'être et de vivre. Il n'est pas prêt de s'en aller avec pioche ou pelle ; il vivra d'un chameau, il vivra d'une chèvre s'il le faut, mais il vivra. Il avait bien trouvé du travail à Inîker, une fois... Il gardait les moutons d'un chantier ! D'humeur toujours égale, lent, calme, il apprécie la vie, il la goûte par petites miettes.

Akoulan campe avec sa famille aux environs de Tahifet, à un jour et demi environ de Tamanrasset, sans se presser. Lui, il vient à nos rendez-vous en dix jours, arrêtant çà et là ses chameaux ; vivant des jours paisibles de pâturage en pâturage.

— Je me promène, précise-t-il, comme ça...

Il mime la démarche tranquille du flâneur, l'œil sur l'horizon, les bras ballants, un air fredonné aux lèvres.

— Je pars, j'emporte pour la route beaucoup de farine et puis, ma cuillère en bois. *Igdah !* C'est suffisant !

Car Akoulan ne se défait point d'une vieille cuillère en bois ébréchée, au manche raccourci de moitié et sans laquelle il n'attaque pas le plat commun de *taguella* ou de couscous. Nous plaisantons Akoulan pour sa manie mais, inflexible, fidèle à ses habitudes. il cherche sa cuillère au fond de quelque sac ou d'une vague poche, la perd dans le sable, la retrouve, l'oublie, la casse encore un peu, mais parvient à ne jamais s'en séparer. Le trio Moussa-Oukcem-Bohra, en rond autour du plat, las d'attendre un jour Akoulan en quête de l'objet, mangea à toute allure sans prendre le temps de respirer pour jouer le tour à Akoulan de ne lui laisser que quelques miettes de *taguella*. Pendant ce temps, posément, il tentait de mettre la main sur l'objet préféré et quand il l'eut enfin retrouvé, calmement, il rinça la cuillère, l'essuya et la posa près du plat vide... sincèrement heureux que sa *taguella* ait eu tant de succès.

Akoulan aimant gens, bêtes et choses, s'inquiète sans cesse de savoir si nous sommes heureux en Ahaggar, et c'est là sûrement son unique souci sur terre en dehors du soin de ses chameaux qu'il chérit plus que tout. A la moindre occasion que j'ai de m'attarder devant un paysage d'Atakor, une tige de fenouil ou un *moula-moula* sautillant, Akoulan s'enquiert :

— Toudet, *éhosei haret oua* ? C'est joli cette chose ?

Akoulan qui n'a pourtant pas une très belle voix chante tout le jour et chante le soir encore. Son répertoire vaste lui permet d'occuper toutes nos soirées sans que nous nous lassions et les Touareg eux-mêmes le prient de bien vouloir encore et encore chanter cette vieille-vieille chanson que plus personne ici ne connaît à part lui et Rambechicha, sa mère, de laquelle il les tient toutes. Il a aussi appris d'elle des poèmes qu'il récite d'une traite et sans prendre son souffle. Lui et Abdallah se complaisent à réciter chacun à leur tour jusqu'à extinction des mémoires ; le dernier qui garde la parole gagne le tournoi.

— Tu triches ! dit Abdallah généralement mauvais perdant. Celui-là n'existe pas !

— Tiens ! Je viens de l'inventer...

Rassi, frère cadet d'Akoulan chante aussi mais d'une voix profonde, sans faille ni défaillance. Le jour, souvent solitaire en avant de la caravane ou très loin derrière, Rassi chante pour lui seul et puis, le soir à la veillée, il faut le prier, le cajoler sans fin, lui faire maints compliments et mille mercis d'avance. Une fois décidé à plaire, il ne s'arrête plus : il a des piles inépuisables ! Il connaît presque autant de chansons que son frère ; il en connaît que son frère ignore, ramenées du Tamesna par sa mémoire. Tout jeune, Rassi quitta le Hoggar avec un oncle pour s'en aller vivre au milieu des chameaux dans les immenses et prolifiques pâturages du Tamesna. Une vie dure, une jeunesse sans cadeau, mais en échange, un corps solide, une connaissance parfaite des chameaux. L'héritage est d'importance, il en est fier. Abdallah envie les muscles de Rassi, durs comme l'acier et qu'il doit au lait de chamelle, prétend Abdallah.

Jamais je n'ai vu couple de frères plus étrange : Akoulan

Page précédente :
le port du voile n'est pas chose aisée.
Au travail, il est parfois gênant
et les femmes trouvent toujours une solution.

Un campement d'ét
Dans la journée, *l'esseber* est roulé de cô
pour permettre les courants d'a
sous la tent
Ici, la tente est une bâch

Un campement d'été.
La tente est en peau de mouflon.
On remarque les fines lanières
de cuir décoratives
et la boîte dans laquelle
on met le thé
et les petits verres.

Pages suivantes :
un campement l'hiver.
L'esseber est déroulé
et forme paravent.
Une murette de pierre protège
une petite cour devant la tente.

Tendresse

Ci-dessus : avant le départ des chèvres au pâturage, on fait boire les chevreaux qui seront séparés de leur mère durant tout le jour. Ci-dessous : *l'agror* est un abri en pierres dans lequel on peut mettre trois à cinq chevreaux jugés trop petits pour se défendre la nuit contre la dent du chacal, mais trop grands pour tirer encore sur le pis des chèvres. Sécurité et sevrage.

La baratte, *tanouart,* est une outre en peau de chèvre aux trois quarts pleine de lait. On la gonfle en soufflant dedans, on la ferme ensuite soigneusement. Les secousses du liquide contre les parois de l'outre permettent la séparation du lait et de la crème. Lorsqu'il y a peu de lait, on peut aussi baratter sans suspendre l'outre. On la secoue simplement de gauche à droite entre les deux mains. A la fin du barattage, la crème flotte à la surface du lait comme un bouchon. Le matin, les chocs sourds du barattage sont les premiers bruits d'un campement.

Ci-dessus :
femme confectionnant un van, *teseit.*
Ci-dessous : femme filant du poil de chèvre.
Le poil de chèvre sert à faire des cordes, des rênes et des sangles, ainsi que de petits paniers (très rares actuellement).

Cette femme confectionne un esseber : c'est une natte faite de tiges réalisées entre elles par de fines lanières de cuir ; elle peut mesurer jusqu'à 10 m de longueur. Avec la tente, l'*esseber* fait partie du trousseau de la mariée. Ci-dessous : confection de crêpes sur une pierre. Les enfants espèrent bien obtenir une petite gâterie...

Page précédente :
Taboubert,
Adjouh n'Téhélé.

Portrait de femmes.
Chadika, Fatima
et Tebilbilt. Les femmes
portent un voile de tête,
afar, généralement noir.
Pour plus de commodité
au travail, elles
l'abandonnent parfois
et le remplacent par
un simple foulard. Jamais
une femme ne va tête
nue.

Page de droite
Rabti Ag Abahag
Dag Ral

Femme roulant du couscous.

La *taguella*

aimant les chameaux pour ce qu'ils sont et Rassi pour ce qu'ils lui permettent d'être, fort, sûr de lui et vainqueur. Akoulan, petit, maigrichon, l'air dans la lune, poète et rêveur, d'une gentillesse à toute épreuve ; Rassi, grand, costaud, un œil d'aigle, une jambe de cigogne, des dents de loup, une moustache qui se veut être de mousquetaire et parfois, une barbe de loup de mer, un caractère en courbe de température...

Pourquoi appelons-nous Rassi, *Akotaye*, la Souris ? Parce qu'il est capable, pour une femme, de passer par le trou d'une souris, se vante-t-il. Akotaye, est immanquablement amoureux, donc tour à tour malheureux ou comblé, désespéré ou euphorique. Il a des entêtements longs et capricieux, des humeurs tantôt taciturnes et nostalgiques comme ses chansons, tantôt clownesques et délirantes... Incompréhensible mais aimable Rassi - *Akotaye*.

Je me souviens d'un autre Rassi, de la tribu des Iklan Taoussit, mystérieux et digne, silencieux et fier, image légendaire et classique du « Seigneur des Sables » et de « l'Homme Bleu du Désert »... Le visage caché sous son *chèche*, je ne pouvais l'imaginer aussi beau qu'il l'était, mais, quand par accident il se dévoilait, j'admirais ses traits purs, en toute hâte, à la dérobée. Malgré sa carrure large et forte, Rassi nous quitta brusquement, souffrant de maux de tête, toussant douloureusement, les jambes sans force et le pouls affaibli. « Les poumons... » chuchota-t-on. Et puis, nous le retrouvâmes l'été dernier, quelque part dans Tahalra, au Sud de Silet. Notre mystérieux Rassi, aux traditions apparemment inébranlables, avait pris deuxième femme sans toutefois répudier la première. Il a ainsi des uns le reproche de faillir aux coutumes, et des autres, l'admiration et l'envie parce qu'il les transgresse. Toujours est-il que c'est à propos de son *chèche* constamment remonté sur sa bouche que Kader me dit souvent : « Les choses que tu vois tout le temps, tu n'en as plus envie... »

Rassi est mort en janvier 1976 d'une très mauvaise grippe qui sévit sur tout le Hoggar. L'éloignement de son campement (à trois jours de Tamanrasset) et l'indécision de sa famille face aux problèmes et aux difficultés d'un transfert à l'hôpital, eurent raison de la santé fragile de Rassi, atteint de tuberculose.

Je ne peux imaginer Mahmoud Ag Ahmadou, cousin de Rassi Iklan Taoussit, sans me sentir impuissante à trouver les images justes tant Mahmoud est extraordinaire. Nous l'avons surnommé Adrian à cause de quatre dents qui lui manquent, ouvrant très visiblement dans son sourire une large brèche qui n'a d'égale que celle de la montagne Adrian *(la Brèche)*.

— Pas Adrian, Mahmoud ! Donne ta main... En nous mordant les doigts, il nous prouve que la brèche n'est pas si grande.

C'est en le regardant marcher pieds nus sur les épines d'acacia que Kader avait comparé les Touareg aux chameaux :

— Leurs pieds ? Ils ne sentent rien...

Force de la nature, gai et dynamique, Mahmoud devient inoubliable à qui entend son grand rire et sa voix, à l'autre bout de la caravane. Fait extraordinaire, il sait rire bruyamment et parler tout à la fois. Nous le connûmes sauvage mais bruyant, se préoccupant uniquement de son travail, se contentant de nous adresser de temps en temps un tonitrant : « Touriste ! ça va ? » suivit d'une longue rigolade. Nos voyages se déroulant uniquement en territoires Dag Rali et Adjouh n'Téhélé, Mahmoud, de la tribu des Kel Razzi, ne connaît aucun campement et ne peut donc envisager une quelconque visite vers l'un d'eux. Il se contente de rester dans l'ombre des chameaux et nous l'ignorâmes un peu au début, le remarquant seulement lorsque sa voix et son rire mêlés couvraient tout autre bruit, nous étonnant qu'il puisse inlassablement s'amuser à longueur de jours et de pistes.

Nous n'avions jamais vu Adrian que de mise négligée, se fichant éperdument d'un *chèche* affaissé autour du cou ou d'un vêtement découvrant son épaule musclée et la pointe de son sein. Quel spectacle que de le regarder officier un thé, ne sachant plus où donner du geste, envers les théières ou envers les spirales de son *chèche* en perpétuel déséquilibre ! Entre deux attentions pour une théière, il en cherche impatiemment une extrémité pour la coincer sous les épaisseurs et faire ainsi tenir le *chèche* en place. Nous songeons perfidement à coudre les deux extrémités, nous régalant par avance de son énervement et de la folle hilarité qui lui ferait immanquablement suite... L'été dernier, nous acceptâmes l'invitation de Mahmoud dans son campement situé au Sud-Ouest de Tamanrasset, en territoire Iklan Taoussit. Durant les trois jours qu'il nous fallut pour nous rendre chez lui, nous découvrîmes un Targui tout différent, élégant jusqu'au scrupule, galant et civilisé à chaque rencontre, allant au devant des uns avec l'assurance des « *amrar* », accueilli par les autres en « *amrar* » véritable. Lui que nous avions vu vivre incognito chez Dag Rali et Adjouh n'Téhélé, entrait en seigneur sous les tentes ; il dégustait le thé, étendu sur des coussins apportés à son intention par les femmes auxquelles il ne manquait pas d'adresser quelque compliment fort bien tourné ; il s'échappait la nuit pour de galantes et mystérieuses visites... Et partout où nous passâmes, le rire de Mahmoud fit écho.

J'eus du mal à retenir le prénom d'Entayent, d'Entayent Ag Mana que j'appelai Bataïraqu, le Fenouil, pour me simplifier l'existence. Je ne l'appelle plus que très rarement Fenouil, ayant fait à ses côtés mes plus gros progrès en tamahaq.

Nous sommes du même âge et nous nous entendons à merveille pour comparer sans arrêt nos vies et nos états d'âmes. A son avis, il n'y a que deux choses que je ne peux comprendre de lui, c'est le plaisir qu'il a d'avoir un fils, Abdelkader, et l'impatience de le voir assez grand pour l'emmener avec lui. Entayent dit qu'il est père de trois enfants, mais le premier mourut en naissant, le second à quelques semaines et le troisième se porte bien, gros poupon de trois ans en parfaite santé. La forte mortalité infantile, due bien sûr aux conditions de vie âpres et sans pardon ainsi qu'à la consanguinité des liaisons, a sélectionné tout naturellement pour Entayent une descendance joufflue et solide dont il exige mille plaisirs d'affection.

— Combien tu paries que je sais à qui tu penses ?

— Trois dattes. A qui ?

— A ton fils !

— Non. Tu as perdu !

— A qui ?

— A Abdelkader !

— Tu triches et tu n'es qu'un menteur ! Trois dattes !

Ainsi passent les kilomètres de piste, lorsqu'Entayent ne se souvient pas pour moi de son enfance. Comme Abdallah, il a eu la chance d'avoir un instituteur, Marceau Gast. Entayent ne dit pas Marceau, mais Monsieur Gast. C'est ça, Entayent est un garçon bien élevé. Ses conversations avec des temps, présent, passé composé, imparfait et futur, lui confèrent un petit air sérieux et bon élève. Entayent est un homme grave, qui sait dire « je réfléchirai » lorsqu'il ne sait pas tout de suite, qui arrange les histoires entres les jeunes, qui fait tampon dans les « *charlala* » entre vieux et jeunes, qui a la sagesse venue avant l'âge.

Entayent s'applique en tout et, tout récemment, il a pris sa première leçon de natation dans la *guelta* de Tess, en commençant par une planche consciencieuse et en terminant par un rhume mémorable.

— A qui tu penses, Entayent ?

— J'ai oublié, répond Entayent qui n'a pas trois dattes à perdre.

Son visage enfantin d'eskimau ou de sherpa, au choix, rit entièrement.

Oukcem Ag Midi passe son temps de caravanier à tirer par la bride la longue file des chameaux de bât, loin devant, seul. En bon guide, il n'aime pas qu'on vienne trop nombreux à ses côtés ; on pourrait le distraire de sa route...

Oukcem, l'humble Oukcem aux qualités discrètes, sagesse des choses et savoir des pistes, Oukcem est un des meilleurs guides sur les pistes du Grand Sud dont il parle par petites phrases simples qui savent cacher misères et souffrances. Sans les récits d'Abdallah qui fit route avec lui vers le Niger et retour, nous n'obtiendrions de ceux d'Oukcem que le nom des points d'eau et des crêtes à vue, les directions cardinales et les durées en journées de marche. Abdallah, admiratif et reconnaissant, dévoile l'âme d'Oukcem ; à l'insu d'Oukcem qui n'aimerait pas qu'on s'attarde sur lui avec des mots aussi touchants, Abdallah raconte...

« En 1969, nous revenions du Niger avec les chameaux bien chargés, lentement, péniblement car nous étions malades, épuisés par une fièvre épouvantable (fièvre jaune, sans doute) et seuls Oukcem et Ramrane (le père de Chicha) tenaient encore le coup, silencieux et vigoureux. Moi, il paraît qu'ils m'avaient ficelé sur mon chameau comme un sac... Deux Touareg sont morts durant le trajet. Au puits, il fallait abreuver les bêtes, remplir les outres en prévision de trois jours de véritable désert, et filer, le plus rapidement possible pour que les chameaux désaltérés n'aient pas le temps de s'assoiffer de nouveau... Dans la nuit, Oukcem et Ramrane, déchargèrent les chameaux, emplirent les outres, firent boire les bêtes, rechargèrent et mirent en branle la caravane sans que nous autres puissions faire le moindre geste pour leur venir en aide. Sais-tu combien cela représente de kilos au bout des bras ? Décharger et recharger les 200 kilos de 50 chameaux ; tirer du puits à 20 mètres de profondeur les 20 litres de 20 outres et les 40 litres de boisson en moyenne de 50 chameaux ? Fais le compte : 10 000 kilos de bagages deux fois et au moins 2400 litres d'eau... » (Bernouze n'en croit pas ses calculs, efface tout et recommence !). Oukcem, qui devait en avoir « ras le bol » (expression bien-aimée d'Abdallah), était prêt à démarrer au petit jour et à affronter avec l'aide de Ramrane trois jours d'enfer et de solitude.

Oukcem parle rarement mais ne dit que des mots justes et graves, parfois une taquinerie affectueuse ; Oukcem rit de bon cœur mais silencieusement et n'entend pas les plaisanteries lourdes et grivoises. D'ailleurs, devant lui, chacun sait retenir l'étourderie de sa langue. Pour Abdallah, c'est un saint ! Il ne connaît point de chose qu'Oukcem ait faite et qui soit mauvaise ; qu'il ait dite et qui soit fausse, méchante ou laide. Il ne peut rien reprocher à Oukcem sauf, par sa seule présence, de quelquefois l'empêcher de danser en rond !

Je peux imaginer encore Akekkemaze, ce viel Adjouh n'Téhélé si vieux que d'aucuns prétendent qu'il aurait bien plus de cent ans. Sans descendance qui puisse attester son âge exact, il est néanmoins un des plus vieux Touareg qui soit car la mémoire de chacun peut le représenter adolescent, jamais plus jeune. Nous le voyons souvent parce qu'il habite chez les frères Ag Amerlouk (quand les gros froids de l'hiver s'atténuent, il quitte le confort d'une maison en dur à Tahifet). Long, décharné, il est vrai, mais encore alerte ; légèrement voûté, lent à s'asseoir et à se relever mais encore prompt à courir après Kader qui lui joue des tours ; ridé et édenté, mais riant constamment, Akekkemaze parle et zozote, rit, réclame une cigarette, s'étouffe de rire, grignote un bout de sucre, fume, tousse et se plaint de n'y voir plus très clair lorsque le jour tombe...

A l'entrée d'une vaste plaine où jaunissait un maigre pâturage, Abdallah nous montra « l'arbre d'Akekkemaze ». Quand il était jeune, Akekkemaze venait déposer une outre d'eau claire dans le tronc creux de cet acacia. Tous les bergers et bergères savaient qu'ils pouvaient venir se désaltérer là si la chaleur et la soif leur devenaient insupportables. Maintenant qu'Akekkemaze se fait très vieux, il n'y a plus personne pour penser aux fatigues pastorales des bergers.

J'ai voyagé pendant trois jours avec Akekkemaze, de Tamanrasset jusqu'à Téhé n'Oudi. Il passait la journée sur son chameau, son long bâton en travers des genoux. Lorsqu'il ne racontait pas l'histoire décousue d'une tranche de sa vie, il sommeillait, paisiblement avachi, faisant entièrement confiance à son chameau, pour lui le meilleur de tous, et qu'il sellait lui-même.

— *Assoued*, Toudet, *assoued !* Regarde ! regarde !

Il était fier de ne pas devoir faire le tour de la bête pour la sangler : il passait le bras sous le ventre du chameau et parvenait à saisir la courroie. Nous installions le feu devant Akekkcmaze, là où il s'était assis en descendant de son chameau. Il trônait comme un prince, s'assurant que son bâton de vieillesse était bien à ses côtés et nous adjurant, par pitié ! de ne point le mettre au feu. Il riait avec nous aussi gaiement qu'un jeune et se moquait des convenances comme de l'an 40 ! Une bonne fois pour toutes, il avait dit que, arrivé où il en était, il n'avait plus rien à perdre en montrant sa bouche édentée.

— Toudet ! *Assoued !* Regarde ! et pour le prouver, il enlevait son *chèche* en riant. Il n'y a que les jeunes pour s'ennuyer la vie avec des simagrées !

La fumée tournait, tournait avec le vent, taquinant à plaisir les yeux vitrifiés d'Akekkemaze et ceux d'Akoulan et d'Oukcem. Par chance, le vent m'épargnait : je gardais l'œil vif et sec.

— *Assoued*, Toudet ! Akekkemaze me dit en zozotant que la fumée épargnait les yeux des jolies filles...

Jamais compliment aussi gentil ne me fit autant de plaisir. Akekkemaze s'éteignit en janvier de cette année 1975.

CHAPITRE 54

Fin

Nous venons de toucher au port. Nous retrouvons la ville chaude, sans un souffle, et bourdonnante de bruits confus qu'il nous faut réapprivoiser. Nous rentrons dans Tamanrasset que nous avions quittée il y a un milliard d'années.

En notre absence, les bourrasques de vent ont poussé dans la cour des brindilles de tamaris et des vaguelettes de sable ; tous les objets s'immobilisent sous une gangue de poussière pâle. Nous faisons vite un tour de la maison pour sans doute prendre inconsciemment les mesures exactes de notre claustrophobie. Nous sommes brusquement désorientés dans cet univers rétréci, rapetissé entre quatre murs.

Kader file chez lui dare-dare et nous attend ce soir pour un couscous... à la viande ! Grand-Père s'en retourne déjà vers Tagmart, pressé de ramener Tafsit et Bourari sous des cieux plus vastes. Abdallah, morose, n'a ni le cœur, ni la force de préparer son proche voyage chez Atankaoues. Nous traînons tous trois notre désœuvrement sous le petit carré bleu tendu sur notre cour, entre ses murs. Nous tentons vainement de changer de peau, mais la haute mer nous manque... J'ai envie de remarquer que nous pourrions, au moins, ouvrir la porte ; un peu de la plaine de Tamanrasset entrerait chez nous, vaste, large, aérée. Que non, surtout pas ! Nous serions immédiatement envahis. Une foule curieuse et bavarde viendrait nous souhaiter la bienvenue...

Nous choisissons tacitement le trio fermé de nos corps et de nos âmes désemparés.

— Bon ! dit Bernouze en regardant Abdallah.

— Ouais... songe tout haut Abdallah en regardant le petit carré de ciel qui blanchit.

— Nous t'écrirons, dis-je pour essayer d'être gentille. Nous t'écrirons qu'il ne nous manque de toi que les yeux...

Voiron, le 30 Septembre 1984.

J'ai terminé ce livre en Juillet 1974. Déjà dix ans !
Maintenant, je me perds un peu dans les nouveaux visages
d'enfants car la vie coule trop vite pour que je puisse tenir
le compte exact des mariages, des naissances, des départs au
service militaire ou sur des chantiers ; il n'y a que les décès
dont je connaisse cruellement le décompte.

Abdallah s'est marié. Bohra a épousé sa cousine
Ademma et ils ont trois adorables fillettes. Ramrane et
Akacem sont mariés eux aussi. Entayent est père désormais
d'une descendance nombreuse et joufflue. Moussa et Chicha
ont maintenant sept enfants, et je ne sais plus lequel, du
numéro quatre ou du numéro cinq, qui, ayant de Mahadi au
même âge l'identique turbulence, me ramène dix années en
arrière. Mahadi vit à Tamanrasset chez des parents et prend
tous les jours le chemin de l'école. Melouye est chauffeur
dans une entreprise tandis que Bourari, qui a terminé son
service, s'apprête à revenir dans nos rangs. Atankaoues se
fait remplacer par son fils Okha que nous avons connu jeune
adolescent, et bientôt, nous compterons parmi nous, Bah, fils
d'Akoulan. Kader, par égard pour ses vieux os, s'est retiré
dans un jardin d'Outoul où il cultive quelques légumes et
de la menthe odorante qu'il ne manque pas de nous offrir à
la moindre occasion. Mon chameau Tafsit n'est plus, et je
l'ai remplacé par un *azelraf* qui n'aura certes jamais la
même place dans mon cœur. Les vieux s'en vont ; Mana et
Kourbi sont morts...

Je pourrais bien sûr écrire la suite de ce récit pour le
compléter. J'ai tant appris de choses dans le détail ! Je sais
maintenant par exemple, que les *ikembar,*ces petites boules
sur le nez des chameaux, n'ont pas uniquement un but
esthétique, mais aussi celui d'empêcher le jeune chamelon
de téter ; les cicatrices fraîches le gênent et les protubérances

incommodent la mère. Mais, ce dont j'aimerais surtout parler formerait sans doute un très vaste avant-propos à ce présent récit. Je suis à l'écoute de ce qui est en train de se perdre au fond de la mémoire des anciens et qui n'a jamais été transmis qu'oralement à leurs fils, lesquels vieillissent à leur tour...

Ce livre-ci est l'histoire d'un fragment du temps. Je voudrais pouvoir un jour raconter celle d'une époque, certes moins actuelle, mais que les Touareg eux-mêmes finiront par oublier demain, alors que ce demain, lui, vous le connaîtrez tout aussi bien que moi.

O.B.

L'Auteur

Il n'est pas facile de décrire Odette BERNEZAT sans parler de Jean-Louis car, en 1967, un premier et rapide contact avec la terre saharienne leur procure le même formidable coup de foudre.

Dès lors, ils parcourent les pistes du Hoggar et du Tassili n'Ajjer en compagnie de Touareg qui deviennent peu à peu des amis. Et, grâce à cette amitié réciproquement partagée, ils découvrent et comprennent la vie des nomades, entrent dans les campements comme dans une nouvelle famille, sont accueillis affectueusement par ce peuple hors du commun. Ce sahara, ce désert, ils en font bientôt toute leur vie en créant l'organisation de méharées HOMMES ET MONTAGNES* dont l'intitulé même prouve bien l'esprit avec lequel ils nous font découvrir le pays qu'ils aiment. Jean-Louis étant Guide de Haute Montagne, Odette étant passionnée par la montagne, il est bien sûr normal qu'ils aient été attirés par les montagnes du Hoggar. Mais, l'homme qui y nomadise les intéresse tout autant, et cet attrait pour lui leur a permis d'acquérir la réputation d'une grande connaissance du milieu touareg.*

Depuis 1969, leur organisation propose des méharées, et ils ne savent plus compter les kilomètres de pistes parcourues, pour eux ou pour le compte des voyages organisés. En effet, HOMMES ET MONTAGNES propose de nombreuses méharées, devenues sans doute classiques quant à leur parcours, mais non quant à l'ambiance qui reflète bien leur affection et la connaissance qu'ils ont du peuple touareg, et dont nous bénéficions par contrecoup. Cette grande connaissance permet à HOMMES ET MONTAGNES de réaliser tous les ans, avec des groupes, de grandes méharées sur les traces des anciennes caravanes. Depuis, 1974, ils sont les seuls à avoir pu réaliser, chaque année, la grande traversée de Tamanrasset à Djanet (650 km, 20 jours). Leur palmarès est prestigieux et exceptionnel : en 1975, Tamanrasset-les Salines de l'Amadror (600 Km, 20 jours) ; en 1978, Tamanrasset-le Tassili du Hoggar (600 km, 20 jours) ; en 1980, Tamanrasset-Mertoutek (600 km, 20 jours) ; en 1982, Tamanrasset-In Salah (700 km, 26 jours)...

En 1984, Odette et Jean Bernezat sont toujours passionnés. Ils parcourent les terres nouvelles du Tassili n'Immidir, et celles de l'Ahnet ; ils continuent, après tant d'années, de se plaire toujours autant sur les pistes, et d'animer, avec passion, leur HOMMES ET MONTAGNES.

* HOMMES ET MONTAGNES. Château Revel. Cidex 302. 38 500 Voiron. France. Tél : 76/05.10.28. (Voyages organisés par Ferrytour S.N.C.M. et Cie. Lic A 1623).

* Odette BERNEZAT est aussi l'auteur de « TOUAREG AU FIL DU TEMPS » (1982) (Chez Bernezat. Château Revel. Cidex 302. 38 500 Voiron).

Petit vocabulaire tamahaq et arabe

Notes :

* Les mots couramment employés en arabe par les Touareg le sont aussi dans le texte (Touareg, oued, zériba, etc...).
Ceux pour lesquels il n'y a aucune traduction possible sont employés en tamahaq (taguella, aleko).

* Les références à Marceau Gast ont été relevées dans son étude ethnographique : Alimentation des populations de l'Ahaggar (Mémoires du C.R.A.P.E., Arts et Métiers Graphiques).

Aba (masc.). Le père. Papa.

Abankor (masc.). Point d'eau. Trou creusé dans le sable jusqu'à la nappe souterraine. Lorsqu'il est pollué par les larves de moustiques ou les crottes d'animaux, il suffit d'en recreuser un à côté ; le sable joue tout naturellement le rôle de filtre. Si l'abankor est très profond, et pour éviter d'en recreuser un, il suffit de vider l'eau sale du trou, puis d'attendre qu'affleure de nouveau l'eau propre.

Abarekka (masc.). La piste.

Abayor (masc.). Outre en peau de chèvre dans laquelle est contenue l'eau. Est l'objet de soins constants de la part de tout bon caravanier. Pluriel : ibiar. Arabe : guerba.

Abeggui (masc.). Le chacal. Pluriel : ibeggan. Féminin : tabegguit.

Abser (masc.). Acacia (*Acacia raddiana*). Bon pâturage et bon bois de chauffage ; ombre appréciée en hiver, mais précaire en été. Pluriel : ibsaren. Arabe : talha.

Achek (masc.). La plante, l'arbre. Est une plante sans importance (achek n'benan) celle qui n'est pas une nourriture pour les chameaux et les chèvres.

Pluriel : ichkan. Mot très employé pour désigner les feuilles de thé.

Adjouh n'Téhélé. Tribu dont le territoire s'étend à l'Est et au Sud de celui des Dag Rali (Tarhaouaout, Tahifet). Sont Adjouh n'Téhélé : Taboubert, mère d'Abdallah ; Moussa Ag Bargali, Akoulan et Rassi Ag Amerlouk, Entayent Ag Mana, Oukcem Ag Midi, Bohra Ag Kourbi et ses frères.

Adrar (masc.). La montagne. Pluriel : idraren. Arabe : djebel. Sachant que nous sommes intéressés par l'escalade des montagnes, les Touareg ne manquent pas de nous questionner : « téouened afala adrar oua ? » (montes-tu sur le sommet de cette montagne ?), qu'il s'agisse d'un pic inaccessible ou d'une simple taupinière. Abdallah a fait l'ascension du Saouinan (dièdre Nord), de l'Ilaman (traversée) et de bien d'autres... ainsi que celle du Mont Aiguille et du Mont Blanc ! Entayent et Bohra font couramment l'ascension du Saouinan en « imerkeden » ou même pieds nus ! Mais aucun Targui, alpiniste à notre exemple, ne dit à sa famille qu'il grimpe ! Kader dit de nous qu'il doit nous « manquer un boulon » pour que nous ayons ce besoin constant de grimper sur les rochers.

Afar (masc.). Voile de femme.

Afazzou (masc.). Graminée (*panicum turgidum*). On récoltait cette graminée spontanée. Le grain donnait une farine qui permettait de faire des galettes semblables à la taguella. Il n'y en a plus beaucoup, ce qui permet à Kader de dire que "le Sahara n'est plus comme avant... ».

Ag Fils de... Abdallah Ag Rabti. Bohra Ag Kourbi. Féminin : oult... Ademma Oult Rabti. Arabe : ben... Abdelkader Ben Ahmed Chellali.

Aguelman (masc.). Poche d'eau naturelle, en général dans les rochers. Eau de ruissellement ou d'écoulement ; résidu de pluie. Exemples : In Outer, Imlaoulaouen, Tess, Afilal, n'Tazaït, Issakaressen... Arabe : guelta.

Aguenna (masc.). Le ciel, le nuage, la pluie... si bien qu'on ne sait jamais s'il s'agit de la pluie ou du beau temps ! Aguenna iouet : il pleut.

Aguezeram (masc.). Le lézard fouette-queue. Arabe : dob.

Ahaïf (masc.). La sangle d'attache de la selle autour du ventre du chameau. Est confectionné par les femmes avec le poil de chèvre.

Ahal (masc.). Réunion galante où hommes et femmes devaient faire preuve de beaucoup d'esprit. N'a plus cours ; est remplacé par le « tindé ».

Ahenkod (masc.). La gazelle.

Akassa (masc.). Le pâturage vert. Pour les Touareg, il n'est jamais assez vert. Je leur donne raison car je parle souvent de touffes jaunes, rousses, brunes et sèches !

Aït Loen. Tribu dont le territoire s'étend à l'Est et au Nord-Est de celui des Adjouh n'Téhélé (oued Tin Tarabin et Mont Telerteba).

Akli (masc.). Serviteur noir. Pluriel : iklan. Féminin : taklit. Les serviteurs sont libres depuis l'indépendance algérienne.

Akerbey (masc.). Pantalon à fond large et jambes amples, de coupe spéciale qui permet de monter à chameau sans que la jambe du pantalon remonte sur le mollet. Arabe : saroual.

Alechou (masc.). Chèches et voiles importés du Nigeria en tissu imprégné d'indigo. Etant très chers et fragiles, on ne les met qu'en de rares occasions. Ils laissent sur la peau une couleur charbonneuse donnée par l'indigo.

Alekod (masc.). La cravache. On ne s'en sépare jamais, surtout lorsqu'on rend visite dans un campement. C'est une arme redoutable contre la vipère et le chien.

Aleko (masc.). Boisson constituée de dattes et de fromages secs pilés et dissous dans l'eau ou dans le lait.

Amali (masc.). Le chameau mâle, non castré. On surnomme « amali », l'homme qui découche... Serait plutôt un compliment !

Aman (masc. pluriel). L'eau ou les eaux.

Amayas (masc.). Le guépard.

Aménokal (masc.). Le chef, le roi. Le dernier aménokal du Hoggar, Bey Ag Akhamouk, est mort en juin 1975. Féminin : taménokalt.

Amis (masc.). Le chameau mâle. Pluriel : imnas. Féminin : talemt.

Amrar (masc.). Personne âgée. Chef. Féminin : tamrart.

Ana (fém.). La mère. Maman.

Anou (masc.). Le puits.

Aramas (masc.). Plante très salée et laxative (*atriplex alimus*). Bon pâturage à chameau.

Asetfar (masc.). Petit tapis décoré que l'on pose entre le dos du chameau et la selle.

Atakor. Partie montagneuse la plus élevée du Hoggar et s'étendant d'Est en Ouest, de l'Adad n'Taraïne à l'Ilaman. Comprend le plateau de l'Assekrem. L'Atakor partage les eaux entre les oueds se dirigeant vers le Nord et ceux allant vers le Niger et le Mali.

Ateï (masc.). Le thé. Les Touareg en boivent depuis seulement un peu moins de cinquante ans, mais on pourrait penser que cette habitude leur vient du fond des âges... (Cf. Marceau Gast.)

Atlar (masc.). Chameau de couleur brun-rouge. Tafsit est un atlar.

Azalay (ou : azalaï). D'après certains auteurs : caravane de sel... Aucun Targui du Hoggar questionné ne connaît ce mot pour désigner la caravane de sel. Voici la définition donnée par les Touareg du Hoggar : partage. Azalay : départ de la jeune mariée (parfois plusieurs mois après le mariage) pour le campement de son époux où elle vivra désormais. Azalay : action de séparer des troupeaux (chèvres ou chameaux) qui se sont mélangés au pâturage.

Azelraf (masc.). Bicolore blanc et noir, brun et blanc, etc... Quand il est noir et blanc, le chameau a en général les yeux bleus.

Bahou (masc.). Le mensonge. Mot très employé pour dire qu'une chose est fausse ou pour dire à quelqu'un qu'il se trompe.

Chèche (masc.) ou echchech. Turban couvrant la tête, le front et le bas du visage.

Dag Rali. Tribu dont le territoire s'étend surtout à l'Ouest de l'oued Taroumout, de l'Assekrem à Tamanrasset, ainsi que dans l'Arechchoum. Sont Dag Rali : Rabti et son fils Abdallah, Rabidine Ag Mohamed, Raguida Oult Dankouchi, Hessa Oult Amerlouk.

Djellaba (arabe). Manteau arabe entièrement fermé, avec un capuchon et deux ouvertures pour les bras. Centres de fabrication : Ghardaia, El Goléa. Les Touareg disent : **djellabia.**

Ebeïdeg (masc.). Chameau de couleur blanche. Les chameaux blancs bien dressés sont ceux qui ont le plus d'élégance et de succès dans les parades et les fêtes.

Eguedid (masc.). L'oiseau. Par extension : l'avion.

Eihed (masc.). L'âne. Pluriel : ihédân.

Ekerhey (masc.). Voile de tête des femmes.

Emenir (masc.). Le guide. Adballah est « émenir oua-n abarekka », guide de piste. Bernouze est « émenir oua-n idraren », guide de montagne (s).

Ekneouen (masc. pluriel). Les Jumeaux, montagnes de l'Atakor et de la région de Tanget.

Érassouey (masc.). Tunique ample. Il y a moins de cent ans, les vêtements touareg étaient encore en cuir (cf. Marceau Gast).

Eref (masc.). La tête. « Nek, eref andoukan. » Moi, dit Mahmoud, j'ai très peu de mémoire. « Kem, eref oua-t illé. » Toi, me dit Moussa, tu n'as pas beaucoup de tête.

Ésseber (masc.). Natte en tiges d'afazzou reliées par des lanières de cuir. Cette natte constitue les murs de la tente et fait partie du trousseau que la femme doit posséder en se mariant.

Essouf (masc.). La solitude.

Essouker (masc.). Le sucre.

Foggara (arabe). Canal d'irrigation qui draine l'eau de la nappe pour l'amener vers les jardins. Tamahaq : efeli.

Gandoura (arabe). Voir « érassouey ».

Guelta (arabe). Voir « aguelmam ».

Hoggar (arabe). Voir « Ahaggar ».

Ibiar (masc. pluriel). Pluriel de « abayor ».

Ihaggaren (masc. pluriel). Les nobles (exemple : Kel Rela).

Ihéren (masc.). Le pilon. Montagne située à dix kilomètres environ au Nord de Tamanrasset (pic Laperrine). La montagne voisine s'appelle Tindé, le Mortier.

Igdah. C'est suffisant. Assez.

Iklan Taoussit. Tribu dont le territoire s'étend au Sud-Ouest de Tamanrasset, dans la Tahalra et la région de Silet.

Ilougan (masc). Parade de chameaux ; cérémonie d'ouverture des mariages.

Imouhar (masc. pluriel). Les Touareg, en tamahaq. Amahar : un targui. Tamahaq : une targuia ; la langue des Touareg du Hoggar.

Imrad (masc. pluriel). Anciens vassaux des nobles ou Ihaggaren. Singulier : amrid.

Imzad (masc.). Le cheveu, le poil, le crin. Par extension, le violon (qui possède une seule corde faite de quelques crins). L'exclamation « imzad ! » est l'équivalent de notre « flûte ! ».

Iratimen (masc. pluriel). Ce mot désigne différents modèles de sandales. Les « imerkeden » sont celles des tribus montagnardes (Dag Rali et Adjouh n'Téhélé). Elles sont fabriquées par les femmes avec de la peau de chèvre ou de mouflon.

Irou. Il y a très longtemps. Très vieux. « Eddounet ouin irou » : les gens d'autrefois.

Issalân (masc. pluriel). Les nouvelles. L'apport des nouvelles est très important pour les campements isolés. Après les formules de politesse, on demande toujours : « issalân ? », « quelles sont les nouvelles ? ».

Issân (masc. pluriel). La viande.

Issabaten (masc. pluriel). Pour les Touareg, les Issabaten feraient partie des hommes préhistoriques du Hoggar. Seraient leurs descendants : Dag Rali, Aït Loen, Kel Ahnet.

Itbat. Il est certain.

Kala. Non.

Kel. Ceux de... Les gens de... Kel Essouf : les Gens de la Solitude. Kel Ahaggar : les Gens du Hoggar. Kel Tamanrasset : les Gens de Tamanrasset.

Litham. D'après certains auteurs : pan du chèche qui cache la bouche. Les gens du Hoggar que nous avons interrogés ne connaissent pas ce mot. Déformation probable de « eltam » (arabe) qui désigne justement le voile que l'on met devant la bouche.

Moula-moula (masc.). Petit oiseau noir et blanc (traquet).

Oudad (masc.). Le mouflon. Gibier de prédilection du chasseur. Féminin : toudet. Pluriel : oudaden.

Oued (arabe). Le lit d'une rivière, d'un fleuve ou d'un torrent. Tamahaq : érahar.

Ouksad. Impératif du verbe craindre. Crains ! Fais attention ! Attention !

Oukcem (masc.). Le natron (carbonate de sodium). Est mélangé en très petite quantité au tabac à chiquer.

Oul (masc.). Le cœur. Une montagne d'Atakor, à quelques kilomètres au Sud de l'Assekrem, porte ce nom.

Oulli (fém. pluriel). Les chèvres. Singulier : tirsé.
Oult. Fille de... Fatimata Oult Aflane.

Ramadan (arabe). Carême musulman. Neuvième mois de l'année. Durée : une lune complète. Avance donc tous les ans de onze à douze jours. Tamahaq : azoum.

Saroual (arabe). Voir « akerbey ».
Sounti (masc.). Impair que l'on commet lorsqu'on parle en mangeant !

Tabarakat (fém.). Tamaris (*Tamarix aphylla*). Bon pâturage à chameau mais très salé ; à éviter entre deux points d'eau éloignés.
Tachelt (fém.). La vipère. Le masculin, achel, désigne les autres serpents en général.
Tafsit (fém.), Le printemps.
Tahat (fém.). Montagne d'Atakor située à l'Ouest de l'Assekrem. Point culminant de l'Algérie (2 908 m).
Taïté (fém.). L'intelligence. L'expérience.
Takamezout (fém.). Plante médicinale de haute montagne. S'utilise en décoction contre les maux de ventre et d'estomac ; contre les crises de foie et les règles douloureuses. Parfume agréablement le thé. *Teucrium folium.*
Takouba (fém.). Epée. Certaines lames sont très anciennes (acier de Tolède et de Solingen). Se transmet encore de père en fils, ainsi que son histoire personnelle. Les plus belles, appelées « tazraït », sont très rares.
Tamahaq (fém.). La langue des Touareg du Hoggar.
Tamalra (fém.). La course.
Tamenast (fém.). Cuvette en cuivre étamé faisant partie du harnachement du chameau. Sert à boire, à manger, à creuser le sable, à puiser l'eau, à laver son linge, à faire boire et manger les chameaux !... On en trouve actuellement très peu ; venait de Rhat et de Tripoli. Pourrait être l'emblème du voyageur saharien. Arabe : manassa.
Tamet (fém.). La femme. Pluriel : tiddidin.
Tanemert. Merci.
Tarant (fém.). La rêne.
Taridalt (fém.). La Hyène, montagne d'Atakor à quelques kilomètres au Sud de l'Assekrem.
Tarik (fém.). La selle. Arabe : rahla.
Tasetfart (fém.). Petite poignée formée par un double triangle de tissu brodé (et parfois parfumé) destiné à saisir les théières brûlantes. Confectionnée par les femmes, la tasetfart fait souvent office de petit cadeau d'amitié.
Tassili (fém.). Le plateau. Tassili n'Ajjer : le plateau des Ajjer.
Tataït (fém.). Le fenouil (*Pituranthos scoparius*). Bon pâturage d'hiver pour les chameaux et les chèvres.
Tazoult (fém.). Poudre noire avec laquelle hommes et femmes se fardent le bord des paupières. Autrefois, la tazoult était du

sulfure d'antimoine ; aujourd'hui, c'est du bioxyde de manganèse, autrement dit, du charbon de pile électrique. Certains auteurs prétendent que ce serait un excellent médicament pour protéger l'œil contre la sécheresse de l'air... Pourquoi s'en met-on aussi sur les sourcils pour les accentuer ? Pourquoi s'en met-on plus particulièrement lorsqu'on a un rendez-vous galant ? Arabe : kôl. Français : kohol ou khôl.

Tédékelt (fém.). La Paume de la Main, lieu-dit dans le massif de Taessa.

Téhé (fém.). Le col. Arabe : akba.

Téine (fém. pluriel). Les dattes.

Temba-temba. Sandales nigériennes à bord arrondis (naïls).

Ténéré (fém.). Le désert. S'emploie aussi pour désigner tout espace vide de campement, dans le sens de « campagne ». Désigne aussi les toilettes.

Tidet (fém.). La vérité. Ce mot est d'un emploi courant pour exprimer une affirmation.

Tifinar (fém.). L'écriture des Touareg.

Tindé (fém.). Mortier de bois fabriqué au Niger. Les femmes s'en servent aussi comme d'une sorte de tambour : elles tendent sur le mortier une peau de chèvre humide ; il fait ainsi caisse de résonnance. Tindé : par extension, fête pendant laquelle on utilise ce tambour improvisé. C'est autour de lui que se tiennent les réunions de la jeunesse. La musique en est originaire du Tamesna.

Torha (masc.). Arbuste à larges feuilles grasses, petites fleurs mauves et fruits en cocon. Lait abondant et dangereux pour les yeux. N'est brouté par aucun animal, à part la chèvre qui mange un peu de son écorce. *Calotropis procera,* ou pommier de Sodome. Arabe : kranka.

Tit (fém.). La source, l'œil. Tittaouin n'ichkan : les yeux des herbes, les fleurs.

Touareg (arabe ; masculin, pluriel). Masc. singulier : Targui. Fém. singulier : Targuia. Fém. pluriel : Targuiate.

Toulloult (fém.). Graminée (*aristida pugens*). Très bon pâturage, Arabe : drinn.

Zériba (arabe). Hutte en roseaux. Les villages sédentarisés de Tagmart et de Térhénanet, par exemple, sont constitués de zéribas. Tamahaq : akeber.

Table des matières

Je n'ai rien voulu faire qui soit ennuyeux, sérieux ou didactique. J'ai laissé aller ma mémoire au fil d'une piste et j'ai fait de chaque chapitre une petite histoire à travers laquelle chacun saura trouver peut-être ce qu'il cherche.

Imprimé en France par Pollina, 85400 Luçon - N° 6709
Dépôt légal : Janvier 1985